Ich widme dieses Buch allen Freunden der Sonne,
die bereit sind zu erkennen, dass die Sonne immer scheint,
auch wenn der Himmel von Wolken bedeckt ist.

Du bist auf der Suche nach dem Glück, hast es schon einmal gefunden oder längst aufgegeben? Dann ist »Leinen los ins Glück!« die perfekte Lektüre für dich. Tauche ein in unbeschwerte Tiefgründigkeit, verfeinert mit einer Prise Humor und vielen wertvollen Inspirationen für deinen Alltag und dein Leben.

Mit dem autobiografischen Ratgeber »Leinen los ins Glück!« begibt sich die Autorin Anne-Katrin Keidel auf die Suche nach Antworten auf die großen und kleinen Fragen des Lebens, um beim wahrhaftigen Glück anzukommen, dem sie selbst auf ihrem Segeltörn begegnet ist. Das Buch ist mit Leidenschaft und Liebe zusammen mit ihrer Lektorin Bettina Kyrala Belitz bewusst in Eigenregie entstanden.

Anne-Katrin Keidel ist gebürtige Karlsruherin und lebt auch heute noch in ihrer Heimatstadt. Bereits während ihrer Ausbildung zur Mediengestalterin sowie im anschließenden dualen Studium erlernte sie das Handwerkszeug für die Erstellung und Vermarktung ihres Herzensprojekts – dem eigenen Buch. Die Liebe zum Schreiben entdeckte sie als junge Frau. Was einst mit seitenlangen amüsanten WhatsApp-Chats mit ihrer Freundin begann, ist mittlerweile viel mehr als ein Hobby geworden. Auf ihrem Instagram-Account »glueck_l_ich« und auf ihrer Website www.herzensmeer.de veröffentlicht sie Glücksimpulse, die oftmals zum Schmunzeln und Nachdenken anregen. Weitere Bücher und Begleitprodukte zu ihrem Debüttitel sind geplant.

AUTOBIOGRAFISCHER RATGEBER
VON ANNE-KATRIN KEIDEL

LEINEN LOS INS GLÜCK!

Auf geht's durch den Sturm des Lebens

Deutschsprachige Erstausgabe Dezember 2022
Copyright © 2022 by Anne-Katrin Keidel
ISBN: 978-3-7568-6948-0
Alle Rechte vorbehalten. Nachdrucke, auch auszugsweise,
ohne Zustimmung der Autorin sind nicht gestattet.

Anne-Katrin Keidel
c/o autorenglück.de
Franz-Mehring-Str. 15
01237 Dresden

Lektorat und Korrektorat: Bettina Kyrala Belitz
Inhalt, Covergestaltung & Satz: Anne-Katrin Keidel
Gesetzt aus der Minion Pro, Roboto und Edo
Grafiken: www.canva.com und iStock (issalina und Okea)
Herstellung und Verlag: BoD – Books on Demand, Norderstedt

www.herzensmeer.de

VORWORT

Eines Morgens bin ich mit dem Gedanken aufgewacht, dass die Einleitung meines Lebens geschrieben sei und der Hauptteil jetzt beginnen könne. Warum das Ganze nicht einmal aufs Papier bringen? Plötzlich überkam mich die zunächst völlig absurde Idee, meine Geschichte niederzuschreiben – und so war ein neues Projekt geboren.

Rasch stellte ich fest: Schreiben ist die beste Medizin für mich. Und so hat mir die Entstehung dieses Buchs dabei geholfen, die Flut meiner Gedanken zu sortieren, neu gewonnene Erkenntnisse zu verinnerlichen und das Leben mit anderen Augen zu sehen. Meine Konzentration lag beim Schreiben auf jedem einzelnen Wort. So konnte die jeweilige Aussage unbemerkt in mein Unterbewusstsein eindringen und sich dort verankern.

Einst habe ich dieses Buch ganz allein für mich geschrieben; dabei immer wieder neue Extrarunden gedreht und Wiederholungsschleifen gezogen. Das Erlebte, aber auch der Prozess des Schreibens, haben mein Leben verändert.

Gerne möchte ich dich dazu einladen, diese unverwechselbare Reise noch einmal gemeinsam mit mir Revue passieren zu lassen. Vielleicht kann ich dich mit meiner Begeisterung anstecken und dazu inspirieren, die Suche nach dem Weg zu deinem Glück ebenso anzutreten. Das war ursprünglich nicht mein Antrieb, aber es wäre ein wunderschöner Nebeneffekt. Doch aufgepasst: Eine solche Reise ist nicht immer einfach, aber sie lohnt sich – garantiert!

Glück

[glyk], Substantiv, Neutrum; [das]; ohne Plural

Ein Gefühl;
Wie Sonne auf der Haut, Meeresduft in der Nase und tausend Schmetterlinge um mich herum.

Der Begriff »Glück« ist vielschichtig – das Feld weit, denn jeder Mensch hat seine ganz eigene Definition vom Glück und lernt im Laufe des Lebens immer wieder neue Facetten davon kennen.

Für mich ist Glück viel tiefgreifender und wahrhaftiger, als es meist umgangssprachlich verstanden wird und auf den ersten Blick direkt sichtbar ist. Es ist pure Magie, deren Anziehungskraft mit dem Verstand oft nicht zu fassen ist. Und dennoch ist das wahrhaftige Glück überall, nur eben nicht immer wirklich greifbar: genau wie die Wolken am Himmel, deren Anblick mein Herz erfüllt, denn sie sind so vielfältig, oft unscheinbar, ganz federleicht.

Auf einmal ist es da – nahbar, spürbar und erlebbar. Und zwar dann, wenn ich komplett in den Augenblick eintauche und den Moment wertungsfrei annehme, er einfach sein darf und der Fluss des Lebens reibungslos fließen kann, ohne von den Steinen des Widerstands aufgehalten zu werden. Ja, in diesen Momenten passiert es, auf einmal ist es da – das Glück. Ich fühle mich mit allen Poren des Körpers mitten im Leben, meine kindliche spielerische Unbeschwertheit erwacht, die Zeit vergeht wie im Flug und der Moment steht gefühlt gleichzeitig still. Mein Herz geht auf, ich strahle und blühe, habe Gänsehaut und bin vom puren Glück geküsst. Alles ist federleicht und ich fühle mich lebendig und erfüllt, habe meinen inneren Frieden gefunden und muss nichts tun, sondern darf einfach sein.

G L Ü C K (L) I C H.

INHALTSVERZEICHNIS

KAPITEL 1: Das Leben ist eine Wundertüte, denn erstens kommt es immer anders und zweitens, als ich denk'!

Ich bin dann mal weg 14
Sail away, sail away, sail away 18
Nur der Sprung ins kalte Wasser ist wirklich erfrischend 25
Das Glück wartet nur ein kurzes Stück hinter der Entscheidung,
die ich nicht treffen will 29
Zeit für einen Mutausbruch. Der ewige Eiertanz ist vorbei.
Ab jetzt gibt's Konsequenzen! 36
Weiblich, Anfang 30 und Single – hab' ich jetzt ein Problem? 42

KAPITEL 2: Mit dem Glück ist's wie beim Kuchen. Aus Liebe gemacht, schmeckt's am besten.

Dieses Glück – was ist das und wie krieg' ich das? 50
Ich krieg' das schon gebacken! 54
Glück ist eine Entscheidung – und so ist ab heute alles ein
Geschenk für mich – egal, wie es verpackt ist 57
Das Glück entspringt einzig und allein aus dem »Jetzt« 62
Ich sag' nur: Born to be child. 66
Gefühle machen das Leben bunter!
Also – denkst du noch oder fühlst du schon? 70
Mein Bauchgefühl ist ein verdammt schlauer Kopf 75
Ohne Sinn ist möglich, aber Zeitverschwendung 80
Einfach machen, könnt' ja gut werden 84
Et voilá: Mein Glücksrezept. Namasté. 90

KAPITEL 3: Glücksrezept gefunden. Jetzt »muss« ich den Glückszauber nur noch im Alltag leben.

Ist der Weg das Ziel oder das Ziel im Weg? 96
Träum' ich zu groß, denkst du zu klein 101
Manifestieren und das Universum macht den Rest? 106
Warum warten bis ich den Löffel abgeb'– das Leben ist jetzt. ... 112

**KAPITEL 4: Ich seh' nur, was ich seh'n will.
Doch ist das jetzt gut oder schlecht? – Kommt drauf an!**

Vom Glück erschlagen 122
Der Zauber liegt darin, im Alltäglichen das Wunderbare zu seh'n 126
Glück und Frustration sind oft nur ein Bauchgefühl
voneinander entfernt 129
Das Leben ist eine Wundertüte, also lass' ich mich überraschen 134
Das größte Glücksgenie ist oft ganz klein 137
Neue Adresse: Wolke 7, oder doch besser Wolke 4? 142
Grenzenloses Glück: Volle Kraft voraus. Aber was ist mit
den anderen, die gerade weniger davon haben? 148

KAPITEL 5: Einfach nur Mehr vom Weniger – und schon steh' ich mitten in der Fülle? Wie geht das denn?

Du kannst nicht neue Wege geh'n, wenn dir der Schrott von
gestern den Weg versperrt 156
Ich geh' bewusst leben. Machst du mit? 161
Du bist, wie du isst! 165
Jeder Mensch hat Ecken und Kanten, und ich hab' auch
noch Rundungen 171
Was dem wahrhaftigen Glück nicht dient, hat ausgedient 176
Denken muss ich eh, warum also nicht gleich positiv? 182

KAPITEL 6: ... und dann gibt's da noch diese Begegnungen, die mein Leben verändern

Jetzt geht's ans Eingemachte 190
Das Leben ist ein Spiegellabyrinth und ich bin mittendrin 197
Lass uns die Selbstliebe-Revolution starten 202
Es ist Zeit für l iebe mit Tindernissen 207
Deeptalk statt Smalltalk 214
Es ist schön, sich an der Seite des Mannes zu entdecken 220
Verrückte Freunde sind alles, was ich zum Leben brauch'.
Wobei ein bisschen mehr Ernst TÄTERÄTÄTE uns auch gut. 225
Zeig' mir dein Umfeld und ich sag' dir, wer du bist! 232

KAPITEL 7: Nun wird das Glück auf die Probe gestellt, denn jetzt geht's wirklich hinaus in die große weite Welt

Runter vom Sofa und raus ins Leben 238
Auf die Plätze! Glücklich! Los! 243
Auf zu neuen Ufern 247
Ein Lächeln sagt mehr als tausend Worte und ist unbezahlbar .. 250
Let's get lost in paradise 254
Der Weg zurück zum Glück verläuft jenseits der Mauern,
die ich selbst errichtete! 264
Das Ende einer Reise ist meist der Anfang einer neuen 270
Ich lern' surfen – die Wellen kann ich eh nicht stoppen 274

KAPITEL 8: Glück ist kein Ziel, Glück ist eine Art zu leben – Daher: Don't keep calm. It's the final countdown!

Ende gut – alles gut.. 282
Heimat ist kein Ort, Heimat ist ein Gefühl. 285
Ein Leben ohne Glückskuchen ist möglich, aber sinnlos!........... 289

Epilog 292
Danke 294

Kleine Notiz am Rande: Zur Übersichtlichkeit und besseren Lesbarkeit wurden die Titel im Inhaltsverzeichnis zum Teil etwas gekürzt.

KAPITEL 1

DAS LEBEN IST EINE WUNDERTÜTE, DENN ERSTENS KOMMT ES IMMER ANDERS UND ZWEITENS, ALS ICH DENK'!

ICH BIN DANN MAL WEG

Nur noch einen Klick war ich entfernt. Mein Herz pochte, mein Puls raste, ich hielt ein letztes Mal inne. Sollte ich es wirklich tun? War es nur eine Kurzschlussreaktion oder tatsächlich eine gute Idee, genau jetzt diesen Segeltörn zu buchen – allein mit meiner Freundin, trotz meiner Partnerschaft?

Im Gegensatz zu meinem Freund und meiner Clique, die ich schon seit Jahren von einer gemeinsamen Reise auf dem offenen Meer zu überzeugen versuchte, war meine Freundin sofort begeistert gewesen. Warum also nicht?

»Wirf den Alltag über Bord und finde auf dem Segelboot das Abenteuer deines Lebens mit netten Leuten zwischen 20 und 39 Jahren«, propagierte der Veranstalter auf seiner Website. Oh ja, das war genau das, was ich jetzt brauchte, denn erst vor ein paar Wochen hatte mein Partner mir statt des lang ersehnten Heiratsantrags kurz vor meinem dreißigsten Geburtstag ein Geheimnis offenbart – eine enge emotionale Verbindung zu einer Frau, von der ich über ein Jahr lang nichts mitbekommen hatte. Auch, wenn er mich nicht körperlich betrogen hatte, hatte mir diese als »Seelenverwandtschaft« betitelte Verbindung den Boden unter den Füßen weggezogen, die Lecks in unserer Beziehung sichtbar gemacht und mein Lebensfundament ins Wanken gebracht.

Der dadurch ausgelöste Midlife-Blues steckte mir noch in den Knochen, auch wenn mittlerweile der erste Schock verdaut war und ich in der neuen Ausgangslage die Chance sehen konnte, unsere Beziehung auf eine neue Ebene zu heben und die letzten Masken fallen zu lassen. Der Schmerz und die Enttäuschung saßen trotz des neuen Blickwinkels tief. Ich war reif für die Insel; anders konnte ich es nicht sagen.

Worauf also noch warten? »Träume nicht dein Leben. Lebe deine Träume« – ja, dieser Gedanke war es, der mich vollends überzeugte und die letzten Zweifel auflöste. Drei, zwei, eins – meins. Gebucht! Wow, ich hatte es getan.

Schneller als gedacht war es dann soweit. Mit vollgepackten Rucksäcken machte ich mich gemeinsam mit meiner Freundin auf den Weg Richtung Flughafen. Leinen los ins Glück – ein lang ersehnter Traum sollte wahr werden. Gemeinsam mit einer bunt gemischten Truppe aus Gleichgesinnten, die genauso viel Lust auf Abenteuer und Segeln hatten wie wir, wollten wir eine spannende und lustige Zeit verbringen und all die Sorgen des Alltags hinter uns lassen. Das war zumindest mein Plan für die nächsten Tage, doch was sich dann zeigte, war so viel mehr.

Als ich die Flugzeugkabine betrat, wusste ich noch nicht, dass diese Reise mein Leben um 180 Grad drehen würde, doch dieser Segeltrip veränderte alles und war zweifelsohne der berühmte Stein, der so manches ins Rollen brachte – und gleichzeitig der Beginn einer großen Liebe mit allem, was dazu gehört, inklusive Herzschmerz und Schmetterlingen im Bauch.

Ja, von Angesicht zu Angesicht stand ich vor ihr, hautnah: der Liebe meines Lebens.

Ich erinnere mich noch gut an die Mischung aus Vorfreude und Nervosität, die mich auf dem Weg zum Treffpunkt mit den anderen begleitet hatte. Wir beschnupperten uns kurz, als wir aufeinandertrafen und ich spürte sofort: Das passte. Mir fiel ein riesiger Stein vom Herzen, schließlich würden wir die nächsten sieben Tage auf engstem Raum miteinander verbringen. Sich gegenseitig aus dem Weg zu gehen, war nicht drin – und auch gar nicht nötig, wie sich rasch zeigte. »Besser hätte es nicht laufen können«, dachte ich und lauschte gedankenversunken der Stimme des Skippers, bis mir plötzlich der Atem stockte und mein Herzschlag für einen kurzen Augenblick aussetzte. Meine Gedanken, die vorher noch Hintergrundmusik waren, waren nun voll aufgedreht.

Im ersten Moment konnte ich kaum realisieren, was gerade geschehen war. »Das kann doch nicht sein«, flüsterte es in meinem Kopf und ich fühlte mich von einem auf den nächsten Moment von meiner jüngsten Vergangenheit eingeholt, denn verrückterweise glich jene Mitseglerin, die gerade freudestrahlend von der Hafentoilette zu unserer Gruppe schlenderte, eins zu eins der Frau, durch die meine Beziehung vor ein paar Wochen hart auf die Probe gestellt worden war. Ein beklemmendes Gefühl suchte mich heim, denn ihre Erscheinung war der »Seelenverwandten« meines Partners so verblüffend ähnlich, dass es mich nicht überrascht hätte, wenn die beiden eineiige Zwillinge gewesen wären.

»Oh Mann, was bitte soll das denn jetzt?«, fragte ich in Gedanken etwas wütend das Universum. Hörte dieses Drama denn nie auf? Da hatte ich gehofft, es sei mittlerweile etwas Gras über die Sache gewachsen und ich könne meine Vergangenheit hinter mir lassen und nun wurde das Ganze wieder von hinten aufgerollt. Die Begegnung zeigte mir deutlich, dass ich noch nicht so weit war, wie ich gerne gewesen wäre oder dachte zu sein. Nach der ersten Schockphase fragte ich mich dennoch nicht weiter nach dem »Warum«, sondern akzeptierte, dass es so war. Vor meiner Geschichte konnte ich offenbar nicht fliehen, selbst auf offenem Meer nicht. Ich nahm mich und meine Themen eben überall mit. Das musste ich mir nun schmerzlich eingestehen.

Langsam beruhigte sich mein Atem wieder und wurde immer ruhiger und gleichmäßiger, auch meine Gedanken wirbelten nicht mehr ganz so chaotisch durch meinen Kopf.

Das Leben schien ein Spiel mit mir zu spielen, doch ich kannte die Regeln nicht. Noch nicht! In einem war ich mir allerdings sicher: Diese Begegnung konnte kein Zufall sein. Und meine Vermutung bestätigte sich, denn diese schicksalshafte Fügung sollte in den nächsten Tagen kein Einzelfall bleiben.

Rückblickend wirkte der gesamte Törn wie eine perfekte Inszenierung auf einer höheren Ebene. Offenbar hatte sich meine Seele ein lustiges Abenteuer überlegt, mit dem sie mich Schritt für Schritt zu mir selbst und meinem Glück entgegenführen wollte, auch wenn die ersten Meter auf diesem neuen Weg ordentlich gezwickt haben.

Glücksimpuls: Weckruf

Das Leben steckt voller kleiner und großer Weckrufe. Früher habe ich sie im Alltag oft übersehen. So dachte ich meist Begebenheiten, wie die oben geschilderte Begegnung, seien Zufall, bis ich im Nachhinein die vielen kleinen Fügungen erkannte, die mich näher zu mir selbst gebracht haben.

- Gibt es in deinem Leben auch Momente oder Ereignisse, die eindeutig mit dir gesprochen haben?
- Falls ja, was könnte dir das Universum damit gesagt haben wollen? Welche konkrete Handlung braucht es von dir, damit du die Botschaft in dein Leben integrierst?
- Und falls nein, bist du dir wirklich hundert Prozent sicher?

SAIL AWAY, SAIL AWAY, SAIL AWAY

Noch bevor es richtig losging, stand bereits die erste »Challenge« an, bei der unser Teamgeist auf die Probe gestellt wurde: Wir mussten einen großen Wocheneinkauf für neun lebenshungrige Menschen stemmen, die sich noch wildfremd waren. Da wir unabhängig von Häfen unterwegs sein wollten, war Nachjustieren nur bedingt möglich. Oh weh – das war anfangs nur schwer vorstellbar für mich. Doch ich wurde schnell eines Besseren belehrt, denn innerhalb kürzester Zeit hatten wir die Herausforderung mit Bravour gemeistert und ohne uns zu kennen gezeigt, dass wir bereits ein eingespieltes Team waren. Wie selbstverständlich und ohne viele Worte packte jeder mit an. Solch eine Gruppendynamik hatte ich zuvor nur selten erlebt: Alle waren mittendrin, statt nur dabei zu sein, und jeder zog am gleichen Strang. Auch in den folgenden Tagen trafen wir immer wieder wohlüberlegte, aber spontane Entscheidungen, ohne uns den Kopf zu zerbrechen, ewig darüber zu philosophieren oder gar ziellos miteinander zu diskutieren. Es machte einfach Spaß mit uns.

Die erste Nacht verbrachten wir am Hafen; die weiteren fernab des Festlands. Statt meines Weckers wurde ich in den nächsten Tagen vom Rauschen der Wellen geweckt, die sanft gegen den Bug plätscherten und das Segelboot leicht hin und her schaukelten. Ein prickelndes Glücksgefühl durchströmte mich, als mir bewusst wurde, dass all das gerade kein Traum, sondern tatsächlich Realität und ich wirklich hier auf dem Boot war.

Verschlafen rieb ich mir den Sternenstaub aus den Augen. Die Sonne, die durch die Luke meiner Kabine strahlte, berührte sanft mein Gesicht. Langsam kam Leben in die Bude. Die Abgehärteten unter uns waren zum Wachwerden schon ins Meer gesprungen, andere genossen die friedliche Stille an Deck oder bereiteten das Frühstück vor. Frischer Kaffeeduft breitete sich aus, sodass auch die Langschläfer langsam aus ihren Kojen krochen. Es wurde frisches Obst geschnippelt, Rührei gemacht, Tee gekocht und der Tisch gedeckt. Nachdem wir gefrühstückt und die heutige Windstärke und Wettervorhersage gecheckt hatten, besprachen wir den Plan für den Tag. Der Tenor war eindeutig: viel Segeln, wenig Motor. Unsere Crew war hochmotiviert und so packten wir an, klar Schiff zu machen. Während eine Gruppe das Geschirr spülte und die Lebensmittel verstaute, bereitete der Rest das Ablegen vor. Wäsche abhängen, Leinen lösen, Anker hochfahren: Los ging's!

Von nun an würde jeden Morgen ein neuer Tag voller Abenteuer auf uns warten und damit auch eine Reise ins Unbekannte – diese Vorstellung erfüllte mich mit einem Gefühl, das meine Augen leuchten ließ. Der Gedanke, auf dem Meer zu sein, seine Weite zu spüren und mich mit den Wellen und dem Wind verbunden zu fühlen, beflügelte mich. Ja, das war Leben!

Nachdem die letzten Vorkehrungen getroffen waren, konnte es losgehen. Unser Skipper erklärte uns geduldig die bevorstehenden Manöver und wir verteilten die anstehenden Aufgaben. Wir gingen auf Position und dann hieß es erstmal »Learning by doing«. Jeder machte mit, so gut er konnte. Immer wieder bewiesen wir starke Nerven, waren geduldig, hochkonzentriert und hilfsbereit. Es wurde gekurbelt, an Leinen gezogen und liebevoll delegiert oder kurzerhand vom Skipper selbst Hand angelegt; insbesondere dann, wenn es schnell gehen musste und es auf jede Sekunde ankam. Ich liebte dieses Gefühl, wenn das Manöver erfolgreich geschafft war, das weiße Segel im Wind flatterte und der Motor ausgeschaltet wurde, sodass allein die Kraft der Natur uns über das Wasser schweben ließ und wir eins mit dem Göttlichen wurden. In diesen Momenten lag eine zauberhafte Magie in der Luft, die in mir das Glück des Augenblicks mit allen Sinnen greifbar machte. Das Rauschen des Meeres, die Sonnenstrahlen, die mein Gesicht berührten, die Wolken, die in der Ferne an uns vorbeizogen, die wild zerklüfteten Felsen der eindrucksvollen Steilklippen, an denen wir langsam und behutsam vorbeischipperten und von denen ich nur erahnen konnte, wie weit sie in die Tiefe reichten und sich im endlosen Ozean verloren – all das zusammen beseelte mich und ich fühlte mich auf eine Art und Weise von Mutter Natur geküsst wie nie zuvor.

Doch auf dem Boot war nicht immer nur Kuschelkurs angesagt. Das Meer prüfte, ob wir es ernst meinten. Gleich zu Beginn erlebten wir eine echte Feuertaufe, denn direkt am ersten Segeltag wurden wir von rauem Wetter überrascht, bei dem der Wind nur so tobte. Das Segelboot wackelte und lag immer wieder fast bis zum Kippen schräg. Doch obwohl wir zum Spielball von Wind und Wellen wurden, fühlte ich mich hier an Bord genau richtig, sicher, lebendig, endlich wieder mitten im Leben – einem Abenteuerspielplatz für Klein und Groß.

Nur wenige Stunden später, als die Wolkendecke langsam wieder aufriss und das Meer ruhiger wurde, hatten wir es geschafft und unsere erste große Prüfung erfolgreich gemeistert. Okay, ohne unseren Skipper und die erfahrenen Hasen unter uns wären wir verloren gewesen, aber ich hatte mitgeholfen, wenn auch irgendwann meine Hauptkonzentration vor allem darauf gelegen hatte, nicht seekrank zu werden, als selbst aktiv mit zu segeln. Die Kraft des Winds zu spüren war einfach (zu) überwältigend gewesen.

Auch in den folgenden Tagen erlebten wir die gesamte Bandbreite – das volle Programm von Windstille, leichter Brise, starkem Wind bis Sturm. Je nach Wetter und Laune genoss ich die Sonne am Vordeck oder packte aktiv beim Segeln mit an, plauderte mit den anderen Hobbyskippern über Gott und die Welt oder ließ meine Seele baumeln. Besonders hingezogen fühlte ich mich interessanterweise zu meinem anfänglichen »Schattengespenst«. Wir befanden uns auf einer gemeinsamen Wellenlänge und hatten einen besonderen Draht zueinander. Der Gesprächsstoff ging uns nie aus. Egal ob oberflächiges Blödsinnsgequatsche oder tiefgründige Herz- und Schmerzthemen – wir konnten beides. Selbst als Küchencrew waren wir ein harmonisches Duett und hatten gemeinsam den Spaß unseres Lebens.

Anfangs hatte mich die Begegnung mit ihr auf eine harte Probe gestellt, doch ich konnte viel dadurch lernen – hilfreiche Segelkniffs, aber vor allem auch, meine Vorurteile und Verknüpfungen mit alten Geschichten abzulegen, die schließlich nichts mit ihr zu tun hatten. Denn nicht sie war es, die mich triggerte, sondern meine Schatten. Ich beschloss, weder ihr noch mir das Leben schwer zu machen. Davon würde schließlich niemand etwas haben und zudem konnte sie nichts dafür, wie sie aussah und was ich zuvor erlebt hatte. Ein guter Ansatz, doch er war leichter gedacht als getan. Und so rangelte ich die ersten Stunden noch mit starken Widerständen und versuchte die schlecht verheilte Verletzung keinesfalls neu aufleben zu lassen. Mit der Zeit wurde es besser, denn sobald ich mich meinen Gefühlen stellte, wurden die Begegnungen mit ihr heilsam. Die Angst vor der Angst und den aufkommenden Empfindungen wurde mit jeder neuen Konfrontation weniger und war schon bald kein Thema mehr. Langsam wurde ich vom vermeintlichen Opfer des Schicksals zur Schöpferin meiner inneren Realität. Durch unsere Gespräche und mein Nachspüren stellte ich mich subtil meiner Vergangenheit und schuf die Möglichkeit, bei mir und im Moment anzukommen. Ganz ehrlich – das war schon aufregend genug. Aber meine Seele hatte sich noch mehr zwischenmenschliches Konfetti für mich vorgenommen.

Neben meiner neuen Freundin gab es nämlich noch eine weitere Person, die eine Schlüsselfunktion auf diesem Boot für mich einnahm – der Skipper. Seine Anziehungskraft war für mich von Beginn an direkt spürbar, was sich unter anderem dadurch zeigte, dass mir seine Stimme und sein Wesen zutiefst vertraut vorkamen und ich Gänsehaut am ganzen Körper bekam, wenn ich ihn sprechen hörte. Jedes Mal überkam mich ein kalter Schauer, der mich zugleich mit einer zauberhaften Energie umhüllte. Auffallend häufig kamen wir miteinander in Kontakt, ohne dies bewusst zu steuern oder gar zu forcieren.

Anfangs wusste ich gar nicht, wie mir gerade geschah, da ich die letzten dreizehn Jahre wie mit Scheuklappen durch die Welt getigert war und jegliche männliche Schwingung um mich herum, die nicht von meinem Freund kam, ignoriert hatte. Doch hier auf dem Boot war alles anders. Diesem Mann zu begegnen, war wie ein sanfter Engelshauch, der mich berührte und wieder zum Leben erweckte. Dazu brauchte es nicht viel. Allein seinen Blick auf meiner Haut zu spüren, hatte eine aphrodisierende Wirkung auf mich. Ich genoss dieses Gefühl, schämte mich aber gleichzeitig dafür, hatte ein schlechtes Gewissen und entwickelte parallel ein tieferes Verständnis für die Umstände meines Freundes. »Wir sind wie Magneten – die Anziehung ist spürbar, vor allem, wenn wir versuchen, uns aus dem Weg zu gehen«, hörte ich immer wieder die Worte seiner Seelenverwandten in mir nachklingen. Mehr denn je konnte ich sie in diesem Moment nachempfinden.

Was mir das Leben damit sagen wollte? Ich beschloss, es gar nicht erst verstehen zu wollen und stellte die Frage erst einmal hinten an. Unser Urlaubsprogramm machte es mir leicht, denn wir ankerten an Plätzen fernab des Trubels; an traumhaften, naturbelassenen Buchten und an ruhigen Stellen auf dem offenen Meer, die zum Baden einluden. Kaum hatte sich der Anker ins Erdreich gekrallt, hüpfte ich ins kalte Wasser und genoss das erfrischende Nass – jenen einzelnen Moment, in dem mein Mut der Angst trotzte. Hin und wieder legten wir auch an einem Hafen an. Das war die optimale Gelegenheit, das Salzwasser aus allen Poren des Körpers zu spülen, was bei der Seemannsdusche an Bord nur bedingt möglich war. Ich liebte es die kleinen Städtchen zu Fuß zu erkunden, von einer Festung oder einem Aussichtspunkt aus das Gewusel des Alltags zu beobachten und durch die verwinkelten Straßen zu schlendern, die für mich mittlerweile mehr wackelten als das Boot, da sich in den letzten Tagen meine Wahrnehmung verschoben und mein Blickwinkel verändert hatte. So nahmen meine Sinne das Gewohnte zum Teil ganz anders wahr, was auch seinen Reiz hatte, in vielerlei Hinsicht.

Unsere Crew gab alles. Wir zelebrierten das Leben sieben Tage lang: lachten, tanzten, feierten uns von morgens bis tief in die Nacht hinein – bis wir erfüllt ins Bett fielen und durch den sanften Wellengang in den Schlaf geschaukelt wurden. Ein praller Tag ging zu Ende, während ein neues Abenteuer schon in den Startlöchern auf uns lauerte. Das Leben auf dem Segelboot machte süchtig und hatte bei mir ein Dauergrinsen mit Herzrasen zur Folge. Immer wieder war ich wie benebelt und gleichzeitig mit allen Sinnen präsent. Als hätte ich einen Hormoncocktail getrunken, spürte ich Schmetterlinge im Bauch flattern und fühlte mich nun richtig im Leben angekommen.

Selbst heute, nach fünf Jahren, betrachte ich diese Zeit als die wichtigste und lebensverändernste Erfahrung in meinem Leben; denn sie war eindeutig das Schlüsselerlebnis und der

Beginn meines spirituellen Weges. Oh ja, meine bewusste Seelenreise nahm ihren Anfang auf einem Segelboot, auf engstem Raum mit wildfremden Menschen, sieben Tage ohne festen Boden unter den Füßen. Genau hier wurde ich einmal komplett durchgeschüttelt und von einem magischen Glücksgefühl überrollt: der Liebe meines Lebens.

Nein, ich spreche hier nicht von der Begegnung mit dem Skipper. Ich spreche von der Liebe zwischen dem Leben und mir selbst – der wichtigsten Liebe überhaupt.

Zwischen Himmel und Wasser fühlte ich mich im gleichen Augenblick lebendig, glücklich und erfüllt, und hatte die Bestätigung: Es gibt noch mehr im Leben – so viel mehr.

Glücksimpuls: die Rolle anderer Menschen

Immer wieder tauchen Menschen in meinem Leben auf, die eine besondere Wirkung auf mich haben und eine wichtige Rolle spielen, weil sie mich auffordern, zu wachsen, mir Orientierung auf meinem Seelenweg schenken oder mir zeigen, wie wunderschön diese Welt ist. Kennst du das auch?

- Welche Menschen könnten das in deinem Leben sein und was genau an ihnen inspiriert oder triggert dich?
- Schau genauer hin: Inwieweit haben das Verhalten oder die Eigenschaften dieser Person etwas mit dir zu tun?
- Was könntest du durch die Begegnung lernen? Was erlaubst du dir zum Beispiel selbst (noch) nicht?

Trigger in Menschengestalt haben oft weitaus mehr mit uns selbst zu tun, als wir im ersten Moment glauben möchten. Es lohnt sich daher genauer hinzuschauen. Meist sind diese Menschen Geschenke, für die du dankbar sein kannst.

NUR DER SPRUNG INS KALTE WASSER IST WIRKLICH ERFRISCHEND

Die Zeit auf dem Segelboot war eine göttliche Aneinanderreihung von Glücksmomenten und Herzensbegegnungen, die ich selbst so nicht hätte kreieren können. Jeder einzelne war für sich einmalig und in der Summe waren sie überwältigend.

Es dauerte daher eine Weile, bis ich mich vom Zauber dieser Zeit gelöst hatte und mich mein Bett, trotz mittlerweile festem Boden unter den Füßen, nachts nicht mehr sanft in den Schlaf schaukelte, ich also wieder ganz da war.

Das Schwanken hielt sich tapfer – jedoch nach einiger Zeit mehr psychisch als physisch. So war ich in einem Augenblick restlos in das Leben verliebt und im nächsten still und nachdenklich, manchmal auch melancholisch und bedrückt. Was war nur los mit mir? Mein bisheriges Leben war großartig gewesen, ich konnte mich nicht beklagen. Schließlich war ich gesund, hatte ich jede Menge wunderbare Freunde an meiner Seite, einen Partner, meine Familie und tolle Arbeitskollegen. Doch nicht nur das: Ich war erfolgreich in dem, was ich tat, hatte genug Geld zum Leben und auch noch etwas darüber hinaus, einen Eins-Komma-irgendetwas-Durchschnitt im Studium, Hobbys, die ich liebte und noch vieles mehr. Mein Leben funktionierte, ziemlich gut sogar – genügte mir das etwa nicht?

Nach dem Segeltörn hatte ich starke Zweifel daran. Sicherlich konnte ich an das ein oder andere Lebensziel einen Haken machen, aber so richtig glücklich – ehrlich gesagt fehlte noch etwas Entscheidendes dafür.

Die Zeit auf dem Boot hatte mir gezeigt, dass es noch mehr gab; nämlich eine Empfindung, die nicht durch einen guten Job, einen Traumkörper oder ein teures Auto erzielt werden konnte. Ich war das Leben zwischen Pokalen und Scherbenhaufen satt, denn um Glück und Erfüllung zu erleben, musste ich nicht dem nächsten Ziel nachjagen, immer schneller, höher oder besser sein als andere oder als ich selbst. Es ging vielmehr darum, in den Moment einzutauchen, ihn zu fühlen und zu empfinden, das Leben in vollen Zügen zu genießen.

Diese Erkenntnis war bahnbrechend, denn nun fiel mir zunehmend auf, dass ich mich in meinem Alltag meist in einem Traum von der Zukunft oder der Vergangenheit verlor, statt der Realität ins Auge zu schauen und die Vollkommenheit des Moments zu erkennen – besonders in meiner Beziehung war das so. Das euphorische Verliebtheitsgefühl der Anfangszeit war zum Großteil verflogen und ich sehnte mich nach der gemeinsamen Zukunft mit Eheversprechen, Haus und Kind. Schon seit Jahren versuchte ich diesem Ziel nachzujagen und hoffte bislang vergeblich auf die Erfüllung dieses Herzenswunschs. Das war eine sehr harte Gedulds- und Zerreißprobe für mich, denn schon seit meinen Kindheitstagen war dieser Wunsch präsent gewesen. Bereits zum vierten und fünften Geburtstag hatte ich mir eine mehrstöckige Hochzeitstorte mit Brautpaar gewünscht – und er war mir damals sogar erfüllt worden. Und auch jetzt wähnte ich mich schon länger auf der Zielgeraden; schließlich waren wir bereits seit zwölf Jahren ein Paar. Immer wieder hatte ich mir in der Vergangenheit neue Gedankenschlösser ausgemalt und in meiner Vorstellung schon die wildesten Hochzeitspartys mit allem Drum und Dran gefeiert. Rückblickend vermutlich vor allem, um die Zeit bis zur realen Hochzeit zu überbrücken und den Schmerz darüber zu unterdrücken, dass dieser Wunsch bislang noch unerfüllt war. Mal war es mir besser gelungen, mal schlechter, doch das Thema blieb bestehen. Irgendetwas fehlte offenbar immer, um den nächsten, vermeintlich letzten Schritt zu gehen, ohne dass ich wusste, was es war. So fühlte ich mich in der Gegenwart oft auf einer Wartebank geparkt und frustriert – ein Gefühl, vor dem ich mit meinen Gedankenreisen zu flüchten versuchte.

Manchmal kam es mir vor, als wäre unsere Beziehung ein Wasserglas, in dem sich die blockierenden Themen am Grund absetzten. Wir rührten den Schmodder möglichst nicht an, sodass wir uns auch nach Jahren oft wie ein Traumpaar fühlten und wunderschöne Augenblicke zusammen genossen. Auf diese Weise konnten wir die überlagernden Schatten ausblenden, bis etwas passierte und alles mit einem imaginären Löffel aufgrund äußerer oder innerer Umstände durchgewirbelt wurde. In diesen Momenten wurde sichtbar, welche Themen sich am Boden abgesetzt hatten, so auch durch den Segeltörn und das aufrüttelte Schockerlebnis ein paar Monate zuvor.

Die Begegnung mit dem Skipper hatten mich außerdem auf einer so tiefen Ebene berührt, dass ich dadurch daran erinnert worden war, wie wunderschön das »Hier und Jetzt« sein konnte; ganz ohne Zukunftsvisionen und fixe Tagträume. Dieser Augenblick, der so war, wie er war: so klar, einfach, leicht und lebendig. Ich wollte ab jetzt wirklich präsent sein und mir nicht mehr die wildesten Gedanken ausmalen, statt die Realität wahrhaftig zu erleben, denn ich hatte Blut geleckt und eine ganz neue Intensitätsstufe erfahren; zurück in meine verlorene Traumwelt ging es nun nur noch schwer. Wie hat Mário Raúl de Morais Andrade es so schön ausgedrückt: »Es gibt zwei Leben. Und das zweite beginnt, wenn du erkennst, dass du nur eins hast.«

Auf dem Segelboot hatte ich den Ruf des zweiten Lebens gehört und war aufgewacht; danach war die Rückkehr in meine alte Lebensweise, nicht mehr möglich. Ich war nicht mehr bereit das Leben zu verschlafen. Es war Zeit für den Sprung ins kalte Wasser, wie ich ihn auf dem Boot so oft geübt hatte. Doch was bedeutete das konkret? Jahrelang hatte ich gedacht, ich wüsste, was ich wollte und gut für mich sei – und dann war auf einmal alles anders.

Wie das Neue aussah, entzog sich meiner Vorstellungskraft, und in so manchen Augenblicken jagte mir das eine Heidenangst ein. Auf einmal konnte ich nur noch sagen, was ich nicht mehr wollte – nämlich immer nur von etwas zu träumen, statt es tatsächlich zu erleben.

Glücksimpuls: Was willst du wirklich?

Kennst du das – bisher war alles gut, doch auf einmal fragst du dich, ob es das wirklich schon gewesen sein kann?

- Wenn du einen kritischen Blick auf dein Leben wirfst: Lebst du wirklich das Leben, das du leben möchtest?
- Wo stehst du gerade: In welchen Bereichen bist du erfüllt, wo ist noch Platz für Wachstum?
- Was kannst du aktiv tun, um erfüllter zu sein? Was hast du bereits dafür getan? (z. B. innere Einstellung, bewusste Entscheidungen, Gedanken und Verhaltensweisen)

Schreibe dir drei konkrete Dinge auf, die dich morgens aus dem Bett springen und abends glücklich einschlafen lassen. Mache jeden Tag etwas dafür, diesen Herzenswünschen näher zu kommen. Selbst die kleinsten Schritte zählen und dürfen von dir gewürdigt werden!

DAS GLÜCK WARTET NUR EIN KURZES STÜCK HINTER DER ENTSCHEIDUNG, DIE ICH NICHT TREFFEN WILL

Mein Leben brauchte eine radikale Kursänderung – in welche Richtung, war jedoch noch offen. War es an der Zeit, mein altes Leben hinter mir zu lassen, ohne zu wissen, wie es weitergehen würde? Sollte ich die Hoffnung und den Glauben an diese nun schon dreizehn Jahre andauernde Beziehung aufgeben und mit ihr meine Lebensvorstellung, meine vermeintliche Sicherheit, meine Zukunftspläne und jahrelange konstante Idee vom Glück?

Oder ging es etwa im nächsten Schritt darum, ein klares »Ja« zu unserem gemeinsamen Leben auszusprechen, zu uns und unserer Zukunft, deren konkretes Erscheinungsbild noch in den Sternen geschrieben stand – würden wir nun endlich aus den zwei getrennten Wegen einen gemeinsamen machen?

Egal, welche Entscheidung ich auch treffen sollte, eins war sicher: So wie jetzt konnte es nicht weitergehen; die Zeit, in der Passivität zu verharren und reaktiv zu handeln, war vorbei. Ich musste mich entscheiden und proaktiv werden und damit die vielleicht wichtigste Weiche in meinem Leben ausrichten. Daher: Ganz oder gar nicht und zwar jetzt und nicht irgendwann. Ein Dazwischen war keine Option mehr für mich, denn der Weckruf auf dem Segeltörn war einfach zu laut gewesen, das Wasser im Glas inzwischen zu trüb und ich emotional zu sehr durchgeschüttelt.

Mit dieser Erkenntnis wurde eine mächtige Energie in mir freigesetzt. Ich war nicht mehr bereit, mein Leben auch nur noch eine Sekunde länger zu verschlafen. Es wurde Zeit, aufzuwachen, endlich vom altbekannten Wartebänkchen aufzustehen, aus meiner Grauzone zu treten und Farbe zu bekennen. Doch dazu musste ich Klarheit für mich selbst schaffen und Mut beweisen, schließlich hatte ich die Qual der Wahl – zwischen dem Ohneeinander und dem wahrhaftigen Miteinander.

Doch neben der Frage, wie es mit unserer Beziehung weitergehen sollte, kreiste mir auch noch die Begegnung mit dem Skipper im Kopf herum. Nach wie vor konnte ich mir keinen wirklichen Reim darauf machen, was mir diese Verbindung sagen sollte. Ja, was war das nur gewesen – ein kurzer Sturm, eine Einbildung, ein Vorgeschmack darauf, wo die Reise meines Herzens hingehen könnte? Ich fand es unfair, meine Karten nicht offen auf den Tisch zu legen, doch wenn ich ehrlich war, wusste ich selbst nicht, welche Karten ich in der Hand hielt und noch weniger was ich mit ihnen anstellen sollte.

Die Zeit, die folgte, war eine harte Nummer, denn alles, was ich jahrelang verdrängt hatte, kam nun zum Vorschein und ließ mich völlig planlos werden. Immer wieder fürchtete ich, in der immensen Flut meiner Gedanken zu ertrinken. Mein wohlgeordnetes Leben brach ein, wenn auch zunächst nur für mich sicht- und fühlbar. Mir fiel auf, dass ich bisher oftmals versuchte hatte, mich im Außen abzulenken oder aber mein Bestes gab, den Schuldigen für meine Misere dort zu finden. Damit hatte ich die Verantwortung für mein Leben abgetreten, statt ehrlich und wahrhaftig in mich hineinzuhören und zu meinen Gefühlen zu stehen. Wenn ich eines hervorragend konnte, war es, kreative Erklärungen, Ausreden und Entschuldigungen für die aktuelle Situation zu finden, denn so musste ich mir nicht meiner Bedürfnisse bewusst werden, ihnen Raum geben, zu ihnen stehen oder wirklich Tacheles reden. Ganz schön clever, oder?

Ich erkannte, dass ich selbst eine räumliche Distanz geschaffen hatte, um nicht Opfer der Sehnsucht nach dem vollumfänglichen »Wir« zu werden, und damit versuchte, die Illusion aufrecht zu erhalten – immerhin konnte ich mir so einreden, es gäbe aktuell gar keine andere Möglichkeit für mehr Nähe. Irgendwie war es leichter, über den Mangel zu sprechen oder die Illusion aufrecht zu halten, dass andere oder die Umstände daran schuld waren, als konkrete Wege zu finden, die Fülle in mein Leben einzuladen. Dafür brauchte es schließlich Klarheit und Mut – und beides fehlte mir. Weit gebracht hatte mich diese Strategie allerdings nicht. Wenn überhaupt hatte sie mir nur die vermeintliche Zufriedenheit geschenkt, aber nicht jene Erfüllung gebracht, an der ich nun geschnuppert hatte.

Nach den ersten emotionalen Schleudergängen und Erkenntnissen wurde ich richtig wütend auf mich. Viel zu lange hatte ich mich von den äußeren Umständen abhängig gemacht gehabt, anstatt Schöpferin meines Lebens zu sein. Ich hatte vieles als gegeben hingenommen und die Möglichkeiten außerhalb meines Tellerrands überhaupt nicht sehen wollen. Alternativ war ich mir durch meine Sturheit und meine Dickköpfigkeit selbst im Weg gestanden.

Sicherlich hatte ich mit meinem Partner immer wieder über die typischen Streitpunkte diskutiert, aber von der Stelle waren wir dennoch nicht wirklich gekommen. Stattdessen hatten wir immer wieder die verstaubten Geschichten ausgepackt, reflexartig die alte Leier gespielt und uns im Kreis gedreht, weil keiner der harten Wahrheit ins Gesicht sehen wollte und bereit war, Konsequenzen daraus zu ziehen, die eine wirkliche Veränderung bringen konnten.

Puh, ich musste erst einmal durchschnaufen, denn die durch meine Wut freigesetzten Kräfte waren so überwältigend, dass ich mich quicklebendig und gleichzeitig vom Leben überrollt fühlte und nicht mehr wusste, wo vorne und hinten war. Doch statt mich für meine Wut zu schämen und mich schlecht zu fühlen, nutzte ich ihre feurige Energie. Schließlich kam keine Veränderung, ohne dass ich selbst etwas veränderte – und ich brauchte dringend einen grundlegenden Wandel.

Doch bevor ich eine Kurzschlussentscheidung traf, hielt ich trotz meines Zorns inne und gab mir Zeit, bis ich mir dessen bewusst war, was ich wirklich wollte. Meine Entscheidung würde weitreichende Folgen haben und sollte mein komplettes Leben auf den Kopf stellen. Ich ahnte, wie mir die Last von meinen Schultern abfallen und wie gut es sich anfühlen würde, wenn ich diese Entscheidung getroffen hatte, doch dazu brauchte es erst einmal meine Gewissheit.

Dieser Moment war ergreifend, denn in ihm erkannte ich, dass die Wahlfreiheit, die mich gerade so quälte, eins der größten Geschenke und gleichzeitig aber auch die größte Herausforderung in meinem Leben war. Jeden Tag, jede Stunde, jede Sekunde wählte ich, wie ich durch mein Leben ging, ob mit offenem oder geschlossenem Herzen, annehmend oder ablehnend, jammernd oder dankbar, verurteilend, vergebend oder neutral. Kurzum: Ich wählte immer wieder aufs Neue zwischen der Liebe oder der Angst und entschied dabei auch, welchen der vielen Wege ich aus Liebe oder Angst ging.

Egal, welchen Kurs ich nun einschlug und für welchen Weg ich mich entschied: Ich wollte ihn aus vollem Herzen gehen können. Und so stellte ich mir am Ende meiner Grübeleien nur noch diese eine Frage: Was würde die Liebe tun? Die Antwort war eindeutig: Die Liebe wollte leben, endlich wahrhaftig leben. Was nun? Mehr denn je glaubte ich, einen Tapetenwechsel zu brauchen und sehnte mich nach dem tiefen Glücksgefühl auf dem Meer zurück. Als ich mir dieser Sehnsucht bewusst wurde, kam mir eine verrückte Idee. Warum nicht das alte Glück wiederholen und dabei nach Antworten suchen, bewusster und gezielter als beim ersten Mal? Gesagt, getan. Und so buchte ich kurzerhand gemeinsam mit einer anderen Freundin, die ich mit meinem Segelfieber angesteckt hatte, einen zweiten Segeltörn. Der erste hatte mein Leben auf den Kopf gestellt; vielleicht konnte der zweite mir dabei helfen, das Geschehene besser greifen zu können. Zudem wollte ich alles tun, um noch einmal dieses magische Glücksgefühl zu erleben – und gebrauchen konnte ich es noch mehr als damals.

Keine vier Wochen später schipperte ich also noch einmal auf einem Segelboot über das Meer. Immer wieder wurde ich dabei an meinen ersten Törn erinnert, allein durch das Geräusch des flatternden Segels im Wind, doch trotz ähnlicher Rahmenbedingungen verliefen die beiden Reisen komplett unterschiedlich. Ich hatte eine regelrechte Partycrew erwischt, die das Segelfeeling zwar genoss und sich gerne Geschichten übers Segeln erzählen ließ, aber nur selten selbst Hand anlegen wollte. Die spezielle Gemeinschaftsmagie meiner ersten Segelerfahrung suchte ich vergebens. Trotzdem genoss ich die ausgelassene Stimmung auf dem Boot und hatte eine schöne Zeit, zog mich aber auch immer mal wieder aus der Gruppendynamik heraus, führte Gespräche mit meiner Freundin, nahm mir Zeit für mich und lauschte regelmäßig tief in mich hinein.

Nach wie vor sah ich in meiner Partnerschaft etwas Besonderes und vor allem: Potenzial. Wir lebten zwar keine standardmäßige Beziehung, gestalteten dafür unser Nähe-Distanz-Verhältnis auf unsere ganz eigene individuelle Art und Weise und waren uns so in vielerlei Hinsicht sehr nah. Was ich besonders schätzte, war, dass wir an uns glaubten, uns bewunderten und uns liebten – und zwar so sehr, dass wir uns nie in unserer Entwicklung im Weg stehen wollten, sondern alles taten, um uns gegenseitig voranzubringen und wie ein Dünger für das Leben des anderen zu sein. neben dem gemeinsamen »Wir« gab es die beiden »Ichs«, was aus meiner Sicht grundlegend war. So ging jeder den eigenen Interessen nach, hatte seine Hobbys und verbrachte Zeit mit sich oder mit Freunden. Gleichzeitig hatten wir einen kostbaren und vielseitigen Raum für uns geschaffen.

Auf den ersten Blick schien alles perfekt, doch auf den zweiten wurde mir das Leck dann doch bewusst. Wovor ich mich all die Jahre gesträubt hatte war, in die Welt meines Freundes einzutauchen. Und so war es gekommen, dass wir anfangs zwar gemeinsam gewachsen waren, sich irgendwann aber jeder immer mehr in unterschiedliche Richtungen bewegt hatte, sodass wir uns rückblickend das größte Glück entgehen ließen – die Blütezeit des Anderen bewusst mitzuerleben und sie gemeinsam zu genießen. So brannte mein Freund beispielsweise für sein Forschungsprojekt; wohingegen es mir schwergefallen war, seine Leidenschaft zu teilen. Irgendwann war sie sogar ein regelrechtes rotes Tuch für mich geworden, da ich mich durch seine Passion oft vernachlässigt gefühlt hatte. Oh shit, in den letzten Jahren hatte tatsächlich jeder für sich ein eigenes Leben aufgebaut, das wie ein schwarzer Fleck für den anderen geworden war. Kein Wunder, dass wir uns voneinander entfernt hatten.

Doch das wollte ich nun ändern. Mit dieser Erkenntnis und dem festen Entschluss, die schwarzen Flecken aufzulösen und nichts mehr zurückzuhalten, verließ ich das Segelboot und kehrte in meinen Alltag zurück. Statt die Zukunft immer wieder vorhersagen und voraussehen zu wollen, wollte ich nun meinen ganzen Fokus darauflegen, sie möglich zu machen.

Ich war dankbar über die neu gewonnene Klarheit. Gleichzeitig war ich aber auch etwas enttäuscht, da ich so sehr entschlossen und bemüht gewesen war, nochmals das überwältigende Erlebnis vom ersten Törn zu wiederholen, aber erkennen musste, dass manche magischen Momente einmalig waren und nicht reproduziert werden konnten.

Die Reise hatte dennoch ihren Zweck erfüllt, wenn auch einen anderen als beim letzten Mal, denn sie hatte mich nicht aufgerüttelt, sondern die aufgewühlte See in mir beruhigt und klare Sicht geschaffen.

Glücksimpuls: Entscheidungen treffen

Du hast tausend gute Gründe im Kopf, aber der Bauch sträubt sich dagegen? Oder es ist genau anders herum: Der Bauch sagt ja, obwohl dein Kopf dagegen argumentiert? Entscheidungen bestimmen dein Leben und gerade das macht es oft schwer, denn manchmal ist die Wahl die Qual.

- Werde dir klar, worüber du eine Entscheidung fällen willst und was davon in deinem Handlungsbereich liegt.
- Welche Lösung gibt es und was sind die Alternativen?
  Tipp: Reduziere die Möglichkeiten.
- Stelle dir in Gedanken vor, du entscheidest dich für Option A. Wie fühlt sich das in deinem Körper an? Fühlst du die Entscheidung? Wiederhole das Experiment mit der anderen Alternative. Wie ist es da?

Fällt dir das noch immer schwer, hilft ein simpler Trick: Wirf eine Münze! Richtig gelesen: Wirf eine Münze. Nachdem du die Münze geworfen hast, lässt du sie verdeckt und fragst dich, auf welches Ergebnis du hoffst.

ZEIT FÜR EINEN MUT-AUSBRUCH. DER EWIGE EIER-TANZ IST VORBEI. AB JETZT GIBT'S KONSEQUENZEN!

Meine Entscheidung war mit dem letzten Anlegen des Segelboots gefällt. Ich fühlte mich befreit und war voller Zuversicht. Leider hielt das Glück nicht lange an, denn obwohl ich mich für die Beziehung und eine gemeinsame Zukunft entschieden hatte, bekamen wir uns von nun an häufiger als früher in die Haare. Aus jeder kleinsten Mücke machten wir einen Elefanten. Und so wurde mein Alltag zu einer emotionalen Achterbahnfahrt der Gefühle und ich erlebte dabei eine innere Zerrissenheit, die heftiger war als je zuvor. Ich fing an, mich entfremdet von meinem bisherigen Leben zu fühlen. Das Hin und Her kostete mich enorm viel Energie: Magenkrämpfe, Kopfschmerzen und zuletzt massiver Haarausfall waren die Folge. Mein Körper rebellierte; ich fühlte mich geschlaucht, aufgewühlt und am Ende meiner Kräfte. Schließlich wollte ich alles dafür tun, an der Beziehung festzuhalten, doch es fühlte sich wie ein Kampf gegen Windmühlenflügel an.

Es war, als ob die Signale meines Körpers mir zeigen wollten, dass das Universum in meiner magischen Reise schon alles entschieden hatte. Oh ja, ich war fortgegangen und wiedergekommen und seither hatte der Wind aus einer anderen Richtung geweht. Als ich mir dessen bewusst wurde, ließ ich alles los, gab den Widerstand gegen mein Schicksal auf und gestand mir ein, dass die Sehnsucht nach der erlebten Erfüllung weder von der zweiten Reise noch von meinem All-in-Beziehungsversuch gestillt werden konnte.

Die Zeit und das Leben – oder unsere höheren Ichs – hatten uns mittlerweile in zu unterschiedliche Richtungen geführt und auch die Nährböden, die wir brauchten, waren zu verschieden geworden. Mit etwas Abstand konnte ich sehen, dass jeder von uns mittlerweile Sehnsüchte und Vorstellungen von einer gemeinsamen Zukunft entwickelt hatte, die nicht mehr zu der des anderen passten. Auch wenn wir es uns noch so sehr wünschten, musste ich mir eingestehen, dass unsere Liebe das entstandene Loch und die erzeugten Mangelgefühle nicht füllen konnte und so hatte die Sehnsucht nach der Erfüllung der eigenen Bedürfnisse schon lange wie ein Damoklesschwert über unserer Beziehung gehangen. Jahrelang hatten wir für den anderen und für unsere Beziehung immer wieder das eigene Verlangen zurückgestellt und so einen Teil von uns selbst aufgeben, da wir die Bedürfnisse nicht zusammenbringen konnten. Doch das machte auf Dauer krank und frustrierte.

Schweren Herzens musste ich realisieren, dass es Zeit wurde, die Verbindung zu lösen und uns freizulassen, damit bei uns beiden das Strahlen in unseren Augen nicht erlosch, das wir bei unseren Herzensprojekten hatten. Letztendlich hatte mein erster Segeltörn etwas sichtbar gemacht, was sich bei jedem von uns schon lange angestaut und den Morast am Boden des Wasserglases gebildet hatte. So war meine Reise rückblickend der entscheidende letzte Tropfen gewesen, der das Fass zum Überlaufen gebracht hatte, und ich selbst hatte die Sandkörner am Grund aufgewirbelt und meinen Traum vom Glück damit neu definiert.

Trotz der Einsicht dauerte es, bis ich das letzte innere »Go« hatte, denn ich hatte ungeheure Angst, diesen Schritt zu gehen. Ich wusste, dass es anschließend kein Zurück mehr geben würde und es niemals mehr so werden konnte wie bisher, wir also nicht einfach wieder an das »Jetzt« andocken konnten, als sei nichts passiert, falls ich meine Entscheidung bereute.

Einige schlaflose Nächte später war ich dann soweit. Die letzte innere Klarheit, die ich gebraucht hatte, kam über Nacht. Auf einmal spürte ich, dass etwas in mir gestorben war und dafür etwas Neues geboren wurde. So wachte ich eines Morgens auf und wusste, was zu tun war – und dass ich nun gehen musste, jetzt oder nie.

In jenem Moment, in dem ich in Einklang mit mir und der Situation mit meinem Partner kam, hörte direkt auch das Grübeln über den Skipper auf und endlich erkannte ich, warum mich der Mann auf dem Segelboot so verzaubert hatte – er war gekommen, um mir zu helfen, diesen Schritt zu gehen. Denn diese Begegnung hatte mich spüren lassen, dass es noch mehr gab. Hiermit war sein Job erledigt gewesen und meine Gedanken wieder frei.

Ich nahm meinen Mut zusammen und beschloss, ein neues Kapitel in meinem Leben zu schreiben – und erst einmal allein weiterzugehen. Mit diesem Entschluss trennte ich mich also mit dreißig Jahren von der Person, die mir geholfen hatte, das zu werden, was ich bis dahin gewesen war; einem geliebten Menschen, mit dem ich mein halbes Leben verbracht und eine wunderschöne Zeit mit unendlich vielen Abenteuer erlebt hatte. Im gleichen Atemzug trennte ich mich von einem Traum, der immer unrealistischer geworden war. Auf einmal war der Zauber des »bis dass der Tod euch scheidet« verflogen, der Wunschtraum ausgeträumt und die konkrete Vorstellung meiner Zukunft geplatzt.

Es zerbrach mir fast das Herz. Eine gefühlte Ewigkeit lagen wir weinend und eng umschlungen nebeneinander, konnten uns lange Zeit nicht gehen lassen und nahmen so in Stille voneinander Abschied. Irgendwann ließen wir uns frei und ich wusste, dass es nun Zeit war, meine Sachen zu packen und zu gehen.

Die darauffolgende Leere und der Schmerz, der mich überkam, als ich die Haustür ins Schloss fallen ließ, waren schier unerträglich. Ich wollte und konnte jetzt nicht allein sein, und so suchte ich Zuflucht bei meinem Elternhaus. Mein Vater war der erste, dem ich in die Arme lief. Als er mich tränenüberströmt wie ein Häufchen Elend vor sich stehen sah, war er zunächst schockiert, denn der endgültige Entschluss kam für ihn überraschend. Natürlich wusste er, dass wir Baustellen gehabt hatten, aber mit diesem Ausgang hatte er nicht gerechnet und durch die Trennung verlor er gefühlt einen Sohn.

Ich verkroch mich erst einmal auf die Couch meines ehemaligen Kinderzimmers. Ich sehnte mich nach dem kindlichen geschützten Raum. Mein Vater setzte sich neben mich, streichelte mir liebevoll über den Kopf und redete mir sanft zu. »Alles wird gut. Das bekommen wir zusammen hin«, sagte er immer wieder, während er heimlich einen SOS-WhatsApp-Notruf an meine Schwester und Mutter absendete. Sich großen Gefühlen zu stellen, war normalerweise nicht seine Stärke, doch in diesem Moment machte er einen verdammt guten Job.

Zusammengerollt in meinem ehemaligen geliebten Kinderzimmer verdaute ich den vergangenen Morgen und realisierte, was ich gerade getan hatte, denn auch wenn sich die Entscheidung schon eine Weile davor angebahnt hatte, kam der letztendlich vollzogene Akt der Trennung auch für mich kurzfristig. Gedanklich nahm ich noch einmal Abschied von einer wunderbaren Phase in meinem Leben, die ich nicht missen wollte, die oft kräftezehrend, aber trotzdem schön und intensiv gewesen war, samt ihren facettenreichen Höhen und Tiefen und vollgepackt mit jeder Menge Lernaufgaben, die wir gemeinsam und allein gemeistert hatten. Nun waren sie erledigt und gaben Platz für Neues frei. Diese Trennung war der bisher schwierigste und weitreichendste Schritt in meinem Leben gewesen – auch, weil ich mich nicht aus Ablehnung, sondern aus Liebe getrennt hatte. Ja, ich war gegangen, um der Liebe in mir gerecht zu werden und uns beide frei zu lassen für all das, was uns das Leben auf unserem jeweils eigenen Weg nun zeigen würde.

Es brauchte seine Zeit bis ich die Geschehnisse verarbeitet hatte und meinen Blick von der Vergangenheit in die Gegenwart richten konnte. Die gesammelten Erfahrungen und gemeinsamen Erlebnisse waren wertvoll und würden mir sicherlich auch für zukünftige Situationen Selbstbewusstsein schenken. Dennoch war es nun an der Zeit, mich von der Vergangenheit zu lösen und nach vorne zu schauen.

Mit der Trennung musste ich einen sehr hohen Preis für eine ungewisse Zukunft zahlen, die mir vorkam wie eine Überraschungstüte, bei der ich nicht wusste, ob mir der Inhalt gefallen würde. Doch mein Entschluss weckte meine zum Teil eingeschlafenen Lebensgeister. Die Angst vor dem Ungewissen trat in den Hintergrund, meine kindliche Neugier erwachte aus ihrem Dämmerschlaf und so konnte ich nach der ersten Trauer immer öfter auch voller Neugierde in die Zukunft schauen.

Glücksimpuls: Folge den Zeichen

Oft gibt es kleinere oder größere Anzeichen, die dir zeigen, dass gerade etwas schiefläuft. Den Menschen in deinem Umfeld fällt es manchmal schwer, sich in deine Angelegenheiten einzumischen oder ein Urteil zu fällen, doch dein Körper lässt sich davon nicht irritieren. Er zeigt dir, wann und wo der Schuh drückt.

- Schließe deine Augen und spüre in dich hinein. Fühlst du dich gerade wohl in deinem Körper oder ist es irgendwo eng und verkrampft, weil du gegen etwas ankämpfst?
- Was will er dir damit sagen, welcher Hilferuf könnte hinter den körperlichen Auffälligkeiten stecken?
- Frag dich, z. B. bei Kopfschmerzen, worüber du dir gerade den Kopf zerbrichst oder bei Magenproblemen, was dir im Magen liegt und du unverdaut heruntergeschluckt hast.
- Wie kannst du die Botschaften deines Körpers konkret in dein Leben integrieren?

Ich bin davon überzeugt, dass der Körper ein Sprachrohr unserer Seele ist. Deshalb ist es wichtig, auf seine Signale zu achten und bei Beschwerden nicht nur die Symptome zu behandeln, sondern der Ursache auch auf der psychischen Ebene auf den Grund zu gehen.

Mein Tipp: Es gibt tolle psychosomatischen Ratgeber, die dir ein gutes Indiz dafür geben können, wo dein Schuh gerade wirklich drückt!

WEIBLICH, ANFANG 30 UND SINGLE – HAB' ICH JETZT EIN PROBLEM?

Von heute auf morgen lag mein bisheriges Leben in Scherben vor mir. Auf einmal war ich freiwillig und irgendwie auch unfreiwillig wieder Single – und das war ein äußerst ungewohnter Zustand. Schon mein halbes Leben lang hatte ich einen festen Freund gehabt, während die meisten meiner Freundinnen und Freunde Single gewesen waren, und nun war ich Single, während die anderen gerade eine Familie gründeten.

Doch kein Problem, sagte ich mir tapfer. Heute konnte ich als Frau schließlich alles, ohne dass andere Menschen daran Anstoß nahmen oder irritiert waren: Karriere machen, Mama werden, um die Welt tingeln, verstopfte Klos reparieren, ja, sogar selbst Autoreifen wechseln (YouTube sei Dank). Mhh, wirklich alles? Naja, fast, wie ich bald feststellen musste. Denn im besten Alter den sogenannten »Single«-Status zu haben, schien für viele Außenstehende ein bedauernswerter Zustand zu sein. Für mich selbst auch? Ich zog Bilanz: kein Mann, kein Haus, kein Kind – hatte ich deshalb tatsächlich auf ganzer Linie versagt? Sollte ich mich nun selbst bedauern oder besser Torschlusspanik bekommen? Schließlich gehörte zum perfekten Leben und wahrhaftigen Glück doch eine funktionierende Partnerschaft und Kleinfamilie. Allein war ich doch irgendwie nur ein halber Mensch – oder etwa nicht?

Verrückterweise genoss ich mein neues Leben als frisch gebackener Single und die damit verbundene Unabhängigkeit in vollen Zügen und ganz ohne den imaginären Versagerstempel. Im Gegenteil, ich feierte meine Situation, genau wie mich. Wie mir im Rückblick bewusst wurde, hatte ich einen großen Teil des Trennungsschmerzes bereits unbewusst während der letzten Monate häppchenweise durchlebt. Nach dem ersten großen Schock folgte daher keine monatelange depressive Phase. Stattdessen konnte ich wieder frei atmen, fühlte mich durchweg lebendig und präsent. Selbst in der Tatsache, dass ich die Vergangenheit gerade nicht mehr richtig greifen konnte und keine Vorstellung von der Zukunft hatte, sah ich das Positive, denn sie half mir dabei, im Moment zu bleiben.

Meine Ahnungslosigkeit machte mir keine Angst mehr; sie beflügelte mich und brachte all die Energie zum Fließen, die in den letzten Jahren in mir erstarrt war. Ein weites Meer an Möglichkeiten öffnete sich, sodass ich anfangs gar nicht wusste, wohin ich schauen sollte. Die Liebe hatte die Angst abgelöst, mein zweites Leben war eingeläutet geworden und trotz des äußeren Chaos hatten sich Vertrauen und Hingabe breitgemacht. Mit der Entscheidung, allein weiterzugehen, hatte ich, vielleicht zum ersten Mal, die volle Verantwortung für mich übernommen und die Handbremse gelöst, mit der ich bislang meinte, auf der Überholspur unterwegs sein zu müssen. Jetzt lebte ich mein Leben live und in Farbe, statt das altbewährte Kopfkino zu bedienen. Und ich muss sagen: Die Realität war so viel besser als die in die Jahre gekommenen inneren Filmaufnahmen von überdimensionierten Hochzeitstorten und rührigen Ehegelübden.

Auch wenn ich in dieser Zeit vor Lebensfreude nur so strotzte und mein Singledasein genoss, überkam mich immer wieder ein schlechtes Gewissen. Sollte ich nicht eigentlich trauern, am Boden zerstört sein und mich schlecht fühlen? Schließlich hatte ich eine Beziehung und damit auch einen Menschen hinter mir gelassen, die mich lange Zeit glücklich gemacht hatten. Keinesfalls wollte ich durch meine frisch entfachte Lebensenergie diese unvergessliche Zeit schmälern oder unsere Verbindung und meine Dankbarkeit für die gemeinsamen Jahre mindern.

Es dauerte eine Weile, bis ich mir selbst zugestehen konnte, dieses neue Glück ohne schlechtes Gewissen genießen zu dürfen, und mir bewusst machte, dass das Eine nichts mit dem Anderen zu tun hatte.

Doch nicht nur das: Die Trennung zog tatsächlich viel weitere Kreise in meinem Leben, als ich zuvor geahnt hatte. Immer wieder tauchten Fragen auf, die mir »im alten Leben« nie in den Sinn gekommen waren: Mit wem sollte ich zukünftig in Urlaub fliegen? Wer brachte mein WLAN zum Laufen, wenn die Technik mal wieder versagte? Auch der Gedanke, allein in ein Restaurant oder ins Kino zu gehen, fühlte sich im ersten Moment ungewohnt an. Was würden die anderen Menschen über mich denken, wenn ich ganz allein am Tisch saß und mir nicht nur einen kurzen Snack für zwischendurch, sondern ein ausgefallenes Drei-Gänge-Menü oder vielleicht einen Cocktail gönnte? Würden sie mich bedauern und bemitleiden oder am Schluss vermuten, ich sei eine kritische Restauranttesterin inkognito (was für mich noch die sympathischste Vorstellung war – und auch irgendwie cool)?

Aber auch in den eigenen vier Wänden fragte ich mich, ob es überhaupt Sinn machte, etwas Aufwändiges nur für mich allein zu kochen?

Es verging einige Zeit bis ich begriff, dass diese Gedanken völliger Humbug waren, denn: War ich es mir etwa selbst nicht wert, diese Dinge zu tun? Warum sollte ich darauf verzichten? Wo bitte schön stand geschrieben, dass all dies nur zu zweit erlebbar war und wer sagte überhaupt, dass mit der Trennung auch der gesamte Freundeskreis wegbrechen musste?

Natürlich war es schön gewesen, Arm in Arm einzuschlafen und morgens nebeneinander aufzuwachen, doch sich nach Herzenslust nachts kreuz und quer zu lümmeln und morgens nicht ewig warten zu müssen, bis mein Freund endlich wach wurde, hatte auch einiges für sich. Alleinsein hatte mindestens so viele Vorteile wie das Zusammenleben; ich musste nur bereit sein, sie zu würdigen und zu genießen.

Das war nicht immer leicht, aber diese neue Katrin, die sich selbst in den Mittelpunkt ihres Daseins stellte, gefiel mir. Meine neue Lebenssituation schenkte mir eine Freiheit, die ich mir zuvor trotz Fernbeziehung nicht zugestanden hatte. So kreierte ich mir in meinem Tempo ein Leben, das ich früher nicht für möglich gehalten hätte. Ich lernte die verschiedensten Facetten des Lebens ohne Partner neu für mich kennen, im Alltag wie in der Intimität, denn mit der Zeit wurde mir bewusst, dass ich mich auch mit meinen Bedürfnissen in der Sexualität neu auseinandersetzen und diese auf kreative Weise erforschen durfte. So öffnete ich mich für eine Sexualität mit mir selbst, die bis dato unerforscht für mich war und experimentierte in diesem Neuland. Nach und nach entwickelte ich ein völlig neues Körperbewusstsein – ein Prozess, der wohl mein Leben lang anhalten wird und immer wieder neue Überraschung bereithält. Was war es für ein Geschenk, die Forschungsreise zu beginnen!

Mein Blick auf mich selbst veränderte sich in vielerlei Hinsicht. Verrückterweise nahm ich mich durch die Trennung zunehmend als ein wunderschönes vollkommenes »Ich« wahr und erkannte, dass mein Lebensgerüst auch ohne einen Mann an meiner Seite auf stabilen Beinen stand und mein Kartenhaus nicht beim nächsten kühleren Windhauch in sich zusammenstürzen würde. Diese Erkenntnis fühlte sich gut an und machte mich stark, änderte jedoch nichts daran, dass eine Beziehung für mich immer mehr als ein »Nice-to-have« war und auch immer sein würde.

Schnell wurde mir klar: Ganz egal ob Singleleben oder Partnerschaft – beides hatte seinen eigenen Reiz und kam zur rechten Zeit. So nutzte ich die Möglichkeiten, die sich mir boten, genoss den Moment, genau wie er war, denn schließlich konnte morgen schon alles wieder anders sein. Allein oder zusammen – ich sehnte mich nach Erfüllung, nach Lebendigkeit, dem Glück fernab der Einsamkeit. Eine neue Zeit war gekommen – meine Zeit, und so erhob ich mich aus meinem selbst erschaffenen Scherbenhaufen, schüttelte all die Fragezeichen von mir ab und begab mich auf einen Weg ohne Ziel oder Plan, um nirgendwo anders anzukommen als bei mir selbst, in meinem Leben, genau in diesem Moment.

Vermutlich fühlte sich die Trennung deshalb nie nach einem Versagen an, sondern vielmehr nach einem klaren Bekenntnis zu mir selbst. Denn der Entschluss, allein weiterzugehen, war rückblickend der größte Liebesbeweis an mich und mein Leben, den ich mir hätte geben können.

Glücksimpuls: Flucht in die Zweisamkeit versus Fokus auf die Selbstliebe

Viele denken, dass sie ohne einen Partner oder eine Partnerin nur ein halber Mensch sind und springen deshalb von einer Beziehung direkt in die nächste, ohne sich wirklich Zeit zum Reflektieren und Nachwirken zu gönnen.

- Was wäre das Schlimmste, was passieren könnte, wenn du allein, also ohne Partner bzw. Partnerin bist?
- Was glaubst du, von deinem Partner bzw. deiner Partnerin oder anderen Menschen brauchen zu müssen?
- Was gibt er/sie dir bzw. gibt dein Umfeld dir, was du dir selbst (noch) nicht geben kannst oder willst?

Egal, ob du gerade Single bist oder in einer Partnerschaft – gönne dir in dieser Woche ganz bewusst einen Tag nur für dich. Gehe ins Kino, in ein Restaurant, mache eine kleine Wanderung oder etwas anderes Schönes. Es ist halb so wild, trau' dich!

KAPITEL 2

MIT DEM GLÜCK IST'S WIE BEIM KUCHEN. AUS LIEBE GEMACHT SCHMECKT'S AM BESTEN.

DIESES WUNDERVOLLE GLÜCK – WAS IST DAS UND WIE KRIEG' ICH DAS?

Da stand ich also mit Anfang dreißig und hatte einen Vorgeschmack vom wahrhaftigen Glück bekommen; einem Gefühl, das süchtig machte und Lust auf mehr. Es war magisch, denn diese tiefe Empfindung ließ mich erblühen und schenkte mir eine beflügelnde Lebensfreude, gleichzeitig aber auch den eisernen Willen und das Vertrauen, alle Hindernisse überwinden zu können.

Ich hatte die wertvollste Energiequelle in meinem Leben gefunden und erfahren, dass ich vor mich hinwelkte, wenn sie mir abhandenkam. Egal, wie erfolgreich, schön, reich oder gesund ich war – nichts und niemand konnte diesen Zauber ersetzen und mir jene Kraft und Freude schenken wie dieser Glücksrausch, der aus mir selbst heraus entstanden war und sich auf meinem Segeltörn als eine feurige Lebendigkeit, ein intensives Hormonbrodeln und den Drang, die ganze Welt zu umarmen, ausgedrückt hatte. Manchmal war er laut gewesen, ein anderes Mal ganz still, leicht, zart und hatte sich durch Zufriedenheit, Geborgenheit und Erfülltheit gezeigt. Es war so viel mehr als ein kurzes flüchtiges Hochgefühl der Euphorie gewesen; genährt von Dankbarkeit, Anerkennung und Wertschätzung all dessen, was gerade war.

Es dauerte seine Zeit, bis ich wirklich verstanden hatte, was auf dem Segeltörn passiert war, und begreifen konnte, dass ich tatsächlich das Privileg gehabt hatte, mit dem wahrhaftigen Glück so nah in Berührung gekommen zu sein. Auch nach der Trennung und während meines intensiven Neustarts spürte ich beim Gedanken daran eine tiefe und reine Glückswelle Ich hoffte, dass dieser süße Nachgeschmack und das damit verbunden Gefühl nie enden würden, befürchtete aber, dass die Erinnerung langsam verblassen könnte, da die Endlichkeit gewiss nicht aufzuhalten war.

Um diesem Prozess entgegenzuwirken, behielt ich die Empfindung fest in meinem Herzen gespeichert und versuchte, so oft es nur ging, mit meinem Körper noch einmal in dem fabelhaften Rausch des ersten Segeltörns zu baden. Ich wusste, ich würde alles dafür tun, um erneut die wirkungsvolle Magie dieses wahrhaftigen Glücks erleben zu können – einen Zauber, der die Welt und mich in Einklang brachte und die Leichtigkeit des Seins und das All-Eins-Sein offenbarte.

Am liebsten hätte ich all diese zauberhaften Augenblicke konserviert und immer dann ausgepackt, wenn ich meine Mitte verlor und gedanklich wieder in der Zukunft oder Vergangenheit feststeckte, zu viel an andere dachte als an mich oder im Kopf verharrte statt im Körper. Ich konnte es kaum erwarten, dieses tiefe Blühen erneut zu erfahren, das mich damals regelrecht umgehauen hatte. Ich sehnte mich danach zurück, in einen natürlichen Flow zu gelangen, bei dem ein Schritt federleicht zum nächsten führte, ich das Leben und mich intensiv genoss und mich dadurch so viel freier fühlte als in meinem normalen Alltag.

Doch was brauchte es nur dafür? War es womöglich das Zusammentreffen günstiger Umstände, etwa Zufall, eine erfreuliche Fügung des Schicksals oder ein ganz bewusster Wink des Lebens? Waren es die äußeren Begegenheiten gewesen, die mich dieses Glück hatten fühlen lassen – oder mein innerer Zustand und ein anderes Bewusstsein? Gab es überhaupt ein Glück, das Bestand hatte, oder ging es eher darum, das

Glück zu finden, das Sinn machte, obwohl es nicht blieb? Ich spürte: Es gab die Fülle, nach der ich mich sehnte, die sich nicht auflöste und groß genug war, sodass es Sinn machte, sie zu verfolgen – auch dann, wenn sie nicht beständig war, weil sie sich permanent veränderte.

Genau dieser Fülle wollte ich auf die Spur kommen und endlich erfahren, was es gewesen war, das mich so überwältigt hatte. Und ich wollte herausfinden, wie ich es wiederbekommen konnte. Ach, ich konnte es nicht erwarten, dieses Glücksrezept zu entdecken.

Tief in meinem Herzen wusste ich, dass ich die Aufgabe erfolgreich meistern würde und ahnte, dass sie eine Herausforderung und Abenteuerreise zugleich sein würde. In mir war nun alles auf »Go!« gepolt. Ich konnte und wollte gar nicht mehr anders, als zur Glücksforscherin zu werden – jetzt, wo mein Leben frei von altem Gedankenballast war und es niemanden mehr gab, auf den ich hätte Rücksicht nehmen müssen. Und so machte ich mich auf den Weg, um herauszufinden, wie ich als gewöhnlicher Mensch ein außergewöhnlich glückliches Leben führen konnte, trotz auf den ersten Blick vermeintlich unspektakulärer Umstände.

Ähnlich wie bei einer Drogenerfahrung begab ich mich also auf die Suche nach dem erneuten und nachhaltigen Erleben des ersten »Glück-Kicks«. Schließlich sollten die Glücksmomente in meinem Leben kein Zufallstreffer bleiben.

Ich war nicht mehr zu bremsen – und so nahm eine neue, aufregende Reise ihren Anfang.

Glücksimpuls: Das Glück fühlen

Immer wieder tappen wir in die Falle, gedankliche Luftschlösser in der Zukunft zu kreieren oder alles bis ins kleinste Detail zu planen, statt dankbar zu sein, für das was da ist – das Glück in diesem Moment im Körper zu spüren und für genau diesen einen Augenblick jetzt wahrhaftig glücklich zu sein.

- Was macht dich in diesem Moment glücklich, was lebendig, was erfüllt?
- Wie drückt sich das Glück in deinem Körper aus?
- Welche Momente in deinem Leben haben dich regelrecht umgehauen und sind noch immer sehr präsent in dir?
  Was unterscheidet sie von anderen Glückserfahrungen?
  Was macht sie aus?

Mein Tipp für dich: Tauche jeden Abend noch einmal in mindestens eine Situationen ein, die dich an diesem Tag richtig glücklich gemacht hat. Nehme das Gefühl in deinem Körper wahr. Am Anfang ist es zum Teil nicht leicht diese Fülle der Gefühle zu halten, doch Übung macht den (Glücks-) Meister. Versprochen!

ICH KRIEG' DAS SCHON GEBACKEN!

Fest entschlossen, den Weg zu diesem tiefen und berührenden Glücksempfinden zu finden, brach ich auf und folgte intuitiv dem Ruf meiner Seele, ohne einen genauen Plan zu haben, wie es weitergehen sollte. Mein Antrieb war die Gewissheit, dass es diesen Glückszauber gab und ich des Rätsels Lösung finden würde – den Weg zurück zum wahrhaftigen Glück.

Zuerst verlor ich mich in den Gedanken – quasi die Macht der Gewohnheit. Im Tagträumen hatte ich es in meinem bisherigen Leben ja zur Meisterschaft gebracht. So schwelgte ich zunächst in der Vorstellung, das Glück mit wenigen Klicks online bestellen zu können und es direkt zu mir nach Hause geliefert zu bekommen. Grandios wäre es natürlich auch, wenn ich es wie bei einer All-inklusive-Reise als Rundum-Sorglos-Paket für den Rest meines Lebens fix an meiner Seite wüsste und mir jeden Tag am vollbeladenen Buffet aussuchen dürfte, welche Facette ich heute davon haben wollte und wie voll ich den Teller damit schaufelte. Das klang doch wirklich verlockend, oder? Ja, selbst für mich als Individualreisende hatte diese Vorstellung ihren Reiz. Doch wäre ein solches Glücks-Schlaraffenland auf Dauer nicht irgendwann langweilig und würde seinen Reiz verlieren? Hätte ich mich nicht nach kurzer Zeit daran satt gesehen – oder besser: satt gefühlt?

Schnell kam mir eine noch viel bessere Idee; schließlich wollte ich kein Einheitsprodukt von der Stange, sondern das gewisse Etwas ganz nach meinem individuellen Geschmack.

Was wäre also, wenn ich mir das Glück selbst backen würde? Ich ließ diesen Impuls kurz stehen und sann darüber nach. Diese Vorstellung gefiel mir von Sekunde zu Sekunde besser: Glückszauber mit Liebe handgemacht – mit Raffinesse und Pfiff. Oh ja, das fühlte sich stimmig an. Ein verschmitztes Grinsen machte sich auf meinem Gesicht breit.

Jetzt musste ich nur noch die gewiss griffige Glücksformel finden, der Rest würde sich dann ergeben, darin war ich mir sicher. Auf dem Segelboot hatte ich schließlich auch intuitiv die Spielregeln des Lebens beachtet, ohne sie bis dato zu kennen. Ich musste also kein Profi sein. Konzentriert spann ich den Gedanken weiter. Je länger ich darüber nachdachte, desto sicherer war ich mir: Glück und Kuchenbacken hatten durchaus einiges gemeinsam – und mir lief das Wasser im Mund zusammen. Die Idee vom individuellen Glücksrezept schien mir gar nicht so abwegig zu sein und die Zutaten und Anleitung herauszufinden durchaus möglich; schließlich hatte ich das wahrhaftige Glück schon einmal erlebt.

Doch wie sah meine ultimative Glücksrezeptur aus? Welche Zutaten brauchte es dafür? Was war unverzichtbar und an welcher Stelle konnte ich je nach Tagesform nachwürzen?

Ich überlegte kurz. Dann recherchierte ich eifrig im Internet und las mich in Bücher zum Thema Glück ein. Ehrlich gesagt, so wirklich zufrieden war ich mit dem Ergebnis nicht. »Selbst schuld«, meldete sich eine Stimme in mir. Sie hatte recht. Warum suchte ich im World Wide Web oder bei anderen Menschen nach einer Lösung, die ich bereits selbst in meinen Händen gehalten hatte? Das stimmte natürlich. Ich musste doch lediglich zurückblicken und mich erinnern, was genau mich in den Flow, in das pure Fühlen und Genießen im Jetzt auf dem Segelboot, gebracht hatte und mir somit Erfüllung, Lebendigkeit, Leichtigkeit und Dankbarkeit geschenkt hatte.

Mit etwas Geduld und Spucke würde ich sicher herausfinden, welche Zutaten wichtig für mich waren und welche optional dazukommen konnten. Ich brannte darauf, die Zutaten herauszufinden, die meinen Glückskuchen unverwechselbar machen würden.

Glücksimpuls: Die Glückszutaten

Ganz nach dem Motto: »Halte dich an deine Zutatenliste und dein Glücksrezept, dann ist dir dieser Zauber sicher und gewiss!« kannst auch du dich auf die Suche nach deinem Glückskuchen begeben.

- Was braucht es für dich, um wahrhaftige Glück zu erleben? Welche »Zutaten« kommen dir direkt in den Sinn?
- Tauche im nächsten Schritt in Gedanken in verschiedene Situationen ein, in denen du richtig glücklich warst. Was haben sie gemeinsam? Erkennst du ein Muster?
- Was unterscheidet diese Situationen von anderen? Hast du dich in ihnen anders oder besonders verhalten? Falls ja, wie?

Mein Tipp für dich: Frage deine Familie oder enge Bezugspersonen, wann und wo deine Augen heute zu strahlen beginnen, aber auch was dich in deiner Kindheit glücklich gemacht hat.

GLÜCK IST EINE ENTSCHEIDUNG – UND SO IST AB HEUTE ALLES EIN GESCHENK FÜR MICH – EGAL, WIE ES VERPACKT IST

Während ich mich auf die Suche nach den Grundzutaten für mein Glücksrezept machte, summte ich gedankenverloren jenes Lied vor mich hin, das ich schon in Kindertagen geliebt hatte: »Backe, backe Kuchen, der Bäcker hat gerufen. Wer will guten Kuchen backen, der muss haben sieben Sachen: Eier und Schmalz, Zucker und Salz, Milch und Mehl, Safran macht den Kuchen gel.« – Halt! Stopp. Konnte das vielleicht schon des Rätsels Lösung sein? Waren diese Lebensmittel etwa Stellvertreter für meine Glückszutaten und hielt ich den Schlüssel zum wahrhaftigen Glück womöglich bereits seit meiner Kindheit in der Hand, ohne es zu wissen? Backen war für mich eine Wissenschaft für sich, aber jetzt mal ehrlich: Warum sollte die Grunddynamik in meinem Leben anders sein? Schließlich standen Kochen, Backen und Essen für die Fülle des Lebens und die süßen Seiten unserer menschlichen Existenz hier auf Erden.

Beim Backen hatten jede Zutat und jeder einzelne Schritt eine Daseinsberechtigung und einen Zweck. Wenn der Kuchen gelingen sollte, durfte ich nichts weglassen oder blindlings dazu mischen; ohne passenden Ersatz funktionierte nichts. Sicherlich war das im wahren Leben genauso. Ich ging in mich. Wenn das wirklich so war: Welche sieben Zutaten waren es gewesen, die die Zeit auf dem Segelboot so besonders für mich gemacht und mich zu diesem Glücksempfinden geführt hatten? Was brauchte es dafür?

In Gedanken tauchte ich noch einmal in die Zeit auf dem Boot ein. Aus dem Stegreif kam mir so einiges in den Sinn: kristallklares Wasser, milde sommerliche Temperaturen, verträumte einsame Badebuchten und jede Menge toller Menschen an Bord. Die Voraussetzungen fürs Glück waren auf dem Törn perfekt gewesen, Urlaubsfeeling pur. Kein Wunder also, dass es glitzerndes Konfetti geregnet hatte, oder? Rührte diese tiefe Empfindung also vor allem aus den äußeren Umständen, hatte es das Leben in dieser Woche eben besonders gut mit mir gemeint?

Okay, bestimmt waren die Rahmenbedingungen auf den ersten Blick paradiesisch gewesen, aber es musste noch mehr dahinterstecken; schließlich hatte ich dieses Gefühl beim zweiten Segeltörn mit ähnlichen Gegebenheiten oder in anderen Urlauben nicht gehabt. Außerdem war auf dem Törn keinesfalls alles easy peasy gewesen. Insbesondere die Konfrontation mit meinem »Schattengespenst« hatte mich persönlich gefordert und auch unsere Gruppendynamik war häufig auf die Probe gestellt worden, wenn zum Beispiel nach einem langwierigen Ankerversuch oder schwierigen Manöver kurzzeitig die Nerven blank lagen. Doch statt ein Drama zu kreieren, hatten wir die hohen Windstärken angenommen und die Flaute ertragen, denn nicht unsere Erwartungen, sondern das Wetter beeinflusste nun unser Tempo; genauso, wie unsere Grundhaltung die Gruppendynamik bestimmte.

Mir wurde bewusst, dass ich genau hier einen wichtigen Schlüssel entdeckt hatte: Meine innere Einstellung hatte eine entscheidende Basis zum Erleben des Glücks gelegt.

Im Nachhinein fiel mir auf, dass wir die meisten Herausforderungen erfolgreich gemeistert hatten, da wir umsichtig und achtsam gewesen waren. Wenn wir dennoch überraschend in Turbulenzen gerieten, ob auf See oder im Bootsalltag, hatten wir schnell reagiert und die unfreiwilligen Überraschungen nicht nur mit Humor in Kauf genommen, sondern die alternative Möglichkeit gefeiert. Als jemand beispielsweise versehentlich Minze statt Koriander eingekauft hatte, machten wir eben Mojitos und ließen das Grünzeug aus dem Essen raus. Auch auf das Salz, das beim Verladen versehentlich auf dem Nachbarboot gelandet war, lernten wir bis zum nächsten Hafen zu verzichten und erfreuten uns stattdessen über die zusätzliche Schokolade, die auf einmal aufgetaucht war. Warum auch nicht? Nervennahrung konnte man nie genug haben und die Nudeln zur Not im Meerwasser kochen.

Rückblickend wurde mir bewusst, dass wir echte Lebenskünstler gewesen waren, die aus allem, was uns zur Verfügung gestanden hatte, etwas Zauberhaftes kreiert und das Leben in vollen Zügen gefeiert hatten – und zwar immer; nicht nur, wenn alles nach Plan gelaufen war und jegliche Störfaktoren mit Abwesenheit geglänzt hatten.

Wir hatten all die verschiedenen Lernaufgaben angenommen und das Wachstumspotenzial darin für uns genutzt. Statt in Panik zu geraten oder frustriert zu sein, hatten wir uns gegenseitig immer wieder motiviert und unterstützt, füreinander den Raum gehalten und die Leerläufe sinnvoll genutzt, statt ungeduldig Däumchen zu drehen oder schlechte Stimmung zu verbreiten. So bereitete eben ein Teil der Crew »den Anleger« oder das Abendessen vor, während die anderen ihre Runden drehten und mit dem Ankern kämpften. Keiner fühlte sich von kniffligen Aufgaben bestraft, sondern lediglich herausgefordert, denn neue Aufgaben spornten uns an. Vielleicht hatten wir derartige Challenges in unserem normalen Alltag auch schon schmerzlich vermisst, ohne dass es uns bewusst geworden war. Wenn etwas schief lief, rappelten wir uns wie tapfere Stehaufmännchen wieder auf und probierten mit Hilfe des »Trial and Error«-Prinzips neue Lösungswege aus. Am Schluss fand sich immer ein

Weg; das Ergebnis war zwar manchmal anders als geplant, aber meist besser als gedacht.

Dank unserer stets offenen und wertschätzenden Grundhaltung waren uns die Dinge viel leichter gefallen als üblich und wir zogen das Glück wie ein Magnet an – vermutlich kein Zufall, schließlich gab es das Resonanzprinzip! De facto hatten unsere Gemütslage und die Äußerlichkeiten neue Glückschancen herbeigeführt, wohingegen unsere innere Haltung das Glück überhaupt erst manifestiert hatte und damit spürbar machen konnte.

»Es liegt an dir, Baby!«, hörte ich meine innere Stimme sagen. Glück war also eine Entscheidung und ich war auf dem Segeltörn bereits intuitiv ganz auf Glück gepolt gewesen. Denn statt mir durch mein »Schattengespenst« beispielsweise den Urlaub vermiesen zu lassen, hatte ich einen positiven Blick auf die Situation geworfen und mich für jene Gaben, die mir das Leben dadurch auf dem Silbertablett servierte, geöffnet und so eine neue Freundin gewonnen.

Letztendlich war es simpel: Das Leben bot mir die pure Fülle und ich selbst entschied, was ich daraus machte – ob ich mich auf die Schatten- oder Sonnenseite stellte, den Schutz des Schattens genoss oder mich von der Sonne geblendet fühlte, mich für meine Situation feierte oder ein Drama daraus schuf, das Geschenk darin sah oder nur die vermeintlichen Fallensteller um mich herum wahrnahm. Oft lag beides nur einen einzelnen Blickwinkel voneinander entfernt, denn meine Gedanken bestimmten zum Großteil über Erfolg oder Misserfolg und auch darüber, wie ich mich dabei fühlte. Ja, meine Gedanken beeinflussten mein Leben, in dem ich immer die Schöpferin war – ob ich es wollte oder nicht. Welch wundervolle Erkenntnis!

Da war sie, die erste Zutat in meinem Glücksrezept: eine positive Einstellung und offene Haltung meinem Leben gegenüber.

Ähnlich wie Zucker gab ich dem Leben durch mein Mindset und meine Grundhaltung die entsprechende Süße, durch die der Teig zu einem Kuchen wurde. Natürlich war die richtige Balance entscheidend, denn ein Zuckerschock war auch keine Lösung. Für mich lag das Erfolgskonzept deshalb darin, eine optimistische Realistin und authentische Lebenskünstlerin zu sein, die dem Leben vorurteilsfrei und offen begegnet, nichts schönreden oder schwarzmalen muss, sondern die Umstände wohlgesonnen annimmt und das Beste daraus zu machen versucht.

Glückszutat No 1: Das Mindset

Mit deinen Gedanken färbst du deine kleine Welt in ihre Farben. Du entscheidest, ob du rotsiehst oder alles in rosa Wölkchen hüllst, die Welt eintönig, grau und trist empfindest oder vielfältig und kunterbunt. Was hältst du davon, wenn du dich beim nächsten Mal, wenn dir etwas »Negatives« passiert, Folgendes fragst?:

- Welche Chancen und neue Möglichkeiten ergeben sich aus der aktuellen Situation? Was kannst du gerade lernen, welchen versteckten Nutzen hat die Situation?
- Wie kannst du das Beste daraus machen?
- Warum könnte es wichtig sein, diese Erfahrung zu machen?

Finde deine innere Überzeugung, die diese Situation herbeigeführt hat, und verändere sie.

DAS GLÜCK ENTSPRINGT EINZIG UND ALLEIN AUS DEM JETZT. DAHER SPIELT HIER DIE MUSIK. – ECHT JETZT?

Mit meiner ersten Glückszutat war eine solide Basis für meinen persönlichen Glückskuchen geschaffen. Doch damit war das Rezept noch lange nicht vollständig. So fragte ich mich, was genau es noch gewesen war, was mich bei dem Segeltörn in dieses strahlende Leben und Glückshoch gebracht hatte, mich dieses Flow-Gefühl erleben ließ. Allein mein positives Mindset? Nein! Da steckte noch mehr dahinter.

Plötzlich fiel es mir wie Schuppen von den Augen. Es war die wunderschöne Brücke ins »Jetzt«, die ich überquert und die den entscheidenden Unterschied gemacht hatte. Die Anziehung zum Skipper hatte sicherlich ihren Teil dazu beigetragen, denn die einzelnen Momente der Begegnung hatten mich immer wieder alles um mich herum vergessen lassen und mit allen Sinnen in den gegenwärtigen Augenblick katapultiert. Alles, was in diesen Sekunden gezählt hatte, war die zauberhafte Energie zwischen uns gewesen; der Rest war plötzlich bedeutungslos für mich geworden und meine Gedanken an Zukunft und Vergangenheit hatten die Macht über mich komplett verloren.

Doch nicht nur diese Begegnung, sondern auch die Kombination aus Konzentration und Bewegung beim Mitsegeln hatte eine meditative Wirkung auf mich ausgeübt und mir immer wieder Atempausen im Chaos meine oft lärmenden Gedanken geschenkt. Egal, ob das Flattern des Segels, das Rauschen des Meeres oder der Blick in die Weite; regelmäßig war meine Aufmerksamkeit in jenen Erfahrungsraum gebeamt worden, in dem keine störenden Gedanken die innere und äußere Welt voneinander trennten. Dadurch konnte ich mit mir, dem Moment und meiner Umgebung verschmelzen und es gelang mir, in meinen Empfindungen zu bleiben und meine direkte Umgebung mit allen Sinnen wahrzunehmen. Genau diese Präsenz war die Grundvoraussetzung, um das Glück zu spüren und nicht nur davon zu erzählen, nachdem man es rasch für Social Media & Co. abfotografiert hatte. Denn die Zeit war Jetzt und der Ort Hier, und genau dort war meine Aufmerksamkeit gewesen.

Durch diese achtsame und bewusste Lebensweise war ich ein wahrer Glücksmagnet geworden. Ich erinnere mich noch gut, wie ich das Glück plötzlich in jedem kleinen Moment verborgen sah. Es brauchte dafür kein gigantisches Feuerwerk mehr, denn der Wow-Effekt hatte häufig im scheinbar Unspektakulären gelegen. Die Kunst hatte darin gelegen, ganz bei mir zu bleiben und meine Augen und Ohren offenzuhalten, damit ich das perfekte Zusammenspiel aus Vorbereitung und Gelegenheit erkannte, denn genau darin lag der größte Schatz begraben.

Ich hatte es nun endlich verstanden: Die beste Zeit war genau in diesem Moment – und alles, was noch kam, war nur eine Aneinanderreihung vieler weiterer einmaliger kurzer »Jetzt«-Momente. Es ist daher vermutlich kein Zufall, dass das englische Wort »present« übersetzt zugleich Geschenk und Gegenwart heißt. Ja, alles war ständig im Fluss und ich hatte nur immer die eine Gelegenheit und Chance, den Augenblick zu erleben, denn das Leben war eine ewige Premiere.

Mehr und mehr erkannte ich, wie kostbar und einzigartig jede Sekunde war. Ich allein bestimmte, wie ich sie wahrnahm, wie intensiv ich eintauchte, ob ganz achtsam und bewusst oder vielleicht auch mal völlig gedankenversunken. Die Erfahrung hatte mir gezeigt, dass ich durch meine Achtsamkeit und die Bereitschaft, den Kampf gegen das Leben aufzugeben, das Glück überall wahrnehmen konnte, ohne im außen etwas dafür tun oder auf etwas Bestimmtes warten zu müssen. Ich musste nur meine Augen und Ohren offenhalten und wach bleiben.

Durch meine Aufmerksamkeit und volle Präsenz konnte ich überdies den einzelnen Glücksmoment ausdehnen und ihn intensiver wahrnehmen. Fernab des Alltags war es mir spielend einfach gelungen, den Fokus auf das »Jetzt« zu halten, sodass ich gespürt hatte, was es bedeutete, jede Sekunde des Lebens wirklich im »Hier« zu erleben, die Fülle zu fühlen und das wahrhaftige Glück zu berühren. Die knapp bemessene Zeit auf dem Boot – sieben kostbare Tage – hatten mich darin zusätzlich bestärkt.

Vergleichbar mit der Hefe war die Ausrichtung auf das »Jetzt« daher meine Glückszutat Nummer Zwei. Oh ja, die Hefe war die treibende Kraft im Backprozess und stand daher für mich für die Achtsamkeit im Leben. Sie sorgte dafür, dass der Glückskuchen mehr Volumen bekam und das Leben mehr Fülle, und zeigte mir überdies, ob ich meine notwendige Ruhephase eingehalten hatte und die optimalen Rahmenbedingungen fürs Erleben geschaffen worden waren.

Beim Kuchenbacken war mir die Hefe bisher etwas suspekt gewesen – vermutlich, weil ich oft keine Geduld und zu wenig Zeit mitbracht hatte, ihre Ruhephase unterschätzt und kein Verständnis dafür entwickelt hatte, wie man auf jeden noch so kleinen Windhauch so sensibel reagieren konnte.

Doch letztendlich war die Hefe nur mein Spiegel. Indem ich lernte, achtsamer, fokussierter und geduldiger mit mir zu sein, würde mein Glückskuchen auch aufgehen und sein lockeres, fluffiges Volumen entwickeln können. Davon war ich mittlerweile überzeugt.

Glückszutat No 2: Die Brücke ins »Jetzt«

Statt das Glück auf morgen zu verschieben oder mit den Gedanken in der Vergangenheit festzustecken, ist es erfrischend, dem Erleben genau dort, wo du gerade bist, die höchste Priorität zu geben. Bewusst Leben heißt, sich einer Sache ohne Ablenkung voll zu widmen und den Moment zu genießen, ohne ihn zu bewerten.

- Welches Geschenk liegt für dich darin, genau jetzt in dieser Situation und an diesem Platz zu sein? Welche Möglichkeiten bietet dir das Leben damit?
- Wie würde sich dein Leben verändern, wenn du die Vollkommenheit dieses Moments erkennst?
- Was würdest du verpassen, wenn du deine Aufmerksamkeit woanders hinlenkst?

Du entscheidest, wie intensiv und bewusst du dein Leben lebst. Und worauf du den Fokus lenkst. Also lass dich nicht ablenken, sondern bleib hier bei dir!

SONNE IM HERZEN UND BLÖDSINN IM KOPF – ICH SAG' NUR BORN TO BE CHILD. EIN BISSCHEN KINDLICH SEIN MUSS SCHON DRIN SEIN.

Die Zeit auf dem Segelboot hatte magische Kräfte gehabt, das wurde mir durch das Reflektieren immer stärker bewusst. Ich hatte eine Woche lang auf Wolke sieben geschwebt, ohne dass ich das Gefühl hatte, neben mir zu stehen, wie ich es aus einer Verliebtheitsphase kannte. Im Gegenteil: Die Gruppendynamik und die äußeren und inneren Umstände hatten mir geholfen, in meine wahre Wesensenergie zu kommen. So war vor allem meine kindliche Seite wieder zu neuem Leben erweckt geworden und ich hatte mutig all jene Dinge getan, die mir gerade in den Sinn gekommen waren; ganz egal, was die anderen oder mein innerer Kritiker davon gehalten hatten. Oh ja, dieser kindliche Zauber mit all seinen Facetten hatte mich befeuert und war das, was das gewisse Etwas ausmachte. Er war eben das Gelbe vom Ei und somit, genau wie das Ei im Kuchenteig eine weitere wichtige Zutat für mein Glücksrezept und mein Credo auf unserem Törn gewesen.

In dieser magischen Woche war es mir gelungen, den kritischen und oft etwas eingeengten Erwachsenenblick abzulegen und die Welt mit Kinderaugen zu sehen. Neugierig, unvoreingenommen und offen für Herausforderungen hatte ich dem neuen Tag entgegengeblickt und es kaum abwarten können, welches Abenteuer mich heute erwarten würde. Genauso hatte ich mich ohne überzogenen Ehrgeiz oder absurdem Kontrollwahn auf Neues eingelassen, denn meine Angst hatte sich im Laufe der Zeit in einen gesunden Respekt verwandelt. Dadurch waren meine Neugier und mein Mut schier grenzenlos geworden und so hatte kein Hindernis für mich zu hoch sein können.

Zum umständlichen Nachlesen oder Googeln war keine Zeit. Deshalb lernte ich durchs Beobachten, Erforschen und Entdecken; und wenn ich allein nicht weiterkam, suchte ich Hilfe und nahm sie an. Aufgeben war keine Option, und so mussten manchmal kreative Lösungen gefunden werden. Doch ein »Geht nicht« gab's nicht.

Statt mein Leben zu ernst zu nehmen und so an den großen Lebensfragen zu scheitern, erfreute ich mich an den kleinen Sachen. Es tat gut, die Dinge mit Humor zu nehmen und Fünf gerade sein zu lassen. Ein herzhaftes Lachen war oftmals eben einfach die beste Medizin, immer effektiv und definitiv ganz ohne negative Nebenwirkungen. Durch meine heitere, neugierige Grundhaltung wurden meine Akkus in Windeseile aufgeladen und eine neue Lebensfreude entfachte. Wir wurden erfinderisch. So hatten wir beispielsweise die Fender zur Badenudel umfunktioniert oder sie ans Boot geknotet, um uns von ihnen wie von einem Banana-Boot hinterherziehen zu lassen. Wir waren von steilen Felsen gesprungen, hatten uns bei unserer Karaoke-Party gebattelt, die Kajüte beim Crêpe backen gefühlt in eine Sauna verwandelt, die Umgebung aus sicherer Höhe vom Mast aus erkundet oder waren am späten Abend aus einer Schnapsidee heraus zu einer Nachtfahrt aufgebrochen, um am nächsten Morgen schon vor Sonnenaufgang das nächste Ziel zu erreichen. Unsere inneren Kinder waren hellwach. Wir ließen nichts aus. Ich liebte die damit verbundene Vielfalt und Abwechslung, die Balance zwischen den Extremen – je verrückter, desto besser.

Auf der Reise spürte ich, dass es keinerlei fixe Erwartungen an mich und mein Verhalten gab. Warum also nicht entfesselt übers Deck tanzen oder stundenlang entspannt in den Himmel schauen? Was die Menschen in meinem Alltag und meiner gewohnten Umgebung möglicherweise irritiert hätte, juckte hier niemanden, selbst mich nicht. Wir nahmen uns so, wie wir waren – dadurch lernte auch ich, mich zu nehmen, wie ich war; in all meiner Pracht. Während ich im Alltag meist im Funktionsmodus gewesen war, genoss ich es auf dem Segelboot, einfach nur an Deck zu sitzen und die Natur auf mich wirken zu lassen. Noch nie zuvor hatte ich so viel Zeit ohne Ablenkung nur mit mir selbst und der Natur verbracht.

Erst jetzt im Nachhinein wurde mir bewusst, wie intensiv mein inneres Kind diese Zeit gefeiert hatte und wie sehr es diese verrückten Aktionen im Alltag vermisst hatte. Viel zu selten ließ ich es unbeschwert und gedankenlos das Leben auf den Kopf stellen. Ein wenig wehmütig schloss ich die Augen und sah die kleine Katrin auf meinem Schoss sitzen, wie sie euphorisch und mit einem strahlenden Lächeln auf dem Gesicht das Glück im Arm hielt und es dankbar an sich schmiegte. Ja, die zwei – also der kindliche Zauber und das wahrhaftige Glück – waren wie Magnete, die sich regelrecht anzogen. Es fühlte sich gut an, sie vereint an meiner Seite zu wissen und ihnen in Zukunft wieder mehr Aufmerksamkeit und Raum zur Entfaltung zu schenken.

Innerlich gab ich mir das Versprechen, ab heute wieder häufiger wie ein Kind durchs Leben zu gehen und die Abenteuerlust bewusst einzuladen. Das muss einfach sein, denn kindliche Lebensfreude ist mein absolutes Glückselixier und ohne Zweifel ein weiterer essenzieller Schlüssel für meine persönliche Seelenfülle. Oh ja, genau diese verrückten Aktionen waren es nämlich, die den Zauber auf dem Boot für mich ausgemacht und darüber hinaus unsere Segelcrew zusammengeschweißt hatte. Die kindliche Abenteuerlust und die spontanen Aktionen waren eben, genau wie das Ei im Teig, das, was den Rest zusammenhielt und das gewisse Etwas ausmachte.

Glückszutat No 3: Erwecke das Kind in dir!

In jedem von uns steckt noch ein kleines Kind. Lade heute bewusst deine kindliche Leichtigkeit, Verspieltheit und Freude in dein Leben ein und überlasse deinem inneren Kind die Führung. Frage dich dazu:

- Was hat dir in deiner Kindheit am meisten Freude bereitet?
- Was kannst du heute ganz konkret tun, damit dein inneres Kind leuchtende Augen bekommt und sagt »Wow, wie cool!«
- Was würdest du gerne tun, wenn es komplett egal wäre, was anderen darüber denken und worüber sie vielleicht den Kopf schütteln würden?

Finde etwas, was dich an deine Kindheit erinnert (dein Kuscheltier, ein Lied oder eine Mahlzeit), sodass du eine bessere Verbindung zu deinem inneren Kind aufbauen kannst und dich leichter in die Zeit und das alte Gefühl von damals zurückversetzen kannst.

GEFÜHLE MACHEN DAS LEBEN BUNTER! ALSO – DENKST DU NOCH ODER FÜHLST DU SCHON?

Abschalten und das Leben pur genießen – das war auf dem Segeltörn beileibe kein Selbstläufer gewesen, auch wenn es mir zunächst so vorgekommen war. Im Nachhinein fiel mir auf, dass ich dafür verschiedene Vorkehrungen getroffen hatte und neue Wege gegangen war. So hatte erst mein Handy daran glauben müssen, dann mein Kopf. Denn statt wie gewöhnlich jede freie Minute zu nutzen, um WhatsApp-Nachrichten und E-Mails zu beantworten oder in den diversen Social Media-Kanälen auf dem neusten Stand zu sein, hatte ich meinen Handykonsum während der Tour so gut es ging gedrosselt.

Anfangs war die Offline-Zeit noch etwas ungewohnt für mich gewesen, doch im Nachgang die beste Erfahrung, die ich hätte machen können. Nach dem ersten kurzen kalten Entzug, der mir ständig vermittelte, etwas Wichtiges würde fehlen, fühlte es sich großartig an, nicht ständig am Handy zu kleben. Denn statt in einer digitalen Wolke oder Gedankenblase zu leben, ließ ich mich nun ohne Ablenkung auf die Natur und die Menschen um mich herum ein.

Im Alltag war es für mich zudem kaum vorstellbar, den Fokus auf meine Sinne statt auf meine Gedanken zu legen, denn sie befeuerten mich am laufenden Band – selbst dann, wenn ich sie gar nicht brauchte. Für gewöhnlich versuchte ich diesen ewig plätschernden Gedankenfluss instinktiv mit Ablenkung und einem straffen Vergnügungsprogramm, zu stoppen; ganz besonders dann, wenn er für unangenehme Emotionen zu sorgen drohte.

Doch auf dem Segeltörn hatte ich einen neuen Weg eingeschlagen und beschlossen, mich mit all den aufkommenden Gedanken und Themen direkt zu konfrontieren, genau wie mich meiner erlebten Geschichte und somit auch der Begegnung mit meinem »Schattengespenst« zu stellen. Dadurch hatte ich die sprudelnde Gedankenquelle weitgehend zum Stoppen gebracht bekommen, ohne das Thema künstlich aufzublähen und ihm mehr Beachtung als nötig zu schenken. Schließlich dauerte die Reise nur eine Woche lang und die kostbare Zeit war damit viel zu schade, um sie mit Grübeleien und miesen Emotionen zu belasten. Das war rückblickend eine wichtige Glücksentscheidung gewesen, denn die Aufarbeitung hatte mir geholfen, die Zeit auf dem Segelboot nicht nur zu ertragen, sondern vorbehaltlos genießen zu können.

Schlussendlich war die Konfrontation mit meiner Vergangenheit grundlegend gewesen, denn mein Gedankenkarussell war erst dadurch immer langsamer geworden und stattdessen breiteten sich Leichtigkeit und Lebendigkeit in mir aus. Ich war mehr im Herz als im Kopf, fühlte statt zu denken und genoss das Nichts, das sich dazwischen zeigte.

Nachdem der stetige Gedankenstrom gestoppt war, hatte ich die Fähigkeit, mich von der Kopfhaut bis zur Fußsohle wahrzunehmen, sodass ich meinen Körper auf eine ganz neue Weise spüren und ihm absichtslos und ohne jegliche Bewertung begegnen konnte. Alles, was ich dafür tun musste, war zu atmen und zu fühlen. Das war eine ganz neue Erfahrung für mich.

Immer wieder hatten sich so die verschiedensten Gefühle ihren Weg in mein Bewusstsein gebahnt. Ich ließ sie alle zu –

egal, ob es die Freude, Trauer, Scham, Wut oder etwas anderes war. Im Alltag hatte ich schmerzliche Emotionen oft verdrängt und dabei gar nicht bemerkt, dass damit auch jene Empfindungen ferngeblieben waren, die mich den jetzigen Moment und das Glück im ganzen Körper erleben ließen. Auf dem Boot war das anders gewesen. Dort lautete meine innere Reaktion: »Hol' den Wein raus, wir müssen über Gefühle reden.« Im Nachgang musste ich selbst über meine Selbstgespräche schmunzeln, doch sie waren wertvoll gewesen. Ich blieb bei mir und mit mir; wurde zu meiner eigenen besten Freundin. Natürlich brauchte ich für die Sprechstunde mit meinen Gefühlen auf dem Boot nicht wirklich Wein, auch wenn es mir zunächst schwergefallen war, mit meinen Emotionen in Kontakt zu kommen. Aber der lockere Spruch und das damit verbundene Bild halfen mir, mich der Situation zu stellen.

Daneben gab es auch noch eine Vielzahl andere Helfer. Rückblickend hatte vor allem die Musik, die von früh morgens bis spät abends über die Bordlautsprecher ertönte, einen wesentlichen Teil zu meinem Glücksempfinden beigetragen. Sie war zu unserem ständigen Begleiter und einer sprudelnden Quelle geworden. Je nach Genre berührte sie mein Herz auf unterschiedliche Weise und rief Emotionen in mein Bewusstsein, die zuvor tief in mir verschüttet gewesen waren. Ständig zeigten sich neue Glücksfacetten. So berührte mich die klassische Musik beim Sternenschauen mitten in meinem Herzen, wohingegen leichtere und beschwingte Lieder mich dazu motivierten, tänzerisch über das Deck zu hüpfen und ein Bauchkribbeln zur Folge hatten. Ja, dank der Musik war die vielschichtige Bandbreite meiner Gefühle greifbar, erlebbar und fühlbar geworden. Das brachte mich dazu, alles um mich herum zu vergessen, ausgelassen zu tanzen und lauthals mitzusingen.

Oh ja, die Musik war auf dem Segelboot der Gefühlsverstärker schlechthin, die universelle Sprache des Herzens und der gemeinsame Nenner, der uns alle miteinander verband. Jedes Lied erzählte eine eigene Geschichte und jeder von uns hatte sie auf seine Weise schon einmal erlebt. Ich erkannte, dass Musik Balsam für meine Seele war, denn sie brachte meine Energie zum Fließen und setzte dadurch neue belebende Hormone in mir frei.

Der Mix aus frischer Luft und Sonnenstrahlen in Kombination mit meinem neuen Körperbewusstsein, Musik und guten Gesprächen hatte mich innerlich regelrecht beflügelt. Tausend kleine Glücksboten hatten meinen Körper in Wallung gebracht und mit ihrem individuellen Hormon-Cocktail für Gute-Laune-Frühlingsgefühle gesorgt.

Als ich mich bei der Suche nach den Glückszutaten an dieses Gefühl erinnerte, lief mir ein Schauer über den Rücken und entfachte Gänsehaut am ganzen Körper, denn mir wurde bewusst, dass ich auf der Reise das erste Mal eine tiefe Verbundenheit mit mir und der Welt um mich herum erlebt hatte, die ich in dieser Intensität nicht für möglich gehalten hätte.

Nun wusste ich: Ohne mein Körperbewusstsein würde das Glück immer eine leere Hülle bleiben. Ich musste es mit allen Zellen spüren können, das wurde mir nun erst richtig bewusst. Gefühle waren für mich daher wie die Butter im Kuchen der Geschmacksverstärker schlechthin. Sie würde mein Leben geschmeidiger werden lassen, mich im Übermaß jedoch auch aus der Balance reißen können, so wie das berühmte Hüftgold. Aber ohne sie ging es nicht.

Also »Butter bei die Fische« – oder besser gesagt: Butter in den Kuchen, damit mein Glücksrezept vollkommen werden konnte!

Glückszutat No 4: fühlen statt denken

Du möchtest stärker in Kontakt mit deinem Körper kommen? Musik kann dir dabei helfen, die Kommunikation mit deinem Inneren wieder aufleben zu lassen. Verabrede dich regelmäßig mit den einzelnen Gefühlen, wie Freude, Trauer, Scham, Wut oder Dankbarkeit. Spüre ihnen in deinem Körper nach und schenke ihnen bewusst Raum.

- Was fühlst du gerade und wo in deinem Körper fühlst du es?
- Was brauchst du, um tiefer in dein Gefühl und deine Stimmung einzutauchen – Stille oder vielleicht eine bestimmte Musik?
- Welches Gefühl ist vorrangig in deinem Leben präsent? Welche Gefühle spürst du selten bis nie?
- Gibt es Menschen, mit denen du die ganze Bandbreite deiner Gefühle teilen kannst und mit denen du offen über deine Gefühlswelt sprechen kannst? Falls nein, wäre es sinnvoll, dir jemanden zu suchen – zum Beispiel einen Coach oder einen Psychologen?

Um mit dir in Kontakt zu kommen brauchst du vor allem die Bereitschaft, dich zu öffnen, und die Erlaubnis, dass alles was sich zeigt, willkommen ist.

Die passende Playlist ist dann noch der Gefühls-Booster on top.

MEIN BAUCHGEFÜHL IST EIN VERDAMMT SCHLAUER KOPF

Die Zeit auf dem Segelboot verlief wie im Bilderbuch – nein, vielmehr ließen wir sie zu einer Bilderbuchgeschichte werden. Ganz ungewohnt für mich als Planernatur, hatten wir getreu dem Motto »Laissez faire« gelebt und den gewöhnlichen verkopften und eng durchgetakteten 24-Stunden-Dauerlauf aus unserem Alltag in ein intuitives Treibenlassen gewandelt.

Zu meiner Überraschung hatten wir auch ohne den Druck epischer To-Do-Listen alles Wichtige erledigt; am schnellsten tatsächlich, wenn wir uns von den Erwartungen und konkreten Vorstellungen befreit hatten und stattdessen dem inneren Glückskompass gefolgt waren.

Im Alltag hatte ich bisher für solche »Spielchen« keinen Raum gehabt, denn mein Kalender war voll und meist hatte ich die nächsten Schritte bereits bis ins Kleinste vorgeplant. Doch spannenderweise hatte ich auf dem Boot die Erfahrung gemacht und erkannt, dass detaillierte Pläne oftmals vergeudete Liebesmühe waren, da die Natur ihren eigenen Kopf hatte. So hatte ich rasch begriffen, dass sich die nächsten Steps von ganz allein zeigten und ich den Druck und die Verbissenheit, immer alles wissen zu müssen, rausnehmen konnte und mich stattdessen für neue Möglichkeiten öffnen durfte. Mhh, sollte das etwa auch auf meinen Alltag umsetzbar sein?

Ich lernte auf dem Segeltörn, dass die Kunst darin lag, auf mein Umfeld und die gegebenen Anforderungen zu reagieren und dennoch das Steuer in der Hand zu halten. Dabei übte ich mich darin, mich selbst und vor allem mein Ego ein Stück zurückzunehmen, ohne mich dabei aufzugeben, und mich stattdessen im Vertrauen treiben zu lassen.

Nie zuvor hatte ich die Auswirkung meiner üblichen Verkopftheit so direkt gespiegelt bekommen wie auf dem Boot. Schnell hatte ich gemerkt, wie zielführend es doch war, weniger verstandestechnisch zu initiieren und stattdessen dem natürlichen Fluss und meinem Bauchgefühl zu folgen, das mir stets sagte, wann Tun und wann Ruhen das Mittel der Wahl war. So hatte es manchmal auch Sinn gemacht, einfach mal den Motor anzuschalten und das Segel Segel sein zu lassen. Mein dominantes Ego fand das zwar nicht immer prima, aber meine Seele freute sich. Wenn kein Wind da war, konnte ich das Segel eben setzen, wie ich wollte – ich kam ohne Motor nicht vom Fleck, ob ich nun fünf Kopfstände machte oder nicht, auch, wenn ich es mir noch so sehr wünschte.

Zudem musste ich mir eingestehen, dass zu viel Wollen, zu viel Planen und zu viel Perfektionismus das Leben ebenso auf Dauer anstrengend werden ließen und selten für optimale Ergebnisse sorgten. Doch sich auf diesen Lebenswandel einzulassen, war trotz der Erfolgserlebnisse anfangs kein Pappenstiel gewesen. Ich erinnere mich noch gut daran, wieviel Mut es mich gekostet hatte, die Kontrolle und den Zwang, ständig etwas tun oder meinen hohen Erwartungen entsprechen zu müssen, abzulegen, und mir stattdessen zu erlauben, meiner Freude zu folgen und dem Leben mit mehr Leichtigkeit zu begegnen. Was nicht hieß, dass ich daraufhin allen Schwierigkeiten aus dem Weg gegangen war, mir nur noch die Sonne auf den Bauch scheinen ließ und faulenzte.

Ich hatte mich auf dem Törn weder vor der Arbeit gedrückt noch war mir alles egal gewesen. Ich hatte lediglich die Zügel lockerer gelassen und eingesehen, dass auf dem offenen Meer andere Gesetze galten als bisher in meinem üblichen Alltag. Und siehe da: Nichts war aus dem Ruder gelaufen. Stattdessen hatten sich bei jedem von uns Talente und Vorlieben gezeigt, die sich perfekt ergänzten. So hatte es den einen beispielsweise beflügelt, für die Crew etwas zu essen zu zaubern, während der nächste aufblühte, wenn er stundenlang am Steuer stehen durfte, was andere Mitreisende wiederum überhaupt nicht gereizt hätte.

Aus der Vogelperspektive betrachtet erkannte ich, wie sich alles in Leichtigkeit gefügt hatte. Obwohl jeder von uns nur die Aufgaben übernommen hatte, was ihm wirklich Freude bereitet hatte, waren am Ende alle To-Dos verteilt gewesen, was zur Folge hatte, dass jeder zufrieden gewesen war und keiner aus einem Pflichtgefühl oder einer Erwartungshaltung heraus etwas getan haben musste. Heute betrachte ich unser Zusammenwirken als Teamarbeit der Neuen Zeit – sie war nicht nur effektiv und ging leicht von der Hand, sondern machte auch noch Spaß und fühlte sich überhaupt nicht nach Arbeit, sondern vielmehr nach Vergnügen an. Letztendlich bestimmte eben nicht die Anstrengung, sondern das Maß der Leidenschaft über die Qualität des Ergebnisses.

In Leichtigkeit im Flow zu schwimmen und vertrauensvoll dem Rhythmus des Lebens zu folgen, anstatt ihm einen lediglich kopfgemachten Rhythmus aufzuzwingen, war daher die nächste unverzichtbare Zutat in meinem Glücksrezept. Diese Form der Hingabe brachte mich dem wahrhaftigen Glück näher und hielt den Prozess, genau wie die Milch im Kuchen, in Schwung. Oh ja, dank der Milch wurde die Hefe liebevoll aufgefordert, zu gären, und gleichzeitig bekam der Teig seinen vollmundigen Geschmack und eine gewisse Geschmeidigkeit. Die Milch war also ein kleines Wundermittel; genau wie die Leichtigkeit des Seins – ein Erfolgsgarant auf ganzer Linie.

Beim Reflektieren sah ich die Parallelen zwischen der Hingabe an den Wind und meinem Alltag: Das Leben war ein (un)endlicher leidenschaftlicher Tanz, ein stetiges Wechselspiel aus Führen und Führen lassen, aus Agieren und Reagieren, Nehmen und Geben. Keiner saß allein am Hebel, weder ich noch das Universum, das Göttliche, die Kraft der Natur oder wie auch immer ich diese wundervolle Energie nennen wollte. Zusammen bewegten wir uns in einem kosmischen Rhythmus, den mein Verstand allein niemals würde begreifen können.

Die große Kunst war es, die richtige Balance zu finden und es sich zu erlauben nach dem göttlichen Tempo zu leben, sodass die äußeren und inneren Bedingungen spielerisch in ein harmonisches Miteinander statt Gegeneinander gebracht wurden. Die Zeit auf dem offenen Meer war ein guter Übungsplatz dafür gewesen, die äußeren und inneren Umstände achtsam wahrzunehmen und darauf zu reagieren – und zwar nicht irgendwann, sondern genau in diesem einen Moment, wenn das Leben und der Wind es forderten.

Auf dem Boot war ich intuitiv dem Fluss des Lebens gefolgt und hatte leichtherzig das gemacht, wozu mich die aktuelle Energie aufforderte – und war meinen Weg dennoch in meinem eigenen Tempo und auf die für mich gerade stimmige Art und Weise gegangen: tanzend, hüpfend, schleppend, rennend – dem Glück entgegen.

Absichtslos, ohne fixe Erwartungen und offen für spontane Planänderungen, oder gar ganz ohne Pläne, konnte ich die Verbundenheit mit mir, der Natur und den Menschen um mich herum bewusst und viel intensiver als sonst wahrnehmen.

… denn wie heißt es so schön? Der Mensch macht Pläne und Gott lacht darüber.

Natürlich schmiede ich auch heute noch Pläne und stecke mir Ziele. Eines davon war, dieses Buch zu schreiben. Aber ich habe meinen Verstand in seine Grenzen gewiesen und mein

Bauchgefühl mit ins Boot geholt, weil nur meine Intuition in der Lage ist, dem JETZT zu folgen und sich dem Rhythmus des Lebens hinzugeben.

Glückszutat No 5: Dein Bauchgefühl

Du möchtest dir das Leben leichter machen? Dann nichts wie los. Dein Bauchgefühl zeigt dir, wie es geht. Mach mehr von dem, was dir Freude ins Herz rieseln lässt, und folge vertrauensvoll dem Fluss des Lebens.

- Wann und in welcher Situation in deinem bisherigen Leben war dir dein Bauchgefühl bereits schon ein guter Ratgeber oder Impulsgeber gewesen?
- In welcher Situation hörst du schon länger nicht auf dein Bauchgefühl und ignorierst deine innere Stimme?
- Kannst du dein Bauchgefühl spüren – gerade jetzt in diesem Moment? Was sagt es dir?

Bevor du das nächste Mal eine Entscheidung triffst, frage dich, was dein Bauchgefühl dazu sagt und traue dich ihm zu folgen. Schenke dir Zeit eine Verbindung zu ihm aufzubauen und habe Vertrauen, dass es immer deutlicher mit dir sprechen wird.

OHNE SINN IST MÖGLICH, ABER ZEITVERSCHWENDUNG – AUSSER ES MACHT SPASS. STOPP: IST DAS NICHT DER EIGENTLICHE SINN?

Die ersten Zutaten waren bereits gefunden; was jetzt noch fehlte, war die Prise Salz. Aber mal ganz ehrlich: eine Prise – das war doch ein Hauch von Nichts. Konnte ich die nicht einfach aus dem Rezept herauslassen? Musste sie wirklich rein? Warum eigentlich? Etwa nur für den Geschmack?

Falsch gedacht – zumindest beim echten Kuchen! Das Salz ist nicht allein für den Geschmack da, es unterstützt vielmehr auch das Mehl, in seine Größe zu kommen und seine Backeigenschaften voll auszuleben. Mhh, wenn das Salz zwar unscheinbar, aber doch so wichtig ist, was war für mich dann das Salz in der Suppe, äh, auf dem Segelboot gewesen?

Kurz darüber nachgedacht, schon machte es Klick: Es war die Sinnhaftigkeit. Na klar. Die war definitiv meine Energie-, Motivations- und Inspirationsquelle Nummer Eins, aber auch mein Ruhepol zugleich gewesen; sie hatte meine Schöpferkraft befeuert, mir innerlich Frieden geschenkt und das Fundament meiner Lebensfreude gebildet. Ja, die Sinnhaftigkeit motivierte mich bei allem, was auf dem Boot zu tun war, anzufangen, dranzubleiben und es zu beenden. Wenn ich ehrlich war, ließ uns die Natur oftmals auch gar keine andere Wahl.

Natürlich muss im Leben nicht alles immer direkt einen sichtbaren Sinn ergeben. Manchmal machen die Dinge auch einfach Spaß. Doch ist das nicht Sinn genug, vielleicht sogar der wichtigste überhaupt? Dass wir in unsere Freude kommen?

Spätestens nach meiner Bestandsanalyse war mir nun klar: Tätigkeiten, in denen ich regelrecht aufblühte, waren genau jene, die mich näher zum wahrhaftigen Glück führten, sodass ich es auch ausstrahlen und weitergeben konnte. Oh ja, für mich steckte die Sinnhaftigkeit des Tuns und Seins vor allem darin, mich in meine Größe und mein Strahlen zu bringen, indem ich meine Potenziale auslebte, Momente des wahrhaftigen Glücks erlebte, im Flow war und meine Spuren hinterließ. Durch die Freude, gepaart mit Sinnhaftigkeit und Selbstwirksamkeit, entstand ein Gefühl der Erfüllung, eine tiefe Zufriedenheit und Dankbarkeit und damit eine wunderschöne Facette des wahrhaftigen Glücks.

Die Sinnhaftigkeit war und ist für mich tatsächlich das, wodurch sich mein Leben weder als Zeitabsitzen noch als ein ziel- und zweckloses Umherirren anfühlt. Etwas Nützliches zu machen, das zudem auch noch Spaß brachte, war für mich tausendfach beflügelnder, als mit Alibiaufgaben eine Beschäftigungstherapie zu schaffen oder eine Notlösung, da ich nicht wusste, was ich sonst machen sollte – egal, wie reich ich dadurch wurde. Die Sinnhaftigkeit war also der fruchtbare Boden für das wahrhaftige Glück und die beste Motivationsquelle überhaupt. Denn es machte einen gewaltigen Unterschied, ob ich etwas tat, worin ich einen Sinn erkannte und wobei mein Wille, Herz und Handeln in Einklang kamen oder eben nicht. Und das, was mich begeisterte, konnte niemals Zeitverschwendung sein.

Situationen, in denen ich ein »hell yes« verspürte, schenkten mir Auftrieb und machten mich automatisch engagierter und leistungswilliger. Da konnte der Tag noch so vollgepackt und kräftezehrend sein: Wenn das, was ich tat, mein Herz erfüllte, fiel ich abends noch energiegeladener ins Bett, als ich morgens aufgestanden war – und fand dennoch rasch in den Schlaf. Letztendlich waren also nicht der Stresslevel oder die Erfolgsaussicht ausschlaggebend für mein Glücksbarometer, sondern die Sinnhaftigkeit und mein intrinsisches »Go«.

Wenn ich die Zeit auf dem Segelboot reflektierte, merkte ich, dass ich die Welt durch mein Sein immer wieder ein kleines bisschen besser gemacht hatte oder einen Beitrag für die Gemeinschaft geleistet hatte. Egal, ob es das Schnippeln für den Obstsalat war, der uns Kraft und Energie für den Tag geschenkt hatte, meine kleinen Impulse, wenn ich bemerkt hatte, dass sich jemand gerade selbst im Weg stand und sich das Leben damit schwer machte oder die Prise Humor, mit der ich angespannte Situationen auflockerte. Ich hatte Sinn daraus geschöpft, andere an meinen Erfahrungen teilhaben zu lassen und wusste: »Irgendwem hilft's bestimmt.« Und so war es, denn immer wieder hatte es Gespräche gegeben, die anderen Mut verliehen hatten, sie motivierten, an sich zu glauben, weiter zu gehen, so manches Festgefahrene auch mal zu hinterfragen und einen neuen Blickwinkel einzunehmen.

Als ich über diese Zusammenhänge nachdachte, wurde mir bewusst, dass es mein größter Antrieb gewesen war, die Lebensqualität jedes einzelnen Menschen, der mit mir in Berührung kam, durch mein Sein ein wenig zu verbessern – und wenn es nur ein kurzes, aber ehrliches Lächeln war, das ich dem Gegenüber durch unsere Begegnung schenken konnte. Einen nachhaltigen Beitrag für eine glücklichere Welt zu leisten, beflügelte mich und war der Grund, warum ich jeden Tag motiviert aus der Koje sprang und mich auf die Abenteuer des Tages freute. Denn schon in den ersten Stunden auf dem Boot war uns bewusst geworden, dass wir diesen Törn nur als

Team, in dem jeder dem anderen beistand und ihm dennoch genügend Raum ließ, stemmen konnten.

Diese Energie ließ mich meinen Daseinszweck spüren und bestätigte mich, hier genau richtig zu sein. Auf dem Boot hatte ich erlebt, dass ich in so manchen Herzen positive Spuren hinterlassen konnte – genauso, wie sie meine Zeit durch ihr Sein bereicherten. Und das war doch das schönste Geschenk, was wir uns hätten geben können, und fühlte sich wie purer Reichtum an. Besonders in diesen Momenten hatte ich mich lebendig und sinnvoll gefühlt und spürte, wie die Lebensenergie durch meine Adern floss.

Glückszutat No 6: Die Sinnhaftigkeit

Stellst du dir manchmal auch die Frage: Wozu das alles? Die Antwort ist simpel: Sinn erfüllt! Doch wie kannst du dafür sorgen, dass du deine Lebenszeit als sinnhaft und erfüllt ansiehst?

- Wie kannst du diesem Moment aktiv Sinn geben und deiner Erfahrung eine Bedeutung beimessen?
- Welchen Beitrag leistest du gerade mit dem, was du tust? Welche positive Auswirkung hat dein Tun? Wie kannst du dadurch einen Mehrwert stiften oder einen Unterschied machen?
- Wofür bedanken sich andere Menschen bei dir? Ist es dein Humor, deine aufmerksame Art, deine Hilfsbereitschaft oder deine Expertise in einer bestimmten Sache?
- Erkennst du einen roten Faden; etwas, das sich in vielem, was du tust, immer wieder zeigt – deine ganz individuelle Wesensqualität?

»Der Sinn des Lebens ist es, dem Leben Sinn zu geben.« – Paul Wong

EINFACH MACHEN, KÖNNT' JA GUT WERDEN

Noch ein letztes Mal ließ ich die Zeit auf dem Segelboot vor meinem inneren Auge Revue passieren und musste schmunzeln, denn für das Wichtigste war man doch meist blind. Ja, ich hatte bislang einem wesentlichen Aspekt keine Beachtung geschenkt. Denn all die Zutaten brachten überhaupt nichts, wenn ich nicht ins Handeln kam – wenn mein Glück also vor meiner Nase auf mich wartete, aber ich es nicht erntete. Ich musste die Zutaten miteinander vermischen, den Teig kneten, ihn zu einem Kuchen formen und in den Ofen schieben – sonst nützten sie mir überhaupt nichts.

Last but not least fehlte also noch – großer Trommelwirbel – die Hands-On-Mentalität, die natürlich gelebte Schönheit der Schöpferkraft.

Auf dem Boot hatte ich die Kombination aus Mut, innerem Kompass und Hands-On-Mentalität in Perfektion erlebt. Aufgrund des begrenzten Platzes waren die Möglichkeiten natürlich eingeschränkt gewesen, doch das fiel gar nicht auf, denn wir hatten jederzeit das Beste daraus gemacht. Glück war schließlich eine Entscheidung und die Zeit auf dem Segelboot ein Erfahrungsraum, den wir gestalten konnten. Mittlerweile wusste ich: Jeder einzelne ist der Schöpfer seines Lebens, der das Steuerrad in der Hand hält und die Verantwortung trägt, den Raum nach seinem Geschmack zu füllen und mit wertvollen Momenten und Begegnungen anzureichern.

Während des Törns hatte man uns das nicht zweimal sagen müssen. Denn wir strichen unseren Space wie selbstverständlich in unseren Lieblingsfarben und schmückten ihn mit unseren Geschichten. Langweilig wurde es uns nie; wir hatten ein volles Programm, zu dem auch das Nichtstun gehörte. Was uns gewiss in unserer Schöpferkraft antrieb, war die begrenzte Zeit gewesen. Wir hatten nämlich nicht den Luxus, lange zu überlegen oder es kompliziert werden zu lassen. Und so wurde jeder Gedanke umgesetzt und zur Realität, wenn jemand ein inneres »Ja« spürte. Dank der limitierten Zeit hatten wir nie lange um den heißen Brei herumgeredet, sondern unsere Beine unter die Arme geklemmt und waren sofort in Aktion gekommen. Es brauchte, wie mir rückblickend bewusst wurde, nicht viel dazu; letztendlich »nur« die Entscheidung zum Anfangen, das kleine Wörtchen »Tun« und die nötige Konsequenz, um es zum Abschluss zu bringen.

Ja, es lag an uns. Und so hatten wir immer wieder von neuem entschieden, ob wir heute gegen oder mit dem Strom segelten, vielleicht auch ankerten und ans Ufer schwammen, um das Treiben aus sicherer Entfernung zu beobachten und kurz durchzuschnaufen. Ebenso hatten wir immer wieder gewählt, ob wir uns an einem festen Ziel orientierten oder vom Wind treiben ließen. Im Endeffekt war beides möglich, es waren nur unterschiedliche Manöver notwendig gewesen, um die Ausgangssituation optimal zu nutzen und bestmöglich voranzukommen.

Diese Erkenntnis war wertvoll, denn sie schenkte mir einerseits die Erlaubnis und Freiheit, meinen Kurs selbst festzulegen, forderte mich andererseits aber auch dazu auf, die volle Verantwortung für mein Handeln und Sein zu übernehmen.

Im Nachhinein erkannte ich, dass mich die Gruppendynamik immer wieder unbewusst inspiriert hatte, Dinge zu tun, die mich im ersten Moment Überwindung gekostet hatten und im

Alltag fremd waren, für die ich mir anschließend aber selbst auf die Schultern klopfen konnte. Von Tag zu Tag hatte ich mich mehr getraut, meinem Neugierde-Lust-Angst-Kompass mehr Beachtung zu schenken und mich dem »Ach-verdammte-Scheiße-ich-muss-das-jetzt-machen« Gefühl hinzugeben, die gedanklichen »Pro-Contra« Listen beiseite zu legen und ins kalte Wasser zu springen, um zur Not am Ende sagen zu können: »Es war arschkalt, vielleicht nicht die beste Idee, aber ich habe es versucht.« Ich war dankbar dafür, denn aus den dabei gemachten Erfahrungen konnte ich lernen, aus versäumten Chancen jedoch nicht – und wie das Leben mir zeigte, war die ergriffene Möglichkeit letztendlich meist von Erfolg gekrönt.

Durch die kleineren und größeren gemeisterten Mutproben hatte ich gelernt, wie beflügelnd es war, der Angst zu trotzen und meine Komfortzone zu verlassen, sobald der Reiz des Unbekannten spürbar wurde.

Doch auch wenn ich im Nachgang immer dafür belohnt worden war, hatte es meist ganz schön Überwindung und Mut gekostet, loszugehen – so auch eines Nachmittags bei unserem »Mann über Bord«-Manöver-Training.

Nach einer kurzen theoretischen Einführung war es an die Umsetzung gegangen: klare Startansage an die Crew, anstehende Aufgaben delegieren, verständliche Anweisungen geben, Überblick und kühlen Kopf bewahren, reaktionsfähig bleiben und die nächsten Schritte auf dem Schirm haben; darin war jeder von uns in den folgenden Minuten gefragt. So ein Manöver musste Schlag auf Schlag gehen und jeder Griff musste sitzen; im Ernstfall konnte das Überleben schließlich von Sekunden abhängen.

Immer wieder hatten wir das Szenario wiederholt. Jeder, der wollte, hatte einmal das Steuer übernehmen und das Manöver leiten dürfen. Ich erinnere mich noch gut daran, wie Angst und Vorfreude mein Herz schneller schlagen ließen, bis ich an der Reihe war. Einerseits hatte es mich in den Fingern gejuckt, die Führung zu übernehmen, andererseits hatte ich aber auch Angst, der verantwortungsvollen Aufgabe nicht gewachsen zu sein. In gewohnten Situationen war ich meist krisenerprobt, aber auf dem neuen Terrain war ich auf einmal nervös geworden. Besonders Kontrolletti, mein innerer Schweinehund und der kleine Angsthase in mir waren super angespannt gewesen und hatten keinen klaren Gedanken mehr fassen können, während mein inneres Kind und die Abenteurerin in mir schon Jubelsprünge machten und überhaupt nicht verstehen konnten, wo das Problem lag.

Ich ließ den anderen den Vortritt, denn das Ganze war mir nicht geheuer. Immer wieder spielten wir das Notfallszenario durch und fuhren ein erfolgreiches Manöver nach dem nächsten. Doch statt mir die Abläufe zu merken, war ich nur damit beschäftigt, meinen inneren Kampf – ob ich bereit war das Steuer zu übernehmen – auszufechten und bemerkte so gar nicht, dass ich nun bald schon die Nächste war. Umso näher der Zeitpunkt der Entscheidung rückte, desto zerrissener war ich innerlich. Sollte ich die Leitungsfunktion wagen – oder besser nicht? »Jetzt hopp, komm schon. Irgendwie werden wir das Schiff schon geschaukelt bekommen«, machte mir mein inneres Kind Mut. Inspiriert von der Energie der letzten Tage und mit dem Support der Gruppe im Rücken, sprang ich dann tatsächlich über meinen Schatten.

Fest entschlossen, mich meiner Angst zu stellen, hatte ich die Herausforderung also auch bei unserem Manöver-Training angenommen. Ich kann noch heute spüren, wie meine Knie gezittert hatten und mir Tausende von Gedanken durch den Kopf geschossen waren. Panik, Überforderung, Versagensängste hatten sich breit gemacht, denn ich musste Führung übernehmen und sagen, wo es langging, obwohl ich selbst absoluter Anfänger war. Ich befürchtete, etwas Wichtiges zu vergessen, Fehler zu machen, den Anforderungen nicht zu genügen, auf den Punkt gebracht nicht genug zu sein. Außerdem hasste ich es, »vorgeführt« zu werden, und mied es für gewöhnlich, im Mittelpunkt zu stehen oder mich über andere zu stellen. Oft redete ich mir auch ein, meine Worte hätten keine Wirkung. Doch trotz aller Zweifel und Ängste hatte ich mich auf die Mutprobe eingelassen und einen Selbstbewusstseinsschub und eine wertvolle Erkenntnis geschenkt bekommen. Das Manöver glückte – und ich machte die wunderbare Erfahrung, dass meine Courage sich gelohnt hatte.

Ich war stolz auf mich, denn in der Vergangenheit hatte ich mich oftmals vor solchen Herausforderungen gedrückt und so hatten meist erst einmal die Angst gesiegt – doch nahezu immer hatte ich anschließend so viele Extrarunden gedreht, bis ich bereit gewesen war, meinen inneren Schweinehund zu überwinden und all meinen Mut zusammenzunehmen. Wenn ich ganz ehrlich war, wusste ich immer, wie es am Schluss ausging; lediglich mein eigener Wille bestimmte die Dauer des Spiels. Doch die Zeit auf dem Boot hatte mir gezeigt, dass ich mir nicht ständig den Kopf zerbrechen oder auf Dinge hoffen musste, die ich mit etwas Mut einfach selbst in die Hand nehmen konnte. Überdies durfte ich mich von den lähmenden Zweifeln über die Zukunft und der Angst vor dem Scheitern befreien, damit sie nicht zu einer selbsterfüllenden Prophezeiung wurden.

Nachdem mir das bewusst geworden war, gab ich mir das innere Versprechen, zukünftig nur noch der Liebe und nicht mehr der Angst zu folgen, die Courage zu haben, meinem Bauchgefühl zu vertrauen und auf die Extrarunden zu verzichten.

Die Kunst lag darin, nicht umständlich von etwas zu sprechen oder stundenlang nur die Theorie durchzukauen, sondern das Glück am Schopf zu packen und so meinem Sein eine Substanz zu geben, wie das Mehl im Kuchen. Immer wieder hatte ich auf dem Boot die Lücke zwischen der zunächst oftmals verrückten Idee und ihrer kreativen Umsetzung geschlossen, wodurch mein energetischer Generator auf Hochtouren lief und meine Lebendigkeit in Schwung gebracht wurde.

Glückszutat No 7: Die Hands-on-Mentalität

Mut steckt in jedem von uns, auch in dir! Manchmal muss er einfach nur aktiviert werden. Mit jedem mutigen Schritt trainierst du deinen »Mutmuskel«, garantiert ohne Muskelkater. Also, nichts wie los, verabrede dich noch heute zum Training. Die folgenden drei Fragen inspirieren dich dazu:

- Was würdest du am Ende deines Lebens bereuen, niemals getan oder gehabt zu haben? Wo spürst du einen inneren Ruf?
- Was würdest du tun, wenn du grenzenlos Mut hättest?
- Was ist die größte Veränderung, zu der du heute bereit bist?

Suche dir Vorbilder oder Gleichgesinnte, die dir helfen können, deine eigene Komfortzone zu verlassen.

ET VOILÁ: MEIN GLÜCKS-REZEPT. NAMASTÉ.

Ich reflektierte, optimierte und experimentierte fleißig, um schlussendlich mein persönliches Glücksrezept in den Händen halten zu können. Und ich würde sagen: Es ist perfekt. Das Ergebnis meiner Zutatensuche und Rezeptverfeinerung konnte sich sehen lassen.

Mein Glücksrezept
- 500 g   Hands-on-Mentalität
- 70 g   Positives Mindset
- 1 Handvoll   kindliche Lebensfreude
- 1 Portion   Fokus auf das »Jetzt«
- 70 g   Körperbewusstsein
- 200 ml   Bauchgefühl
- 1 Prise   Sinnhaftigkeit

Nachdem ich mir das Rezept notiert hatte, hielt ich einen kurzen Moment inne. Auf einmal ging mir ein Licht auf: Die Magie des Segeltörns hatte darin gelegen, dass ich mich gleichzeitig glücklich, lebendig und erfüllt gefühlt hatte und die Balance zwischen dem Sein im Innen und Außen, dem Körperlichen und Geistigen, von Aktivität und Hingabe gefunden hatte. Dieser wundervolle Mix war mein Ziel, genau da wollte ich wieder hin und dazu brauchte ich das perfekte Zusammenspiel dieser sieben Zutaten.

In meiner Vorstellung sah ich eine große Rührschüssel, in die ich all meine Glückszutaten packte: das positive Mindset, die Hands-On-Mentalität, der Fokus auf das »Jetzt«, der Weg von Kopf in das Körpergefühl, die Leichtigkeit, die kindliche Lebensfreude und zu guter Letzt die Sinnhaftigkeit. Ich war mir sicher: Mit dieser Zusammenstellung und meiner eigenen inneren Erlaubnis, empfangen zu dürfen, war mir das Glück an meiner Seite gewiss. Voller Hingabe und Liebe rührte ich in Gedanken meine sieben Glückszutaten zusammen und nahm mir fest vor, für die optimalen Voraussetzungen zu sorgen, damit das Glück anschließend von allein aufgehen und gedeihen konnte. Das war beim Backen wie im Leben, denn das Leben hatte seinen eigenen Rhythmus und ich die Wahl, ob ich die kleine Verschnaufpause sinnvoll nutzte oder mich darüber ärgerte und innerlich dagegen sträubte.

Ich verabschiedete mich von der Vorstellung, dem Universum einen liebevollen Arschtritt verpassen zu müssen, damit die Sache Fahrt aufnahm oder verzweifelt auf Wind zu hoffen, wenn weit und breit nur blauer Himmel und Sonnenschein zu sehen waren, an denen ich mich ebenso erfreuen konnte. Denn blinder Aktionismus führte im falschen Moment nur zu einer kopflosen Aktion, hatte aber nicht den gewünschten Effekt. Ungeduldige Torschlusspanikversuche waren nur sehr selten von Erfolg gekrönt; viel besser war es, die innere Ruhe zu bewahren, geduldig zu sein, die Energie hochzuhalten und Gelassenheit auszustrahlen, denn beschleunigen konnte ich den Prozess meist nicht.

Langweilig musste mir dennoch nicht werden. Wenn ich clever war, nutzte ich die freie Zeit fürs Pflichtprogramm, kümmerte mich um andere Projekte oder tankte meine Energiereserven auf – so würden mein Glückskuchen-Teig und ich gleichzeitig fertig sein.

Anschließend galt es noch einmal Geduld zu zeigen, wenn ich das Glück in die gewünschte Form gebracht und in den Ofen geschoben hatte. Nun lag es nur noch bedingt in meinen Händen. Für den Wachstumsprozess würde es wichtig sein, mich im entscheidenden Punkt bewusst aus dem Prozess herauszunehmen, loszulassen – und das Glück freizulassen, damit es sich selbstständig entwickeln konnte.

Das i-Tüpfelchen war anschließend nun das süße Nichts-Tun: das Nichts-Wollen und Nichts-Machen. Es genügte präsent zu sein, ohne in blinden Kontrollwahn zu verfallen und ständig die Backofentür aufzureißen. Hin und wieder von außen durchzuspicken, um nach dem Rechten zu sehen und nachzujustieren, erschien mir aber sinnvoll.

Ich konnte es kaum erwarten, endlich im richtigen Leben loszulegen und den Schneebesen zu schwingen, um mir meinen maßgeschneiderten Glückskuchen zu backen. Sicherlich würde nicht alles auf Anhieb klappen, doch das würde kein Grund sein, aufzugeben. Meine Reise würde großartig werden und mich wachsen lassen – so oder so.

Glücksimpuls: Dein eigenes Glücksrezept

Das Glück ist kein Zufallsprodukt: Mit meinem »Grundrezept« kannst du es bewusst in dein Leben einladen und dafür sorgen, dass du es entdeckst, wenn es vor dir liegt.

- Welche Rolle spielen die sieben Glückszutaten aktuell in deinem Leben, wie viel Raum bekommen sie bereits?
- Kannst du dich im entscheidenden Moment bewusst aus dem Prozess rausnehmen und einfach mal nichts tun, nichts wollen und stattdessen »nur« präsent sein?
- Wie sieht dein persönliches Glücksrezept aus? Wie würdest du die Grundrezeptur verändern? Welche Zutat fehlt dir, was ist zu viel für deinen Geschmack?

Werde dein eigener Chef-Koch, in der Küche finden bekanntlich immer die besten Partys statt.

KAPITEL 3

GLÜCKSREZEPT GEFUNDEN.
JETZT MUSS ICH DEN
GLÜCKSZAUBER NUR NOCH
IM ALLTAG LEBEN.

DAS IST DOCH EIN ZIEL –
MHH, GIBT'S DENN NOCH
ANDERE?

IST DER WEG DAS ZIEL, DAS ZIEL IM WEG ODER BRAUCHT'S EINFACH NUR DAS RICHTIGE ZIEL UND DER REST IST EGAL?

Voller Vorfreude und Lust auf die Umsetzung brach ich auf. Mein Glücksrezept lag vor mir – jetzt sollte es doch ein Leichtes sein, das Glück in den Alltag zu integrieren. Vielleicht gab es ja sogar Werkzeug, das mir dabei helfen konnte.

Die Frage, die sich mir nun stellte, war: wo anfangen?

Ein neuer Plan musste her, denn seit der Trennung hatte ich keinen blassen Schimmer mehr davon, wie es in meinem Leben konkret weitergehen sollte. Ich spürte nur, dass es Zeit für einen radikalen Neuanfang war; meine Seele hatte schließlich jede Menge Abenteuer geplant, die es zu erleben galt.

Kurzerhand beschloss ich, meine bisher geliebte gedankliche Checkliste zu verbrennen und all das gehen zu lassen, woran ich mich die vergangenen Jahre geklammert hatte und gewissenhaft nacheinander abzuhaken versucht hatte. Meist war ähnlich wie auf dem Segelboot sowieso im letzten Moment das Leben dazwischengekommen und hatte den Plan über den Haufen geschmissen; daher war es bestimmt gar nicht schlecht, auf die lästige To-Do-Liste zu verzichten. Tatsächlich hatte ich noch nie darüber nachgedacht, ob meine Herzenswünsche womöglich außerhalb der gesellschaftlichen Standards liegen könnten. Das eröffnete mir völlig neue Möglichkeiten und schenkte mir viel mehr Gestaltungsspielraum, als ich bisher genutzt hatte.

Ich nahm ein leeres Blatt und setzte ein großes Fragezeichen darauf. Eins war mir auf Anhieb klar: Keinesfalls wollte ich eine Liste erstellen, die mehr den Wünschen anderer als meinen eigenen Herzenswünschen entsprach. Doch diese musste ich erst einmal herausfinden, denn so adhoc war ich mittlerweile völlig wunschlos.

Starr sollte mein gedanklicher Fahrplan auch nicht sein. Ich wollte eine »flexible Liste« kreieren, in der ich wild durchstreichen und herumkritzeln durfte, die aber noch genug Platz und Freiraum ließ, mich überraschen zu lassen. Also ganz ähnlich wie beim Einkaufen – da stand ich oftmals auch glücklich an der Kasse und hatte einen prall gefüllten Einkaufswagen, aber nicht alles von der Liste abgehakt.

Gesagt, getan. Es fühlte sich großartig an, all die Erwartungen an mich und mein Leben beiseite zu legen und mir zu erlauben, dass das, was die vergangenen Jahre für mich erstrebenswert gewesen war, gar nicht mehr Fakt sein musste. Erstaunlicherweise hatte sich mit der Trennung sogar mein teils schon zwanghafter Kinderwunsch verabschiedet. Es war beinahe so, als tickte meine biologische Uhr nun leiser. Das überraschte mich; gleichzeitig empfand ich es als kostbares Geschenk, denn es nahm mir viel Druck und ermutigte mich, die Sinnhaftigkeit meines Lebens auch außerhalb dieser Fixierung zu finden. Ich gab den Wunsch frei und ließ mich auf das Ungewisse ein, blieb aber dennoch bereit, dieses wundervolle Geschenk des Lebens zu empfangen, dass ein kleiner Mensch irgendwann einmal »Mama« zu mir sagt.

Alles, was für mich nun zählte, war das »happy« – ob danach »family« stand oder »Single«, war mir gerade tatsächlich egal; schließlich hatte beides seine Reize. Und so freute ich mich auf eine Zukunft, die nicht perfekt wirken musste, sondern perfekt zu mir passen sollte, wie auch immer sie aussehen würde.

Schön und gut, aber wie sollte es nun weitergehen? Die alten Ziele waren in den Hintergrund gerückt, sollte ich mir also Neue auf meine noch gähnend leere Liste setzen oder lieber in den Tag hineinleben und mich dem Fluss des Lebens hingeben, wie ich es auf dem Segelboot gemacht hatte? Letzteres klang verlockend und ziemlich befreiend, denn irgendwie hatte ich genug von Zielen. Wenn das Leben sowieso seinen eigenen Plan für mich hatte, waren jegliche Bemühung doch ohnehin vergebene Liebesmühe. Der Gedanke kam mir gerade recht, denn so musste ich mich auf keine konkrete Vorstellung von der Zukunft festlegen.

Doch schnell machten sich die ersten Zweifel breit: War ein Leben ohne Ziele auf Dauer wirklich der Hauptgewinn? Ging das überhaupt? Fehlten mir ohne Ziele nicht die Energie und Motivation, um meinen inneren Generator anzuschmeißen? Kam ich ohne Ziel vor Augen überhaupt beim Glück an, wenn ich mir nicht dessen bewusst war, was ich wollte und in welche Richtung es gehen sollte? Schließlich schenkten mir Ziele Orientierung. Sie halfen mir dabei, Entscheidungen leichter treffen zu können und schärften meine Wahrnehmung für all das, was zur Erfüllung meiner Ziele notwendig war – insbesondere, wenn ich sie schriftlich festhielten. Sollte ich diese Kraft nicht nutzen?

Der Gedanke, neue Ziele zu stecken, fühlte sich dennoch beklemmend an, denn momentan steckte für mich in nichts mehr Energie, was in weiter Ferne lag. Zudem hatte ich große Angst davor, mich erneut in einem »falschen« Ziel zu verirren.

War mein Ziel also im Weg, der Weg das Glück oder war es ganz anders? Unbefangen konnte ich diese Frage nicht beantworten, dafür war ich noch zu sehr von meiner Vergangenheit geprägt. Bisher hatten mich meine Ziele nämlich oft so stark unter Druck gesetzt und in Beschlag genommen, dass ich vollkommen verbissen auf sie zugestürmt war und so fokussiert gewesen war, dass ich dabei weder nach rechts noch links geschaut hatte, um möglichst alles richtig zu machen. Ich hatte mich völlig auf eine Sache versteift und dabei Erwartungen geschaffen, die mich und mein Umfeld erdrückt hatten; mit der Folge, dass mich meine Verbissenheit weder zu meinem Ziel brachte noch mir ermöglicht hatte, den Moment so zu genießen, wie er gerade war.

Wenn ich dann meine Ziele nicht erreicht hatte, verurteilte ich mich für mein Versagen oder fühlte ich mich wie eine Marionette, vollkommen machtlos und vom Universum fremdgesteuert. Dabei hatte ich mich vielleicht einfach nur auf das falsche Ziel oder den falschen Weg fokussiert und war für andere Möglichkeiten gar nicht offen gewesen, weil ich dem Verstand und nicht meinem Herzen gefolgt war. Und: Ich war mir nicht dessen bewusst geworden, was das eigentliche Ziel hinter dem Ziel gewesen war. So waren vielleicht gar nicht die Traumhochzeit und Ehe mein wahres Ziel gewesen, sondern das Gefühl bedingungsloser, vertrauter Zweisamkeit – und das konnte ich sicherlich auch ohne den klassischen Weg finden.

Letztendlich ging es also darum, meine Ziele konsequent zu verfolgen, ihre Wurzel, also mein »Warum« dahinter zu kennen und flexibel zu bleiben.

Glücksimpuls: Herzensziele

Kennst du es auch, dass du Kopf- und Herzensziele verwechselt oder dich so sehr auf eine Sache bzw. einen Weg fokussierst, sodass du für die Möglichkeiten, die dir helfen könnten, das dahinter liegende Ziel zu erreichen, blind bist? Träume groß und befreie dich von der Fixierung, wie du dieses Ziel erreichen wirst.

- Kennst du dein Herzensziel? Falls nicht, gehe die nächsten Tage offen durch die Welt und beobachte, wozu sich dein Herz hingezogen fühlt. Lasse alles, was dein Herz höherschlagen lässt, auf dich wirken.
- Frage dich dann ein paar Tage später: Nach welchem Gefühl sehnst du dich ganz tief in dir?
- Was ist das Ziel hinter dem Ziel, also dein eigentlich wirkliches Herzensziel? Bist du bereit, alles dafür zu tun?

Finde ein Symbol, das du mit deinem Wunsch verbindest und dich im Alltag an dein Ziel und das damit verbundene Gefühl erinnert. Wie wäre es zum Beispiel mit einer für mehr Leichtigkeit, oder einem Bild von deinem Idol.

TRÄUM' ICH ZU GROSS, DENKST DU ZU KLEIN

Von klassischen Plänen, die von Standards im Außen bestimmt waren, hatte ich mich mittlerweile verabschiedet und stattdessen meine innere Stimme ins Zentrum gerückt.

Um den damit verbundenen Wünschen und Sehnsüchten dennoch eine Gestalt zu geben und sie besser visualisieren zu können, beschloss ich, ein so genanntes Vision Board zu kreieren. Ich hatte schon einige Male gehört, dass ich damit mein Inneres auf kreative Weise sichtbar machen konnte, was mir wiederum dabei helfen konnte, ein genaueres Bild von meiner Zukunft zu entwickeln.

Eines Nachmittags kramte ich also einen Stapel alter Magazine hervor und nahm mir eine schöpferische Auszeit. Nun galt es spontan auszuschneiden, was mit meinem Herzen in Resonanz ging, und es auf dem großen Stück Pappe zu fixieren, das ich im Keller gefunden hatte. Zunächst tat ich mir schwer damit – und mir fiel auf, dass ich meine Träume im Laufe meines Lebens durch kleine Wünsche ersetzt hatte, die einfacher zu erfüllen schienen.

Doch welche Wünsche zeigten sich, wenn ich mein Leben losgelöst von Konditionierungen und Gewohnheiten betrachtete – frei nach dem Motto: Alles ist möglich, wenn du es dir vorstellen kannst – und außerdem steht eine ganze Armada an Glücksfeen vor dir, bereit, ihren Zauberstab zu schwingen? Jetzt bekam die Sache neuen Schwung – und meine Schere begann zu klappern. Neben Bildern schnitt ich Affirmationen, Schlagwörter und Zitate aus. Auf meinem Vision Board landeten unter anderem die Begriffe »Mut«, »Selbstvertrauen«, »kindliche Freude« oder »weibliche Urkraft«. Es fühlte sich aufregend und vitalisierend an, meine Visionen zu Papier zu bringen, denn wie hieß es so schön: »Aus den Augen, aus dem Sinn.« Nein, nicht (mehr) mit mir. Ich wollte meine Herzenswünsche sehen können, jeden einzelnen Tag.

Anfangs war ich noch zaghaft und zurückhaltend, schließlich wollte ich keine falschen Erwartungen wecken und am Schluss von mir selbst enttäuscht sein. Mein innerer Schweinehund sah das genauso; Kontrolletti befürchtete, die gewohnten Fäden aus der Hand geben und die Komfortzone verlassen zu müssen. Auch meine Ungeduld meldete sich kräftig zu Wort – ihr dauerte das alles viel zu lange, während mein Bauch unruhig wurde und sich nach dem altvertrauten Scheinfrieden sehnte. Es war aufschlussreich und streckenweise sogar amüsant, meinen damit verbundenen Selbstgesprächen zu lauschen und dem Schauspiel zuzuschauen. Die Diskussion in mir wurde immer hitziger, bis irgendwann die Kämpfernatur meines Herzens das Wort ergriff und frech und klar erwiderte: »Ich sehe eure Zweifel und Sorgen, aber was ist, wenn es klappt?« Verblüfftes Schweigen seitens Kontroletti, Ungeduld und Verstand. »Ja, genau, das geht an euch. Was, wenn es klappt?«

Das war eine Ansage, die saß. Kurz herrschte absolute Stille in mir. Natürlich wollte ich meine Zweifel und Ängste nicht ignorieren und auch nicht all die Blockaden, die noch zwischen mir und meinen Träumen standen. Doch jetzt machten sie ein zu großes Fass auf und lenkten mich nur von der eigentlichen Aufgabe ab. Aufgeschoben war schließlich nicht aufgehoben und so versprach ich ihnen, mich dann um sie zu kümmern, wenn es sinnvoll sein würde – also spätestens, wenn es hakte und ich einen Blick auf das Kleingedruckte werfen musste, um die Hindernisse aus dem Weg zu räumen.

Dieses Versprechen musste ich vor allem meinen ewigen Zweiflern geben, denn meine Ängste waren kein Zufallsprodukt und keine Eintagsfliegen. Und ganz unrecht hatte mein Verstand ja auch nicht. Jede Wunscherfüllung brachte Veränderungen und neuen Aufgaben mit sich, und nur weil ich »A« sagte, hieß das noch lange nicht, dass mein Unterbewusstsein auch mit »B« d'accord war. Doch schlussendlich waren mein Vertrauen in mich, aber auch die Bereitschaft, mich für meinen Herzenswunsch einzusetzen kriegs- äh erfolgsentscheidend. Hier musste das Herz das Sagen haben, auch wenn ich den Verstand miteinbeziehen wollte.

Ich nutzte die kurze Ruhe, um weiterzublättern. »Dream big«, prangte da in dicken Lettern in meinem Magazin. Warum eigentlich nicht? Langsam wurde ich immer mutiger und meine visionäre Gedankenkraft freier. Kurzerhand entschied ich, dass keine Vision zu groß und keine Idee zu unrealistisch oder verrückt sein konnte. Vielleicht musste ich in die neuen Schuhe erst noch reinwachsen – sie aber eine Nummer zu klein zu kaufen und mir Blasen zu laufen, das war völliger Quatsch und hatte ich schon viel zu lange gemacht.

Mit wilder Entschlossenheit zückte ich die Schere und ließ mich nicht mehr von der inneren Angststimme irritieren – und so bekam alles, was mein Herz höherschlagen ließ, seinen Platz. Das Ausschneiden verlangte Ausdauer von mir und war ein regelrechter Prozess, der immer wieder Verschnaufpausen von mir forderte. Doch langsam öffnete ich mich für all die Möglichkeiten, die bisher in unerreichbarer Ferne außerhalb meines Blickfelds gelegen hatten.

Schritt für Schritt brachte ich langsam das Schnipsel-Chaos in eine Ordnung, indem ich die einzelnen Wortfetzen und Bilder nach Themenfeldern und Lebensbereichen clusterte. Dann ging es ans Aufkleben, woran mein inneres Kind mächtig Freude hatte. Die Collage wurde ein echtes Kunstwerk und bekam einen Premium-Platz in meiner Wohnung, sodass ich sie von nun an jeden Tag bewundern konnte. Regelmäßig zog sie mich in ihren Bann. Immer wieder starrte ich freudestrahlend auf mein farbenprächtiges Vision Board und ließ seine Energie auf mich wirken.

Und dann geschah etwas Faszinierendes – denn jedes Mal, wenn ich an meinem Vision Board vorbei ging, bedankte ich mich auf einmal bereits in Gedanken für die Erfüllung meiner Träume. Irgendwie wusste und spürte ich mittlerweile, dass nun eine Zeit auf mich wartete, die vollgepackt mit tiefen Verbindungen, jeder Menge Lebendigkeit und Leichtigkeit war. Und vermutlich genau dieses Wissen und Ahnen zog immer mehr Überraschungen und Fülle in mein Leben.

Oh ja, das Vision Board entwickelte Zauberkräfte. Es motivierte und inspirierte mich nicht nur, sondern gab mir auch regelmäßig liebevolle Tritte in meinen Allerwertesten, um in die Pötte zu kommen, wenn ich mich in der Komfortzone verschanzte, im Stillstand verharrte oder vom Weg abkam und den Fokus verlor.

Dank meines kleinen Kunstwerks demonstrierte ich mir nun jeden Tag, dass ich Schöpferin meines Lebens war und ein wundervolles Glücksprojekt erschaffen hatte, das nur noch darauf wartete in seiner vollen Schönheit zu erblühen!

Glücksimpuls: Vision Board

In uns allen warten Träume, Ziele und Visionen. Ein Vision Board hilft dir dabei, sie dir bewusst zu machen und zur Realität werden zu lassen. Sammle Bilder und motivierende Sprüche, füge sie zu einer Collage zusammen – und schon hast du deine Ziele direkt vor Augen und eine tägliche Motivation ins Handeln zu kommen.

- Welche Ziele und Wünsche kommen dir direkt in den Sinn? Was lässt dein Herz höherschlagen?
- Blättere Zeitschriften durch oder surfe im Internet – zu welchen Bildern fühlst du dich auf
- Anhieb hingezogen?
- Bist du bereit, dich für die Fülle an Möglichkeiten zu öffnen, die das Universum für dich in petto hält?

Suche dir Vorbilder und lass dich von ihnen inspirieren und dazu motivieren, groß zu träumen.

UND JETZT? EINFACH MANIFESTIEREN UND DAS UNIVERSUM MACHT DEN REST? – GANZ GENAU.

Das Vision Board zu erstellen, hatte mir große Dienste erwiesen. Einerseits brachte es mich in die Energie, die für mich richtigen Dinge anzuziehen; andererseits half es mir, den Fokus auf meine Herzenswünsche zu legen und die Möglichkeiten und Wege dorthin in der Fülle des Lebens zu erkennen.

Ein Selbstläufer war das Ganze natürlich dennoch nicht. Ein glückliches und erfülltes Leben fiel schließlich nicht einfach vom Himmel, nur weil ich oft genug daran dachte und die Vorstellung davon auf meinem Vision Board anschaute. Ich hatte nach wie vor den entscheidenden Part bei der ganzen Sache; schließlich war ich dafür verantwortlich, mein Glück selbst in die Hand zu nehmen, die Vorbereitungen zu treffen und die entsprechenden Steine ins Rollen zu bringen.

Doch wie? Manifestieren war das Zauberwort. So oft hatte ich schon davon gehört und gelesen, ebenso wie vom Resonanzgesetz. Letztendlich war es wohl egal, ob es Gedanken, Gefühle, Wünsche, Ziele oder Visionen betraf – beim Manifestieren ging es darum, etwas von innen nach außen zu bringen und so sichtbar werden zu lassen. Die Vorstellung, meinen Wünschen noch mehr Leben einzuhauchen und das wahrhaftige Glück in meinem Alltag zu manifestieren, gefiel mir.

So wie ich das Prinzip verstanden hatte, ging es nun quasi darum, dass ich wie eine Art Bestellung abgab, also eine Frequenz ans Universum abschickte und meine Order zurückgesendet bekam. Dabei musste ich drei Schritte befolgen: mir meine Ziele bewusst machen und visualisieren, entsprechend ins Tun kommen und am Schluss das Glück ernten, wenn es soweit war. Es steckte also mehr dahinter, als blindlings meine Wünsche nach oben abzugeben und stillschweigend darauf zu warten, dass sie sich von allein erfüllten. Vielmehr ging es darum, in meine volle Schöpferkraft zu kommen, denen da oben aber gleichzeitig den Raum zu lassen, ihre Arbeit machen zu können. Das Manifestieren ersetzte also keinesfalls meine Bereitschaft, alles mir nur Mögliche zu tun, um meine Ziele zu erreichen.

Ohne Fleiß kein Preis – und trotzdem: Konnte das wirklich funktionieren oder war diese Manifestiererei doch nur irgendein Esoterik-Quatsch? Ich blickte dem Ganzen ehrlich gesagt skeptisch entgegen, fand die Vorstellung aber interessant, dass mir eine höhere Macht beistehen würde und die Fülle, nach der ich mich sehnte, quasi schon auf mich wartete. Konnte ich durchs Manifestieren womöglich alles herbeizaubern, was nun auf meinem Vision Board prangte?

»Warum denn nicht?«, meldete sich eine zarte Stimme in mir. Ja, warum eigentlich nicht? Einen Versuch war es doch wert; schließlich schworen immer mehr Menschen darauf und etliche Beispiele hatten ebenso bereits bewiesen, dass das scheinbar Unmögliche tatsächlich möglich werden konnte.

In den folgenden Wochen las ich mich daher weiter in das Thema ein, hörte Podcasts und kaufte mir das ein oder andere Buch dazu. Immer wieder begegneten mir Aufforderungen wie »Nutze die Kraft deiner Gedanken« oder »Mache dir das Gesetz der Anziehung zu eigen, denn Gleiches zieht Gleiches an«.

Letztendlich basiert das Prinzip des Manifestierens auf dem Umstand, dass alles auf der Erde Energie ist und jeder grobstoffliche Körper einst ein feinstofflicher Gedanke war. Nun begann auch ich zu realisieren: Wirklich alles – also jeder Gedanke, jede Emotion, sogar mein Körper und die Materie um mich herum – war Energie, die in einer bestimmten Frequenz schwang; mit der Folge, dass ich immer das anzog, was ich ausstrahlte und vor allem das wahrnahm, was in mir eine Resonanz auslöste.

Ja, das konnte ich bestätigen: War etwas bei mir im Feld, wurde ich sensibel dafür. Ich erinnerte mich zum Beispiel noch gut daran, wie auf einmal überall Fahrschulautos wie Unkraut aus dem Boden geschossen waren, als ich meinen Führerschein gemacht hatte, oder ständig Schwangere oder frisch gebackene Mamas aufgetaucht waren, als mein Kinderwunsch präsent gewesen war.

Doch mir fielen die Dinge nicht nur auf, ich zog auch immer genau jene Dinge an, die mit mir in derselben Frequenz schwangen und somit energetisch zu mir passten – das war wohl auch Murphy's Gesetz. Lief etwas schief und ich blieb in der Energie gefangen, stupste ein Dominostein den anderen an und das gesamte Kartenhaus brach in sich zusammen. Wie ich in den Wald hineinrief, schallte es eben zurück, und zwar meist stärker als zuvor, wie mir nun bewusst wurde. Meine Gedanken und Gefühle standen tatsächlich in einer viel direkteren Verbindung mit meiner Lebenssituation, als ich bisher für möglich gehalten hatte, und waren so nicht nur die Folge, sondern auch die Ursache dafür. Das konnte natürlich Fluch und Segen sein, denn ich konnte bildlich gesprochen sowohl den Himmel als auch die Hölle auf Erden manifestieren – also Berge versetzten, aber auch Berge erschaffen – bewusst und gewollt oder aber unbewusst und manchmal auch unbeabsichtigt.

Mhh, ich dachte darüber nach. Wenn ich nun doch sowieso ständig manifestierte, war es doch clever, das »Gesetz der Anziehung« bewusst zu nutzen, ein gutes Mindset zu schaffen, meine Gedanken gezielt zu fokussieren und meine Schwingung zu erhöhen, um genau die Dinge anzuziehen, die ich wirklich wollte. Sicherlich würde ich das Außen trotzdem nicht unter Kontrolle bekommen, aber durch meine innere Haltung konnte ich ein Resonanzpunkt für all das werden, was ich mir wünschte. Die Vorstellung, nun wirklich die Schöpferin meines Lebens zu werden, ließ meine Augen erstrahlen. Ich war begeistert und konnte es kaum erwarten loszulegen.

Als nächstes ging es darum, meine Manifestierkünste auf die Probe zu stellen und immer weiter aufzutuen – Übung machte schließlich den Meister. Ich freute mich darauf.

In den folgenden Tagen übte ich, so oft es nur ging, und hatte ein Erfolgserlebnis nach dem anderen: hier fünf grüne Ampeln in Folge, dort ein freier Parkplatz direkt vorm Haus, da mein Lieblingsessen zum Mittagstisch im Angebot. Ich war baff, wie gut die Sache funktionierte. Leider manchmal auch etwas zu gut – so bekam ich ein richtig schlechtes Gewissen, als eines Tages wie aus dem Nichts ein uralter Baum vor meiner Haustür gefällt wurde. Das hatte ich natürlich nicht beabsichtigt, als ich mir am Abend zuvor ein lichtdurchfluteteres Wohnzimmer visualisiert hatte. In meiner Bank gab es jedoch gerade eine Marketingaktion: »Wir pflanzen einen Baum für jeden Sparvertrag.« Mhh, sollte ich da vielleicht jetzt besser mitmachen – so fürs Karma?

Oh ja, die Kraft meiner Gedanken war nicht zu unterschätzen, auch wenn die Umsetzung vor allem am Anfang meiner Manifestationskarriere meist nicht 1:1 meiner konkreten Vorstellung entsprach. Schnell lernte ich, dass es auf die kleinen Details ankam. Das merkte ich zum Beispiel, als ich mir eine offene Haustür manifestiert hatte, um meiner Freundin zur Überraschung einen Kuchen zum Geburtstag vor die Wohnung stellen zu können. Leider war diese trotz meinem mentalen Einsatz verschlossen gewesen. Doch als ich zurück zu Hause war, musste ich schmunzeln, denn statt der Haustür meiner Freundin stand meine eigene sperrangelweit offen. An meinen Formulierungskünsten durfte ich noch etwas feilen, aber der Rest funktionierte. Ja, das Universum und ich hatten eine gute Verbindung, dessen war ich mir nun ganz sicher.

Dankbar und voller Stolz schaute ich auf das zurück, was ich mit Hilfe der Manifestation schon erschaffen hatte, und blickte dann voller Vorfreude den nächsten Schritten entgegen. In meiner Vorstellung malte ich mir meine Zukunft detailliert aus und tat alles dafür, dass sie sich so realistisch wie nur möglich anfühlte – eben so, als ob sie bereits Wirklichkeit war. In meinen Gedanken ging ich davon aus, dass meine Ziele und Wünsche bereits erfüllt waren, und switchte direkt in den Dankbarkeitsmodus. Das war bahnbrechend, denn der Schalter war nun auf Fülle gestellt und die damit verbundenen positiven Vibes wurden zur Antriebskraft meiner Manifestation.

Durch das Manifestieren wurde mein Leben neuerdings zu einem regelrechten Wunschkonzert, was nicht bedeutete, dass mein Lieblingslied in Dauerschleife lief. Aber durch das Einreichen sorgte ich dafür, dass das Erklingen der Songs kein Zufallstreffer mehr war, auch wenn er manchmal vielleicht erst einmal in einer neu arrangierten Version gespielt wurde.

Glücksimpuls: Manifestieren

Durch das Manifestieren lässt du deine Gedanken in der Realität sichtbar werden. Die Schritte dorthin sind ganz simpel, aber dennoch nicht trivial – probiere es direkt mal aus. Ein kleiner Tipp von mir: Achte immer auf deine Gedanken, denn dein Kopf ist ein Siegertyp!

1. Komme durch bewusstes Atmen und in dich Hineinlauschen zur Ruhe. Fokussiere dich auf deine innere Mitte und verbinde dich so mit der Schöpferkraft.
2. Setze eine Intention, so klar wie nur möglich.
3. Frage dich: Wie fühlt es sich an, wenn dein Wunsch in Erfüllung gegangen ist? Was kannst du jetzt dafür tun, um dich genauso zu fühlen?
4. Stelle dir vor, wie du dich öffnest und empfängst.
5. Sei in tiefer Dankbarkeit, als sei es bereits real und vertraue dem göttlichen Timing.

Und, hat es geklappt? Falls ja, super. Falls nein, hast du selbst wirklich daran geglaubt? Schaue, welche Glaubenssätze dich davon abgehalten haben oder wie du den Wunsch beim nächsten Mal konkreter formulieren kannst!

Wenn sich Wünsche nicht erfüllen, kann es auch sein, dass die Zeit noch nicht reif für sie ist oder etwas Besseres auf dich wartet. Vertraue hierbei deinem höheren Bewusstsein und der Intelligenz der Schöpfung. Alles wird sich zum rechten Zeitpunkt zeigen – dir zuliebe. Versprochen! Großes Glücksfeen-Ehrenwort!

WARUM WARTEN BIS ICH DEN LÖFFEL ABGEB'? – DAS LEBEN IST JETZT! DAHER, NICHTS WIE LOS!

Durch das Vision Board war die auf mich wartende Fülle in meinem Leben schon jetzt spürbar und auch das Manifestieren zeigte erste Erfolge – allerdings zunächst in kleinen Alltagsdingen, nicht in einem großen, grundlegenden Wandel. Gleichzeitig spürte ich, dass noch etwas Handfestes und wirklich Greifbares auf dem Weg zu meinem Glück fehlte – etwas, bei dem ich konkret mit den einzelnen Zutaten meines Glücksrezepts arbeiten konnte. Mich einfach nur am Vision Board zu orientieren, war mir zu vage, denn das fokussierte sich vornehmlich auf meine innere Wandlung, anstatt eine Schritt-für-Schritt Anleitung abzubilden. Einige wenige fixe Ziele kamen für mich gerade nicht infrage, doch ich sehnte mich nach Struktur und sichtbaren Etappenzielen, die ich im Außen ansteuern und umsetzen konnte.

Kaum war der Gedanke zu Ende gedacht, fing ich intuitiv an, eine Löffelliste zu schreiben. Das Ergebnis war eine Ansammlung von Post-its mit bisher nicht gelebten großen und kleinen Träumen, Hoffnungen und Wünschen, die ich bislang in Gedanken vor mir hergeschoben hatte. Absurderweise hatten diese Herzenswünsche auf meiner bisherigen Checkliste niemals einen Platz eingenommen, geschweige denn auf meinem Vision Board. Sie waren mir zu abwegig, zu banal oder aber zu unpassend für mich vorgekommen – fast, als müsste ich für manche erst ein anderer Mensch werden, um sie erreichen zu können. Kein Wunder also, dass ich beim Manifestieren in Alltagsdingen gestrandet war – der gewissen Prise Exotik hatte ich mich gedanklich bisher erfolgreich verweigert, obwohl ich spätestens seit dem Segeltörn wusste, dass ich eine »Je abenteuerlicher, desto besser«-Natur war. Gut, dass es nun die Post-its gab, denn so bekam das Universum eine Idee davon, wie es mir ganz konkret auf dem Weg zum Glück unter die Arme greifen konnte.

Hier eine kleine Auswahl meiner notierten Ziele: »Mit Delfinen schwimmen«, »Fallschirm springen«, »Salsa tanzen lernen«, »Ausmisten in allen Belangen«, »neunundfünfzig Kilogramm wiegen«, »meine Angst vor der englischen Sprache überwinden«, »allein verreisen«, »Sabbatical in Südamerika« … und dann stand noch ganz fett in der Mitte: »ANKOMMEN!« Ja, irgendwann anzukommen, war das größte Ziel für mich, denn danach sehnte ich mich schon lange. Das Gefühl konnte ich schon schwach erahnen, doch die Route dorthin musste erst noch neu berechnet werden. Ich hatte überhaupt keinen Plan, was ich dafür tun konnte bzw. sollte, was eigentlich kein Wunder war; schließlich hatte ich dieses Buch noch nicht geschrieben, da der Inhalt erst noch erlebt werden wollte. Doch keine Panik auf der Titanic: Dieser Zettel sollte mich jetzt nicht belasten; schließlich gab es jede Menge Alternativen, um die ich mich vorab kümmern konnte.

Mein kleines Brainstorming erweckte lange verschollene Lebensgeister in mir. Es war interessant, was durch das intuitive Drauflosschreiben alles ins Bewusstsein kam – Wünsche und Träume, die lange verschüttet gewesen waren. Die Liste wuchs immer weiter, doch bevor ich die finale Auswahl traf, stellte ich meine Wünschesammlung kritisch auf den Prüfstand, in dem ich mir jede einzelne Notiz zu Herzen nahm und mich fragte: »Steckt in dem Wunsch auf dem Post-it wirklich Energie? Kann ich ihn fühlen oder ist er nur vom Ego gemacht?

Welche Bedürfnisse stecken dahinter? Was ist meine Motivation, es zu tun? Geht es mir darum, einen Mangel zu stillen oder möchte ich es aus der Freude heraus machen? Sind das wirklich meine Ziele oder versuche ich, andere zu beeindrucken?«

Gleichzeitig gab ich mir eine vollkommene Narrenfreiheit. Nichts auf meiner Liste war zu abgefahren oder zu normal (auch nicht »das erste Mal eine Sektflasche öffnen« oder »Eis im Kino bestellen«) – alles war erlaubt! Nur Dinge, von denen ich dachte: »Ja, wäre nett, aber es wäre auch nicht schlimm, wenn ich sie verpasse« gehörten nicht auf meine Wand. Ich war streng und prüfte die Wünsche auf Herz und Nieren. So knüllte ich alle Zettel zusammen, die nicht wirklich aus meinem tiefsten Inneren kamen; all die vermeintlichen Wünsche, die ich zwar jahrelang vor mir hergeschoben hatte, aber eigentlich gar nicht umsetzen wollte, sondern viel mehr glaubte, umsetzen zu müssen. Beim Gegenchecken durfte ich ganz ehrlich zu mir sein, denn nur, wenn ich die Erfüllung aus tiefstem Herzen herbeisehnte, Energie darin steckte und ich mir den die Erfüllung erlaubte, würde mir auch das »Gesetz der Anziehung« kraftvoll in die Karten spielen – das war mir jetzt bewusst. Anderenfalls konnte ich sie tausendmal manifestieren und dennoch würden meine Versuche keine großen Wellen schlagen, sondern stattdessen träge wie ein kleiner Stein ins Wasser plumpsen, ohne seine Kreise zu ziehen. Das hatte ich ja schon mehrfach erlebt und brauchte ich nicht mehr.

Ich merkte, wie kraftvoll das Hineinspüren war, um meine Bestellung beim Universum abgeben zu können. Ich wusste mittlerweile, dass mich das Göttliche immer beim Wort nahm und jedes Wort, jeden Gedanken, jede Handlung von mir auf die Goldwaage legte; schließlich meinte das Leben es gut mit mir und half mir dabei, meine Selbstprophezeiungen wahr werden zu lassen – aber eben nur, wenn sie auch meinem Innersten entsprachen.

Nach einiger Zeit stand meine Liste. Stolz und voller Vorfreude schaute ich auf die Zettelwand. Ich schloss meine Augen und reiste in Gedanken in die Zukunft, bis zu dem Zeitpunkt, indem mein jeweiliger Traum Realität geworden war. Dabei tauchte mit allen Sinnen in die Situation ein, stellte mir zunächst vor, wie ich mich fühlte und reflektierte dann in Gedanken, welche Schritte ich bis dahin gegangen war, um diesen Traum zu verwirklichen. So wurden die Wünsche langsam immer greifbarer und ein Stückchen mehr zur Wirklichkeit, denn ich dachte nun nicht mehr nur über sie nach, sondern fühlte sie bereits mit jeder Pore meines Körpers. Immer bewusster nahm ich das Gefühl wahr, was ich mit der Erfüllung verband. Manchmal waren da Freude und purer Stolz, mal eine Euphorie oder vielleicht auch Erleichterung.

Natürlich war auch hier wieder das kleine Wörtchen »Tun« unbedingt notwendig, um meine Träume zu erreichen. Immer wieder verstreute ich daher bewusst oder auch unbewusst meine Glückssamen und schuf einen nährreichen Boden für die Wunscherfüllung, indem ich aus meinem tiefsten Herzen immer mehr Menschen von meinen Träumen erzählte und alles dafür tat sie wahrwerden zu lassen. So schlich ich mich langsam an sie heran und kümmerte mich nach und nach um all die vielen Zettel mit Dingen, zu denen mir bisher der Mut gefehlt hatte. Nun gestand ich ihn mir einfach zu, denn Mut war schließlich kein Gefühl, sondern vielmehr der feste Wille, der Angst zu trotzen. Und das machte ich! Getragen von meinem »Warum« waren die Zweifel verflogen oder nicht mehr hemmend.

Von Post-it zu Post-it gefiel mir mein neuer Lebenswandel besser. Ich lebte ein Leben, in dem ich der Liebe und nicht der Angst folgte und mich und meine verrückten Ideen in den Mittelpunkt stellte. Wenn keiner mitmachen wollte, setzte ich sie eben allein um. So einfach war das.

Wenn es dann soweit war, kostete es mich jedes Mal aufs Neue wieder gehörig Überwindung, so auch bei der Buchung des Salsakurses. Wie eine heiße Latina-Schönheit über die Tanzfläche zu schweben, war schon immer mein Traum gewesen. Doch beim Gedanken, allein einen Salsa-Kurs zu buchen, bekam ich direkt Schweißausbrüche. Mir wurde richtig flau im Magen; schließlich wollte ich mich keinesfalls blamieren, wusste aber, dass die Wahrscheinlichkeit dazu hoch war. Denn ich ließ mich ungern führen und zudem bekam ich das Bild nicht aus meinem Kopf, wie ich statt in fließenden Bewegungen wie ein Ritter in seiner Rüstung über das Parkett stampfte. Na ja, zumindest die anderen würden dabei etwas zu lachen haben und vermutlich wäre der Kurs erst ein bisschen furchtbar, dann aber umso schöner. »Also, Augen zu und durch, kneif die Arschbacken zusammen, lass den Angsthasen zu Hause und nimm dafür deine innere Königin mit«, forderte ich mich liebevoll auf. So, wie es aussah, war die innere Königin momentan eher eine schüchterne Prinzessin, aber okay; immerhin. Nachdem ich wie eine Katze um den heißen Brei herumgeschlichen war, buchte ich dann eines Tages den Kurs. Ich entschied mich für die Crash-Kurs Variante. So hatte ich es nach einem Wochenende geschafft, wenn es in einem Desaster enden sollte. Safty first.

Ein paar Wochen später war es soweit. Mit zitternden Knien öffnete ich die Tür und stand im vollen Tanzsaal. Bereits nach der ersten Runde waren meine Ängste und Sorgen verflogen. Dieses Feeling, sich zu südamerikanischen Rhythmen über die Tanzfläche zu bewegen, war so genial, dass ich nicht genug davon bekommen konnte – und so tanzte ich nach dem Kurs bei der anschließenden offenen Tanzparty noch bis tief in die Nacht hinein weiter. Zurück zu Hause nahm ich schweißgebadet und überglücklich eine kalte Dusche, bevor ich mit einem seligen Lächeln im Gesicht einschlief. Ich liebte die Salsakultur, denn hier tanzte jeder mit jedem, egal, ob alt oder jung, schön oder hässlich, Anfänger oder Profi. Es war wie selbstverständlich, dass man die Magie des Moments genoss und auf der Tanzfläche alles gab, sich nach ein oder zwei feurigen Tänzen dann aber auch ohne Verpflichtungen oder falsche Versprechen wieder auseinander ging. Alles, was hier zählte, war der Moment – genau wie auf dem Segelboot.

Im Laufe der Zeit wurden die kleineren und größeren Mutproben zum festen Bestandteil meines Lebens, ebenso wie die schlotternden Knie und der Adrenalinkick danach. Langsam gewöhnte ich mich daran und dennoch kostete mich die Erreichung jedes einzelnen Post-its weiterhin Mut. Doch es nicht zu tun, war keine Option mehr für mich, denn mein »Warum« war einfach zu laut.

So buchte ich kurzerhand meinen ersten eigenen Urlaub allein auf den Azoren, ging dort mit den Delfinen auf offenem Meer schwimmen und machte meine erste Canyoning Tour. Der Trek führte durch atemberaubende Schluchten und unberührte Gewässer, die wir zu Fuß durchquerten. In den unterschiedlichsten Bewegungsarten kämpften wir uns vorwärts – mal seilten wir uns ab, dann kletterten wir hinab oder ließen uns über glatte Steine nach unten rutschen. Zwei bis dreimal mussten wir sogar springen! Es machte mega viel Spaß; ich konnte einfach nicht genug bekommen – bis ich vor der letzten Schlucht stand. Ob ich hier den Absprung wagen würde? Ich war mir nicht sicher, denn es war verdammt hoch. Gleichzeitig motivierte mich das Wissen um das umwerfende Gefühl danach, meinem inneren Schweinehund den Kampf anzusagen. Ich erinnerte mich daran, dass ich mir auf dem Segelboot das Versprechen gegeben hatte, zukünftig nicht der Angst, sondern der Liebe zu folgen. Damit war die Entscheidung schnell gefällt. Das Adrenalin schoss durch meine Adern, doch anschließend grinste ich wie ein Honigkuchenpferd bis über beide Backen. Zum Glück hatte ich den Sprung ins kalte Wasser auf dem Segelboot schon öfter geübt.

Ich hatte Blut geleckt. Die Canyoning-Tour war das perfekte Trainingslager für meinen anstehenden Fallschirmsprung. Diesen wollte ich gemeinsam mit meiner Schwester in der schönen Pfalz wagen. Als meine über achtzigjährige Tante davon erfuhr, war sie sofort Feuer und Flamme. »Wenn du dich nicht traust, springe ich für dich!«, sagte sie zu meiner noch etwas zögernden Schwester. Was für eine Ansage. Am Schluss sprangen wir zu dritt, denn diese Blöße wollte sie sich nicht geben. Ach es war großartig, denn meine Abenteuerlust hatte dazu geführt, dass ich meine Schwester und Tante mit meiner Energie ansteckte und ihnen Mut machte, ihre eigenen Träume zu verwirklichen.

Mein Energielevel zu dieser Zeit war außergewöhnlich hoch. Ich lebte die Hands-on-Mentalität und kindliche Abenteuerlust ähnlich ausgeprägt wie auf dem Boot. Die Post-its brachten Schwung in meinen Alltag, meine Lebensfreude war unbändig und ich fühlte mich so präsent und lebendig wie nie zuvor.

Ich war so im Flow, dass ich auch bei den Punkten, die gefühlt unter ferner liefen standen, die ersten kleinen Steinchen ins Rollen brachte. Plötzlich begegneten mir immer mehr Menschen, die ebenfalls für diese oder eine ähnliche Idee brannten und ein motiviertes und inspiriertes Vorbild für mich waren. Es war eine tolle Zeit mit einem regelrechten Adrenalin- und Glücksrausch. Ich schwebte und war gleichzeitig im Augenblick versunken, denn in jedem einzelnen Moment passierte so viel, dass ich gar keine Kapazitäten mehr hatte, über die Vergangenheit oder die Zukunft nachdenken zu können, sondern nur noch empfinden und genießen konnte.

Glücksimpuls: Die Löffelliste

Damit du irgendwann nicht bereust, nie wirklich gelebt zu haben, hilft es, eine Löffelliste zu schreiben – eine Liste mit all den Dingen, die du erlebt haben willst, bevor du, salopp ausgedrückt, den Löffel abgibst. Hast du Lust? Dann lege jetzt los.

- Was ist der eine Punkt, den du spontan als erstes auf deine Löffelliste schreiben willst?
- Sei mutig und verrückt: Denke an alles, was du an deinem Leben liebst, an all die verrückten Ideen, die du je hattest – was davon möchtest du unbedingt erleben?
- Was war dein größter Kindheitstraum? Vielleicht wie ein Adler durch die Lüfte zu fliegen? Auch dieser Wunsch gehört auf die Liste.

Denke um die Ecke und werde kreativ. Anstatt darauf zu hoffen, im nächsten Leben ein Vogel zu werden, kannst du z. B. Indoor Skydiving ausprobieren.

KAPITEL 4

ICH SEH' NUR, WAS ICH SEH'N WILL. DOCH IST DAS JETZT GUT ODER SCHLECHT? – KOMMT DRAUF AN!

VOM GLÜCK ERSCHLAGEN ALIAS: ICH SEH' DEN WALD VOR LAUTER BÄUMEN NICHT!

Die Urlaube und Auszeiten, in denen ich meine Post-it-Wünsche umsetzte, hatten mich meinem Glück definitiv nähergebracht. Doch immer nur auf das Wochenende oder den nächsten Urlaub hinzufiebern, um die Dinge zu tun, auf die ich Lust hatte – nein, nicht mehr mit mir. Statt dem oftmals erdrückenden Gewohnheitsbrei – aufstehen, zur Arbeit fahren, nach dem Feierabend zum Sport, dann noch schnell was essen und nach dem monotonen Fernsehprogramm todmüde ins Bett fallen – brachte ich immer mehr Schwung in die grauen und eintönigen Routinen meines Alltags.

Schnell war mein Leben prall gefüllt – tatsächlich so voll, dass es bald aus allen Nähten platzte. Von einem eintönigen Alltag konnte nicht mehr die Rede sein – doch wie so oft hatte ich es übertrieben und es zu gut mit mir und meiner Glückssuche gemeint, denn ich hatte ehrlicherweise einen leichten Hang zur »Glücksvöllerei«. So war es keine Seltenheit, dass ich morgens die Wohnung verließ und erst zur Schlafenszeit wieder nach Hause kam. Innehalten? Fehlanzeige! Ich wollte bloß nicht ins Stocken geraten und zurück in die alte Tristesse fallen – doch das dadurch selbstgeschaffene Hamsterrad drehte sich immer weiter und bekam von Tag zu Tag mehr Schwung. Bereits nach kurzer Zeit befand ich mich im totalen Freizeitstress. Das Spiel ging soweit, dass meine Kollegen mir irgendwann die rote Karte zeigten, wenn ich von einem neuen Event erzählen wollte. Sie fühlten sich schon beim Zuhören durch meinen Aktionismus erschöpft.

Als ich eines Abends auf dem Heimweg im Zug fest einschlief und erst etliche Stationen später – weit weg von meinem Zuhause – hochschreckte, wusste ich: Meine Familie und Freunde hatten recht. Es wurde Zeit, zu entschleunigen, anstatt unentwegt zwanghaft neue Highlights zu schaffen; neuerdings nicht nur an den Wochenenden, sondern auch im Alltag. In den vergangenen Wochen hatte ich es tatsächlich übertrieben und war gedanklich nur noch von einer Sache zur nächsten gehüpft. Dabei hatte ich gar nicht bemerkt, wie anstrengend und kräftezehrend das auf Dauer war. Ich brauchte einen Kurswechsel. Dringend!

Gesagt, getan und so entrümpelte ich kurzerhand meinen eng getakteten Terminkalender und schuf bewusst Freiräume, um entspannt auf das Leben reagieren zu können. Die Glücksoasen steigerten meine Lebensqualität noch einmal enorm: ein Eis in der Sonne genießen, ein gutes Buch lesen oder Musik hören – meiner Fantasie und meinem Einfallsreichtum waren keine Grenzen gesetzt. Zu den Premium-Auszeiten gehörte, mich an einem winterlichen Tag in der Sauna mit meiner Freundin aufzuwärmen, ein Königinnenbad mit wohlduftenden Aromen bei Kerzenschein zu nehmen oder mich mit einer heißen Tasse Tee auf die Couch zu kuscheln und einfach mal gar nichts zu tun. Ich sorgte dafür, dass die kleineren oder größeren Glücks- und Wohlfühlmomente fester Bestandteil wurden und nicht extra eingefordert werden mussten – nicht nur im Urlaub, sondern auch mitten im Alltag.

Um meinen Stresspegel weiter zu reduzieren, baute ich zudem während der Arbeitszeit, aber auch in der Freizeit immer wieder Mini-Auszeiten ein, um kurz abzuschalten und neue Energie zu tanken. Es brauchte nicht viel dazu; meist bewirkten bereits ein bewusstes Durchschnaufen oder ein simpler Ortswechsel wahre Wunder und halfen mir dabei, den gedanklichen Reset-Knopf zu drücken. Manchmal ging es nur darum, den Kopf zwischen zwei Projekten ein bisschen freizupusten, um mir bewusst zu machen, dass ich etwas geschafft und erledigt hatte. Die »verlorene« Zeit holte ich anschließend meist locker wieder ein, denn danach lief alles viel leichter von der Hand. Früher hatte ich mich oft nahtlos in die nächste Aufgabe gestürzt. Ich war von dem Gefühl und Irrglauben getrieben gewesen, immer unter Druck stehen zu müssen und nicht durchatmen zu können. Kein Wunder also, dass ich abends erschöpft ins Bett gefallen war, aber gar nicht wusste, wo die Zeit geblieben war und auf diese Weise zwar reibungslos funktioniert, aber nur bedingt gelebt hatte. Wie auch, ich hatte mir schließlich gar keine Zeit genommen das Erlebte zu verarbeiten, die Erfolge zu feiern und die Erfahrungen zu integrieren.

Ich musste mir eingestehen, dass mich der Wunsch, auf allen Hochzeiten gleichzeitig tanzen zu wollen, dem Glück auf Dauer nicht näherbrachte. Es war daher essenziell wichtig für mich, das rechte Maß zu finden und zu halten, um nicht in der Fülle zu ersticken, denn ich hatte einen Hang dazu, mich selbst in eine Überforderung zu bringen, auch bei Dingen, die mich erfüllten.

Langsam entwickelte ich ein besseres Gefühl für mein Energielevel und die richtige Balance zwischen Aktionismus und Entschleunigung. Es war spannend zu beobachten, wann und wo ich vor Energie strotzte oder mich total ausgebrannt fühlte. Der Grat war oftmals ganz schmal. Was lapidar klingen mag, war in der Umsetzung eine große Herausforderung für mich, denn meine Ungeduld und mein Aktionsdrang zogen mir gerne einen Strich durch die Rechnung. Doch Übung macht ja bekanntlich den Meister und mein Körper stand mir als zuverlässiger Schiedsrichter auch noch zur Seite.

Glücksimpuls: Dein Lebensenergiekonto

Regelmäßige Sporteinheiten, eine gute Ernährung, genügend Schlaf ... klar, all das steigert deine Lebensenergie, doch es steckt noch mehr dahinter. Ganz so einfach ist es nämlich leider nicht – so richtig schwer aber auch nicht. Ein Blick hinter die Kulissen lohnt sich. Garantiert!

- Wie steht es gerade um dein Lebensenergiekonto – sprühst du nur so vor Energie oder fühlst du dich eher müde, ausgelaugt, frustriert und schlapp?
- Wie kannst du dein Energielevel steigern?
  - Machst du zu viel, dann könnten vielleicht kleine Pausen dein Super-Booster sein.
  - Fühlst du dich gelangweilt oder unterfordert? Suche dir Dinge, die dir Spaß machen und komme in die Handlung.
  - Bist du den ganzen Tag nur am Rödeln, aber nicht erfüllt? Schau, wie du mehr von den »richtigen« und weniger von den »falschen« Sachen machen kannst.
- Welche drei konkreten Schritte kannst du tun, damit du deine Energiesäulen erhöhst und die Frustrationsquellen minimierst?

Wenn du allein nicht weiterkommst, verzweifle nicht, sondern frage dein Bauchgefühl. Oft hilft es auch einmal komplett »Out-of-the-box« zu denken.

DER ZAUBER LIEGT DARIN, IM ALLTÄGLICHEN DAS WUNDERBARE ZU SEH'N!

»Urlaub im Alltag statt Urlaub vom Alltag« lautete meine neue Devise. Mein Alltag sollte mich so erfüllen, sodass ich keine Auszeit von ihm brauchte. Oh ja! Doch dafür hatte ich in den letzten Wochen neue Prioritäten setzen müssen – und eine mustergültig aufgeräumte Bude hatte dort nicht mehr an allererster Stelle gestanden. Das hatte zur Folge, dass meine Wohnung zu dieser Phase oft extrem chaotisch ausgesehen hatte, genauso wie es in mir selbst aussah.

Da ich ständig on Tour gewesen war, hatte ich einfach keine Zeit und keine Muße mehr gefunden mich wie gewohnt um die alltäglichen Pflichten zu kümmern und so mehr offene To-Do's als Haare auf dem Kopf. Langsam wusste ich nicht mehr, wo oben und unten war. Da hatte ich mir mehr Fülle gewünscht, doch die wachsende Liste an offenen Verpflichtungen im Hinterkopf machte mich genau wie die Unordnung krank und raubte mir jegliche Energie; gleichzeitig wollte ich mein neues Freizeitprogramm aber auch nicht mehr missen und hatte es satt, das halbe Wochenende damit beschäftigt zu sein, ein stumpfsinniges Pflichtprogramm abzuarbeiten: Wäsche waschen, einkaufen, Wohnung putzen – bis alles fertig war, war ich platt und der Montag schon wieder zum Greifen nah. Das konnte doch nicht Sinn der Sache sein, die alte Lebensweisheit »Erst die Arbeit, dann das Vergnügen« hin oder her.

Es musste noch eine andere Möglichkeit geben, doch welche? Wie gelang es mir, die notwendigen Aufgaben zu erledigen, ohne das Gefühl zu haben, meine freie Zeit käme zu kurz? Und mussten Arbeit und Vergnügen wirklich immer zwei verschiedene Paar Schuhe sein?

Ich wurde mal wieder kreativ. Als Erstes fing ich an, die To-Do's sinnvoll miteinander zu verbinden und direkt in den Alltag zu integrieren, statt sie fürs Wochenende aufzusparen. So kombinierte ich zum Beispiel den Fitnessbesuch mit dem Wocheneinkauf und brachte dabei noch die Päckchen zur Post oder ich hängte die dank Zeitschaltuhr optimal getimte frische Wäsche auf, während das Abendessen vor sich hinköchelte, statt im Handy meine Social Media-Accounts zu checken.

Im zweiten Schritt arbeitete ich an meinem Mindset: Ich löste mich von meinem Sauberkeits- und Ordnungszwang, der in den letzten Wochen exakt für das Gegenteil gesorgt hatte, und folgte meinem inneren Timing anstelle eines auferlegten Plans.

Seitdem ich mich zudem von der Erwartung, die Wohnung zu einem fixen Termin putzen zu müssen, befreit hatte, packte mich der Ehrgeiz und ich freute mich verrückterweise darauf zu putzen und damit Ordnung und Klarheit zu schaffen. So kam es, dass ich dank der neuen Grundhaltung das notwendige Übel zu einem Erlebnis umfunktionierte und das Putzen zum Partyerlebnis machte: Meine Elektro-Swing-Playlist sorgte für die richtige Stimmung, während ich freudig durch die Wohnung wuselte und jeden einzelnen Gegenstand bewusst abstaubte, durchs Fensterputzen wieder für klare Sicht sorgte oder voller Hingabe die Rollläden schrubbte, um mich von altem Schmodder zu befreien. Die Zeit verging wie im Flug und ich sprühte vor Energie, denn meine innere und äußere Ordnung wurden beim Putzen wiederhergestellt und ich kam im eigenen Frieden an. Auf einmal fühlte sich das einst lästige Pflichtprogramm gar nicht mehr wie Arbeit an, sondern machte irgendwie sogar Spaß, musste ich mir eingestehen.

Glücksimpuls: Farbe im Alltagstrott

Hält dich der liebe Alltag auch oft in seinem grauen Trott gefangen? Dann ändere es! Es gibt viele Möglichkeiten, frischen Wind in dein Leben zu bringen. Lade mehr Lebensfreude und Abwechslung in deinen Alltag ein. Die kleinen Freuden kosten nicht mehr als ein paar Minuten, bringen aber eine große Portion Glück.

- Wonach ist dir gerade – nach einem Eis oder etwas anderem Leckeren? – Gehe zur Eisdiele oder zum Bäcker und gönne dir etwas.
- Wie kannst du heute Abwechslung in deinen Alltag bringen? Was hältst du zum Beispiel von einem spontanen Treffen mit einer Freundin oder einem kurzen Stopp in der Natur auf dem Heimweg?
- Du wolltest schon immer mal das neue Café um die Ecke ausprobieren, Gitarre lernen oder etwas anderes? – Worauf wartest du? Heute ist der perfekte Tag dafür.

~~Hätte, sollte, würde, müsste, könnte~~ – MACHEN!

GLÜCK UND FRUSTRATION SIND OFT NUR EIN BAUCHGEFÜHL VONEINANDER ENTFERNT

Diese Lebensweise gefiel mir, denn ich schenkte so den Glücksmomenten mehr Raum in meinem Leben und nahm die kleinen Freuden um mich herum viel bewusster wahr.

Parallel entdeckte ich aber auch immer wieder neue Dynamiken, die mich regelmäßig ausbremsten – wiederholende Muster, Verhaltensweisen und Gedanken, die mir zuvor nie aufgefallen waren, aber zu einem fixen Teil meines Alltags geworden waren, obwohl sie mir nicht guttaten und mir Energie raubten.

In den meisten Fällen war die Ursache auf einer gewissen Ebene gleich: Ich hatte meine eigenen Bedürfnisse ignoriert, das ungute aufkommende Gefühl verdrängt oder erst gar nicht wahrgenommen. So wunderte ich mich, warum mein Energielevel sank und ich plötzlich mies gelaunt und gereizt war, obwohl ich doch mein Naturell lebte und anderen einen Gefallen tat. Was doch eigentlich keine große Sache und selbstverständlich war, oder etwa nicht? Ehrlich gesagt kannte ich es gar nicht anders.

Beim Reflektieren musste ich an eine Situation auf dem Segelboot denken, in der ich mich gemeinsam mit meiner Freundin auf die Kajüte zurückgezogen hatte, um eine kleine Auszeit vom Gruppengewusel zu nehmen und in Ruhe ein Buch zu lesen. Gerade hatten wir es uns bequem gemacht, da klopfte ein Mitsegler an die Tür und fragte, ob wir beim Zwiebelschneiden helfen könnten. Innerlich kochte ich, denn ich hatte mich so auf meine kleine Auszeit gefreut. Aber keine Hilfe zu leisten, hatte sich in diesem Moment auch falsch angefühlt. Ich erinnere mich noch gut, wie ich emotional zwischen Pest und Cholera geschwankt war. Ich hatte die Wahl, mein Buch zu lesen und von einem schlechten Gewissen geplagt zu werden oder in der Küche zu helfen und mich darüber zu ärgern, warum ich es mir nicht wert war, mir meine Auszeit zu nehmen.

Wenige Minuten später stand ich mit Tränen in den Augen in der Kombüse – und gab den Zwiebeln die Schuld. Meine Freundin hingegen war sich treu geblieben und hatte in Seelenfrieden ihre Auszeit genossen. Ich bewunderte und hasste sie zugleich dafür, denn sie zeigte mir durch ihr Verhalten, wo ich hinwollte und noch nicht konnte.

Dank dieser Erkenntnis war es für mich höchste Zeit geworden, diese Dynamiken in meinem Leben näher zu beleuchten. Um ihrem Mechanismus auf die Schliche zu kommen und meine Frustrationsquellen zu minimieren, achtete ich in den folgenden Tagen genauer darauf, wann und aus welcher Motivation heraus ich was tat, mit welchen Menschen und Energien ich mich umgab, wie ich meinen Alltag gestaltete und mich dabei fühlte, ob ich mir mit meinen Gedanken das Leben selbst schwer machte, Frustration oder Erfüllung wählte, der Angst oder der Liebe folgte und welche Empfindung dies in mir auslöste. Mein Ziel war es vom sogenannten »Lower Self« ins »Higher Self« zu kommen.

Die Erinnerung an den Segeltörn bestärkte mich darin, in den nächsten Wochen bewusst auf meine Bedürfnisse zu achten, sie immer klarer zu äußern und zu ihnen zu stehen. So übte ich mich darin, Bitten abzulehnen, wenn das »Nein« gleichzeitig ein »Ja« zu mir bedeutete. Anfangs hatte ich noch das starke Verlangen, mich zu rechtfertigen, allerdings wohl mehr vor mir selbst als den anderen gegenüber. Doch dann mit der Zeit erlaubte ich mir immer häufiger ein simples »Nein« und erkannte, dass dies bereits ein kompletter Satz war. Es war eine große Herausforderung für mich, die Bedürftigkeit des Anderen zu sehen, volles Mitgefühl zu haben und die Last dennoch nicht auf meine Schultern zu packen. Ich setzte mich als Aufgabe, einen gesunden Egoismus zu entwickeln, den ich ohne schlechtes Gewissen leben konnte. Mir ging es hierbei nicht darum, gar nicht mehr zu helfen, sondern darum, selbst nicht auf der Strecke zu bleiben und mich zunächst um meine eigenen Baustellen zu kümmern.

Indem ich auf meine Energie achtete, bemerkte ich schnell, ob es ein gesundes Maß am »Geben« war oder ich Gefahr lief, mich und meine Bedürfnisse durch meine Hilfsbereitschaft selbst aufzugeben. Mein Energielevel war der entscheidende Indikator dafür. Denn es zeigte mir schnell, ob ich auf dem Holzweg oder dem richtigen Weg war.

Mir fiel auf, dass ich mich selbst am allermeisten unter Druck setzte, indem ich versuchte, perfekt zu sein oder meinte, alles schaffen zu müssen und zwanghaft stark zu sein. Zähne zusammenbeißen und durch, aber keinesfalls aufgeben und bloß keine Fehler machen – das war meine Devise. Mein Durchhaltevermögen und meine innere Beharrlichkeit waren zwar durchaus eine Stärke von mir, doch die künstliche Verbissenheit machte mir das Leben manchmal schwerer als nötig und sorgte dafür, dass ich am Ziel vorbeischoss. Auch der Drang, es immer allen recht und bloß keine Fehler zu machen, brachte mich nur bis zu einem gewissen Grad voran, erschwerte mir aber den Alltag, wenn ich es übertrieb.

Auf den ersten Blick mochten diese Wesenszüge tugendhaft und vorbildlich wirken, eher empathisch als verstörend, doch dahinter verbargen sich Ängste und Selbstliebelöcher, die mich auf Dauer krank machen würden. Es lohnte sich also, einen gründlichen Blick darauf zu werfen, denn nur so konnte ich die Schichten abtragen, die mich von dem wahrhaftigen Glück trennten.

Wie sich zeigte, war mein Grat zwischen gesunder Hilfsbereitschaft und zwanghaftem Helfersyndrom auch sehr schmal – wobei ich eindeutig zu Letzterem tendierte, denn ich war lange Zeit fest darauf programmiert gewesen, jedes noch so kleine Problem zu meinem zu machen und lösen zu wollen, sodass ich meine Hilfe nicht nur anbot, sondern sie meinen Mitmenschen manchmal auch überstülpte oder Probleme löste, die sie selbst nicht einmal bemerkt hatten.

War dieses Verhalten wirklich immer zielführend, oder nahm ich meinem Gegenüber so nicht vielmehr die Chance, seine Lebensaufgaben eigenständig zu lösen und in die Selbstermächtigung zu kommen? Half ich tatsächlich aus freien Stücken oder steckte mehr dahinter? Unter diesen Gesichtspunkten hatte ich die Dynamik noch gar nicht betrachtet.

Da Nächstenliebe eine sehr tragende Säule und ein wichtiger Wert für mich ist, kam mir eine Idee. Und so fing ich an für sozial benachteiligte Kinder ehrenamtlich Nachhilfe zu geben. Auf diesem Weg konnte ich meine Hilfsbereitschaft dort ausleben, wo sie wirklich gebraucht wurde. Ich war begeistert von der Idee.

Im Gegenzug erlaubte ich mir, Hilfe anzunehmen, sogar danach zu fragen, ohne darauf zu bestehen, dass ich sie von einer bestimmten Person kommen musste. Ich bereute, sie früher so oft abgelehnt zu haben. Warum eigentlich? Schließlich wusste ich doch aus eigener Erfahrung, wie erfüllend es war, anderen eine Freude zu bereiten. Warum sollte ich dieses Glücksgefühl meinen Mitmenschen also verwehren und mir das Leben schwerer machen als nötig – etwa nur, um mir zu beweisen, dass ich niemanden brauchte?

Auch wenn sich mein Verhalten äußerlich nur marginal änderte, veränderten sich mein innerer Antrieb und mein Bewusstsein enorm. Es machte einen großen Unterschied, Energieblockaden aufzuspüren und aufzulösen, die sich in mein Leben geschlichen hatten – für sich allein betrachtet hatten sie vielleicht keine große Relevanz, doch die Summe machte es.

Glücksimpuls: Bedürfnisse wahrnehmen

In unserer schnelllebigen Zeit nehmen wir uns häufig keine Zeit, in unsere Bedürfnisse hineinzuspüren oder haben ein schlechtes Gewissen, wenn wir ihnen nachgehen wollen. Der Schlüssel ist »Hilfe zur Selbsthilfe« und die fängt zu allererst bei dir an. Achte in den nächsten Tagen bewusst darauf, was DU willst.

- Kannst du deine Bedürfnisse benennen?
- Sprichst du sie aus und folgst du ihnen?
- Falls nein, warum nicht? Was braucht es dafür?

Wenn du deinen Bedürfnissen nachgehst und dich dabei dennoch ausgelaugt fühlst, solltest du genauer hinschauen, ob sich wie bei mir ein tückischer Energiefresser versteckt. Frage dich, was deine eigentliche Motivation ist, das zu tun und ob das Maß und der Zeitpunkt stimmig sind.

DAS LEBEN IST EINE WUNDERTÜTE, ALSO LASS' ICH MICH ÜBERRASCHEN

Nie zuvor hätte ich geahnt, wie sehr es mich beflügeln würde, mich vom Leben überraschen zu lassen. Doch die neue Lebensweise samt den neu erschaffenen Freiräumen machten es möglich. Ich war begeistert und wollte mehr davon, daher machte ich mir zu meinem diesjährigen Geburtstag ein ganz besonderes Geschenk.

Ich kaufte mir einen kleinen Taschenkalender und bat all meine Herzensmenschen, ihre Spuren darin zu hinterlassen. Ihrer Kreativität war hierbei keine Grenze gesetzt und das Ergebnis überwältigend: eine Mischung aus Sprüchen, Veranstaltungstipps, kleinen Aufgaben und vielem mehr.

Voller Vorfreude startete ich in mein neues Lebensjahr, denn ich ahnte, dass eine kunterbunte Zeit auf mich wartete, in der ich die ausgefallensten Geschichten schreiben würde – mein Jahr. Und so war es dann auch. Dank der Inspirationen in meinem Kalender traf ich mich spontan mit Freunden, die ich schon ewig nicht mehr gesehen hatte, organisierte das nächste Cousinentreffen, schenkte einem Bekannten in Hamburg zur Überraschung eine Kostprobe seiner Käseempfehlung, die er im Kalender niedergeschrieben hatte, probierte neue Rezepte aus, feierte die coolste Pool-House-Party mit jeder Menge Sommerschorle, schickte eine Flaschenpost auf die Reise und noch so einiges mehr.

Teilweise kostete es mich mal wieder einiges an Überwindung, meinen ursprünglichen Plan beiseite zu legen und stattdessen konsequent den Inspirationen aus dem Kalender zu folgen und die Impulse nicht tagelang rauszuschieben – wie zum Beispiel eine 24-Stunden-Detox-Handy-Kur. Hin und wieder ging dann auch mal etwas schief. So aß ich beispielsweise den Kuchen, den ich meiner neuen Nachbarin aufgrund einer Kalendernotiz gebacken und als Einzugsgeschenk vor die Tür gestellt hatte, Tage später selbst, da sie nach ihrem Umzug erst einmal eine kleine Auszeit in den Bergen gönnte Na ja, die Geste zählte und zum Glück war es eine Linzertorte; die wurde nach einer Woche schließlich erst richtig saftig.

Ich war happy, denn die Notizen in meinem Kalender zeigten mir, dass bereits Kleinigkeiten einen großen Unterschied machten. Auf manche Dinge, auch wenn sie noch so simpel waren, war ich bisher selbst nie gekommen – wie beispielsweise meinen Freunden von Herzen einfach mal so zwischendurch Danke zu sagen. Doch das änderte sich nun. Und so folgte ich eines Morgens dem Impuls aus meinem Kalender und dankte auf der Hinfahrt im Zug drei Menschen per Sprachnachricht für ihr Sein. Nach dieser Erfahrung gab es von meiner Seite häufiger mal eine wertschätzende Geste oder eine typische »Katrin-Nachricht« aus dem scheinbaren Nichts heraus, die meine innersten Empfindungen zum Ausdruck brachte. Warum sollte ich meine Gefühle schließlich hinter dem Berg halten?

Mein inneres Kind war zufrieden und ich im Glückshoch, denn jeder Tag wurde zu einem Abenteuer und an manchen Tagen fielen Ostern und Weihnachten sogar gefühlt zusammen. Ich lebte meine Träume, ohne alles von ihnen abhängig zu machen, und erlebte dabei, dass besonders berührende Aha-Momente oft jenseits der großen Wünsche meiner Post-its lagen.

Meist waren es die kleinen Augenblicke, die mein Herz aufblühen ließen – ich begann immer mehr Gelegenheiten zu schaffen. Immer öfter fühlte ich mich beseelt und vom Glückszauber umhüllt, der allein durch mein bewussteres Leben geschaffen wurde. Ich fühlte mich auf Wolke Sieben, war frisch verliebt – verliebt ins Leben selbst.

Glücksimpuls: Ein Kalender voller Glück

Kaufe dir einen schönen Taschenbuchkalender und frage all deine Herzensmenschen, ob sie dir kleine Botschaften in deinem Kalender hinterlassen wollen; der Kreativität sind keine Grenzen gesetzt. Im Laufe des Jahres wirst du dann immer wieder überrascht. Versuche nicht schon vorab zu spickeln, auch wenn es schwerfällt! Wie wärs zum Beispiel damit:

- Lustige oder nachdenkliche Sprüche
- Kleine Aufgaben, z.B. drei Menschen »Danke« sagen oder barfuß durch das Laub oder eine grüne Wiese spazieren
- Freizeitinspirationen, z.B. ein neues Kochrezept, die Lieblingswanderroute, ein Eventtipp

Du findest die Idee super, einen eigenen Kalender zu füllen ist dir aber zu aufwendig? Dann schaue auf meiner Website www.herzensmeer.de oder meinem Instagram Account glueck_l_ich vorbei. Hier bekommst du immer wieder neue Glücksimpulse und Anregungen zum Umsetzen.

DAS GRÖSSTE GLÜCKSGENIE IST OFT GANZ KLEIN

Auf dem Weg zum Glück waren meine beiden Neffen ganz besonders wichtige Kraft- und Inspirationsquellen für mich. Sie steckten zwar noch in den Babyschuhen, waren aber die perfekten Lehrmeister. Kinderleicht gelang es ihnen, mich alles um mich herum vergessen zu lassen. So konnte ich in ihrer Nähe meine Akkus in Windeseile wieder aufladen, während sie mich mit in ihre Fantasiewelt, den Abenteuerspielplatz Leben, nahmen, den sie ganz ohne Schablone betraten. Ich liebte es, sie an die Hand zu nehmen, mich von ihnen führen zu lassen und die Welt wieder mit ihren Augen zu sehen. Gemeinsam betrachteten wir die Steine, die sie aufhoben, und ich lauschte fasziniert ihren Fantasiegeschichten. Von ihnen konnte ich wahnsinnig viel lernen und gleichzeitig meine innere und äußere Welt wieder wie ein Kind erfahren, denn was sie entdeckten, brachte auch mich ins Staunen.

Ihre Begeisterungsfähigkeit war ansteckend, genau wie die Neugier und der Mut, der in beiden von ihnen steckte. Ich bewunderte ihre Ausdauer und ihren starken Willen, ebenso wie ihre schonungslose und doch unbeschwerte Ehrlichkeit, die mich manchmal zum Nachdenken brachte. Es war herzerfüllend, ihnen zuzuschauen, ihre Zuneigung zu spüren, ihre Lebendigkeit zu erleben und sich von ihren kreativen Ideen überraschen zu lassen. Zeit mit den beiden Räubern zu verbringen, war unbezahlbar und das schönste Geschenk für mich. Sie waren meine Vorbilder, denn wieder so wie sie zu leben, brachte mich definitiv ins »Higher Self«.

Beim Nachsinnen, wie es mir gelingen könnte, wieder mehr in die Hingabe zu kommen und mich vollständig zu fühlen, ohne ständig etwas Neues anzusteuern, das meine Kraft beanspruchte, kam mir ein Spielplatzbesuch in den Sinn. Meist hatte ich meine Hosentasche anschließend voller kleiner gesammelter Steinchen. Meine beiden Neffen liebten Steinchen – und so hatte ich alle aufgehoben, weil ich es nicht übers Herz gebracht hatte, sie wegzuwerfen.

In den folgenden Tagen füllte ich ein paar liebevoll gesammelte Steinchen aus der Sammlung in meine linke Hosentasche. Bei jedem auftretenden Herzensmoment wanderte ein Stein in die rechte Hosentasche. Spielerisch schärfte ich so meinen Blick für die kleinen, oft verborgenen Dinge. Indem ich mein Tempo reduzierte, nahm ich jene Momente wieder achtsamer wahr, die meinen Alltag lebenswert machten. Gleichzeitig bewiesen sie mir, dass ich gar nichts vom Zaun reißen musste, um vom Leben beschenkt zu werden. Das Glück war stets zum Greifen nahe; ich musste ihm nicht hinterherjagen oder neue Events kreieren, sondern durfte einfach sein.

Aus dieser Erkenntnis heraus besorgte ich für meine Freundinnen und mich jeweils ein Glücksmomente-Glas, in denen wir all die kleinen und großen Herzensmomente sammeln konnten, die unser Herz berührten. Auch die klitzekleinen Glückssekunden, die unter den tausend anderen Eindrücken im hektischen Alltag meist untergingen. Mit dem Aufschreiben dieser Momente konnte das Glück nicht nur einfangen und konservieren, sondern auch jederzeit wieder abrufen. Ich ahnte schon, was für ein Fest es werden würde, am Ende des Jahres all die kleinen Zettel mit tollen Momenten vor mir auszubereiten und in Erinnerungen zu schwelgen, die anderenfalls sonst längst vergessen worden wären. Auch an grauen Tagen würde es ermutigend sein, zu sehen, dass das Leben halb so trostlos war, wie es in diesem Moment schien. Ja, es sollte ein Glas voll Glück werden, mit der Extra-Portion Freude im Alltag und der süßen Aufmunterung an schwierigen Tagen.

Auch Erinnerungsstücke wie Eintrittskarten oder Kassenbons von einem besonderen Essen wanderten in mein Glas. Ich war überrascht, wie schnell sich ein Zettel nach dem anderen zum Rest gesellte. Die gesammelten Glücksmomente waren sehr unterschiedlicher Natur: Es konnte ein magischer Augenkontakt mit einem Fremden am Zebrastreifen sein, der entspannte Ausflug zur Eisdiele mit meinen Kollegen in der Mittagspause, die nachhaltige Erfahrung, eine Woche komplett handyfrei gelebt zu haben, die erste Sommer-Bowle auf dem Balkon meiner Freundin gepaart mit tiefsinnigen Gesprächen und einigen Lachflashs, ein Kurztrip nach Köln, ein legendärer Abend in meiner Lieblingsbar oder aber eine atemberaubende und innige Begegnung mit einem Mann. Auch der sagenhafte Faschingsabend, bei dem meine Mädels und ich als Marienkäfer, den verkleideten Prinz Eisenherz, die grüne Blumenwiese und Lukas den Lokomotivführer wuschig machten, durfte nicht fehlen.

Manchmal war es auch ein kurzer Augenblick auf der Parkbank, wenn die Sonne mir ins Gesicht schien und die Vögel zwitscherten, oder wenn ich beim Schwimmen mit dem Kopf unter Wasser glitt, sodass alles um mich herum leise wurde und ich im wahrsten Sinn des Wortes abtauchte. Auch der Moment, in dem mich ein lieber Mensch in den Arm genommen, mir eine Träne abwischt und gesagt hatte »Du bist nicht allein.«, gehörte dazu. Ach, es gab so viel: der Augenblick, in dem ich etwas Gutes tat und mit einem Lächeln beschenkt wurde, das Gefühl, stolz auf mich zu sein, weil ich etwas geschafft hatte, was ich davor nie für möglich gehalten hätte; zu wissen, dass ich an mich glaubte und so weiter.

Häufig waren es ganz zufällige Begebenheiten, die Glücksgefühle auslösten und eine nachhaltige Wirkung hatten, so auch bei meiner Freundin. Sie war gerade auf dem Balkon gesessen und hatte ihre Pizza gegessen, als eine Dame vor ihrem Haus auf der Straße Passanten um Geld und Essen bat. Sie erzählte mir, dass sie daraufhin kurzentschlossen die restlichen Pizzastücke und etwas Obst geschnappt hatte und auf die Straße gegangen war, um sie der alten Frau zu geben. Gemeinsam saßen sie noch eine Weile vor dem Haus und redeten, bis sie sich zum Abschied fest drückten. Überglücklich verabschiedete sich die Frau mit den Worten: »Ich kann es gar nicht fassen, Sie sind ein kleines Wunder.« Als mir meine Freundin von dieser Begegnung erzählte, bekam ich Gänsehaut. Auch in ihr wurde dadurch einiges ins Rollen gebracht. Rückblickend war es mal wieder so, als hätte das Universum diese Situation bewusst eingefädelt.

Die Idee mit den Zetteln war einfach großartig, denn die Notizen waren perfekt, um sich an Schlüsselmomente wie diese zu erinnern. Manchmal schrieb ich die Erinnerungen direkt auf, aber oftmals nahm ich mir erst verzögert ein paar bewusste Minuten, um die letzten Wochen zu reflektieren. In diesen Fällen blieb es meist nicht bei einem Zettelchen, das ins Glas wanderte. Ich war erstaunt, wie sich mein Glück potenzierte, indem ich sensibler mit meinem Alltag umging und bewusster auf die schönen Momente achtete.

Hatte ich deshalb mehr Glück? Wahrscheinlich nicht, aber ich fühlte mich glücklicher, denn ich nahm mein Glück bewusst wahr und so gab es immer häufiger Tage, an denen ich sagte: »Glücklicher hätte ich heute nicht sein können.«

Immer mehr begann ich, die Faszination im scheinbar Unspektakulären zu entdecken, Augen und Ohren offen zu halten und auf Details zu achten, die mich inspirierten und wundervolle Bilder in meinem Kopf entstehen ließen.

Glücksimpuls: Das Glücksmomente-Glas

Die Idee vom Glücksmomente-Glas ist simpel. Du notierst all deine Herzensmomente auf einem Stück Papier und wirfst sie in ein Glasgefäß. So kannst du die einmaligen Augenblicke jederzeit wieder lebendig machen oder dir bewusst am Ende des Jahres in Erinnerung rufen. Probier's mal aus, es macht echt Spaß.

- Was waren die besten Momente der letzten Woche? Was möchtest du gerne festhalten?
- Welche Momente oder Begegnungen haben dich besonders berührt?
- Für welche Situationen, Gedanken und Gefühle bist du dankbar? Worauf bist du stolz?

Stelle dir dein Glücksmomente-Glas gemeinsam mit einem Block und Stift an einen zentralen Ort in deiner Wohnung. So kannst du deine Erlebnisse direkt ohne großen Aufwand jederzeit festhalten. Übrigens: Jeder einzelne Herzensmoment, der dich berührt, ist »notierenswert«; egal, wie klein oder groß er ist.

NEUE ADRESSE: WOLKE 7 – ODER DOCH BESSER WOLKE 4?

In den Wochen darauf meinte es das Universum so gut mit mir, dass ich im Büro oftmals einfach nur glückselig auf den Monitor starrte, während ich meinen Gedanken nachhing. Selbst, wenn etwas schiefgelaufen war, trübte das nicht meine Stimmung. Am liebsten wäre ich wie als Kind auf der Stelle gehüpft, so viel Energie steckte zu dieser Zeit in mir. Es war fast so, als sei ich frisch verliebt, dabei wusste ich gar nicht, in wen. Eines Abends fragte ich mich, ob das alles gerade eine rosarote Seifenblase war, die sich irgendwann mit einem großen Knall verabschiedete und nichts als tristes Einerlei hinterlassen würde.

Nachdem meine Glückssträhne auch in den Tagen danach nicht enden wollte, wurde ich nervös und misstrauisch. Für meinen Geschmack lief gerade alles ein bisschen zu gut, sodass ich insgeheim darauf lauerte, dass sich ein Desaster anschlich. Alles andere wäre doch irgendwie auch nicht normal, oder?

Was war nur los mit mir, wurde es mir auf Wolke Sieben etwa zu heiß? Hatte ich Angst, mein Glückshoch müsste durch ein Schmerz- und Sorgentief ausgeglichen werden? Ja, ich hatte tatsächlich das unbehagliche Gefühl, früher oder später würde mir das Leben meinen vermeintlichen Glücksvorsprung heimzahlen – und so war es doch irgendwie sicherer, direkt freiwillig auf Wolke Vier downzugraden.

Nachdem ich die Bedenken beiseitegeschoben hatte, liefen auch die kommenden Tage gespenstisch gut. Ich schwebte zufrieden auf meiner Glückswolke, fasste neues Vertrauen in meinen Flow und dachte gerade, dass es genauso bis in alle

Ewigkeit weiterlaufen durfte, bis eines Abends plötzlich mein Vermieter auf der Bildfläche auftauchte.

In einem Nebensatz erwähnte er, dass ich bald ohne meine heiß geliebte Wohnung dastehen sollte. Es seien grundlegende Um- und Ausbaumaßnahmen im Haus geplant, die früher oder später einen Rausschmiss zur Folge hätten. Bis dahin sollte ich aber erst einmal eine Mieterhöhung zahlen.

Ich war auf hundertachtzig. Am liebsten hätte ich die Wände selbst eingerissen – und ihn mit dazu. Da versuchte er mir erst mit dem üblichen netten Small-Talk Honig um den Mund zu schmieren und zog mir in der nächsten Sekunde eiskalt den Boden unter den Füßen weg. Doch nicht nur das: Zu meinem Glück hatte ich gerade auch noch heftige Unterleibskrämpfe und fühlte mich alles andere als wohl in meinem Körper, der, wie ich fand, außerdem viel zu wenig berührt worden war in den vergangenen Monaten.

Schlagartig fühlte ich mich wie in einer Midlife-Crises ohne Midlife und vom Leben überrollt, obwohl wenige Stunden vorher noch alles in bester Ordnung gewesen war. »Ach, wirklich, Katrin?«, fragte mich eine fiese innere Stimme; vermutlich ein entfernter Verwandter von Kontroletti. »Alles in bester Ordnung? Du stocherst seit Monaten ziellos im Nebel herum, bist männerlos, identitätsverwirrt und jetzt bald auch noch obdachlos. Na prima. Tolle Sache, das mit deiner Glückssuche!« Wie ein Häuflein Elend verkroch ich mich auf dem Sofa; unfähig, diese Stimme zum Schweigen zu bringen.

Es war wie verhext – tatsächlich hatte sich mein Leben zumindest gefühlt von einer auf die andere Sekunde komplett gewandelt. Schon war es wieder da; das altvertraute Wechselspiel der Extreme zwischen Hoch und Tief, Vollgas und Vollbremsung, Klarheit und Verwirrung. Irgendwie hatte ich es ja gewusst. Meine Selbstprophezeiung bestätigte sich nun doch, wie sollte es auch anders sein. Ich ärgerte mich über mich selbst. Ja, vermutlich gehörte auch das zum Manifestieren. Es wurde höchste Zeit, die Angst vor der Angst zu verlieren und ein Vertrauen in mich zu entwickeln, das mir Sicherheit in der Unsicherheit schenkte und mir half die Fülle aushalten zu können. Mir noch einmal selbst das Bein zu stellen, könnte schmerzlich ausgehen.

Doch bevor ich mich um mein Mindset kümmern konnte, musste ich erst einmal den wilden Ritt überstehen, den ich mir dank meiner zerstörerischen Gedanken zum Teil selbst eingebrockt hatte. Ich fühlte mich wie im Freizeitpark: Die Gefühle fuhren Loopings und meine Gedanken parallel dazu Geisterbahn. Wahrscheinlich lachte sich das Universum gerade gewaltig ins Fäustchen, während ich am Rotieren war und schlotternd versuchte, wieder in die Balance zu kommen.

Als erstes musste ich jetzt erst einmal die Hiobsbotschaft meines Vermieters verdauen.

Mit komplett leeren Händen stand ich ehrlicherweise ja nun auch nicht da. Da gab es immerhin den Heißhunger auf Schokolade, meinen Galgenhumor und Geschichten, über die ich in dreißig Jahren noch lachen würde – und nicht zu vergessen meine Freundin, die ein ähnliches Schicksal teilte. Ah, und ganz wichtig: meinen Thermomix – immerhin. Du kannst dir nicht vorstellen, wie genervt ich an diesem Abend vom Leben, aber vor allem vom Universum war. Und konnte es nicht wenigstens regnen? Das hätte viel besser zu meiner Stimmung gepasst als der unverschämt blaue Himmel und der strahlende Sonnenschein. Überhaupt, es wurde höchste Zeit für einen neuen Mann in meinem Leben! Schnellstmöglich. Ich hatte ihn ja schon vor Wochen bestellt, doch so wie es aussah, gab es da oben Lieferschwierigkeiten. Oder dachten sie, meine aus dem Affekt heraus entstandene gedankliche Stornierung vor ein paar Tagen sei ernst gemeint gewesen, nachdem ich mit so einem Typen aneinander gerasselt war und insgeheim alle männlichen Spezies verflucht hatte? Herrgott, das war doch ein harmloser PMS-Spaß gewesen und nicht auf den Mann im Allgemeinen bezogen, sondern nur ... ach du weißt schon. Vielleicht brauchte ich ja nur Geduld; bekanntlich meine Königsdisziplin, kommentierte ich meine eigenen Gedanken sarkastisch. Herrje, dieses Hin und Her im Innen wie im Außen machte mich verrückt. Ich konnte es nicht mehr hören und mein Leben kotzte mich gerade einfach nur an, am meisten aber meine Trägheit und mein Selbstmitleid.

»Nun schau nicht so finster. Das Leben kann eben nicht immer nur voller Freude sein«, hörte ich den kleinen Schalk in mir eine halbe Tafel Schokolade später schelmisch lachen. »Aber es ist immer voller Liebe«, flüsterte mein Herz aus dem Hinterhalt. »Auch wenn du das gerade nicht erkennen kannst.«
Na prima, die beiden hatten mir gerade noch gefehlt. Ich schnaufte erst einmal durch und musste dann plötzlich über mich selbst lachen. Spätestens morgen würde die Welt schon wieder anders aussehen und eigentlich war das Leben wunderbar, mit all seinen Facetten. Letztendlich würde alles für etwas gut sein und hatte seine Daseinsberechtigung, auch wenn ich den Sinn in der aktuellen Situation noch nicht erkannte. Warum also den Kopf in den Sand stecken? Lieber gönnte ich mir einen ruhigen Abend und brachte morgen (oder übermorgen) mein Popöchen in Bewegung und erinnerte mich an meine Träume. Denn die waren durch meine leidenschaftliche Schwarzmalerei völlig in den Hintergrund gerückt und vermissten mich schon.

Ich suhlte also noch gepflegt in meinem Selbstmitleid und zelebrierte meine kleine emotionale Tiefflugphase. Doch nach einigen Tagen war dann auch wieder Schluss damit. Die Zeit des Fluchtschlafs auf dem Sofa und die Mimimi-Phase nahmen ein Ende und mich selbst runterziehen war nun passé. Ab nun hieß es wieder »ROCK YOUR LIFE! Ein Baum mit starken Wurzeln lacht schließlich über den Sturm.« Puh, wo hatte ich den Spruch denn ausgekramt – etwa vom Glückskeks oder was? Ich brauchte dringend einen neuen Kopf, doch bis dahin hörte ich auf, mein Licht zu dimmen und mein Leben schlechter zu machen, als es war, genau wie mich kleiner, als ich war. Ich war, wie mein Papa zu uns Kindern immer zu sagen pflegte, schließlich »eine Keidel«, der größte Schatz in meinem Leben!

Und wer weiß, vielleicht war der kleine Aufrüttler notwendig gewesen, dass ich auch wohnungstechnisch das Alte hinter mir ließ. Wer wusste schon, was in einem neuen Zuhause alles möglich sein würde?

Tief in mir ahnte ich, dass mich das Universum nicht abstrafte, sondern zu meiner Entwicklung anspornte und mir neue Türen öffnete. Es lag also an mir, ob ich mir davon die Stimmung vermiesen ließ oder lernte, im Regen zu tanzen. Ich beschloss, die Umstände in einem anderen Licht zu sehen. Wer im Regen tanzen konnte, konnte alles meistern und ich wollte mir die Fähigkeit aneignen, im Auge des Sturms innezuhalten; egal, welcher Hurrikan im Außen tobte. Dazu war es hilfreich, aus der übergeordneten Vogelperspektive auf das vermeintliche Drama zu schauen. Das half mir, den Weg meiner Seele zu folgen, ihren Rückenwind zu spüren und zurück ins Vertrauen zu kommen. Denn wenn ich mich von ihr führen ließ, fühlte sich der Sturm wieder wie ein zarter Wind an, der mich sanft durchströmte und mir Auftrieb gab.

Das Leben war nun mal ein Wechselspiel aus grauen und bunten Tagen, Regen und Sonnenschein, Licht und Schatten, Höhen und Tiefen, laut und leise, langsam und schnell. Wenn ich seinem Fluss folgte und all seine Facetten willkommen hieß, wurde ich belohnt: manchmal mit einem wunderschönen Regenbogen am Himmel, mit der vollen Bandbreite an Gefühlen oder dem aufregendsten Abenteuer überhaupt, dem Leben selbst mit all seinen kleinen und großen Herzensmomenten.

Es würde immer Tage geben, an denen mir das Leben schwerer fiel als sonst, doch das hieß nicht, dass ich nicht vollkommen darin eintauchen konnte, ohne etwas beschleunigen oder verändern zu müssen. Ich konnte mir erlauben, jeden Moment bewusst zu erleben: die warmen Sonnenstrahlen, die mich zärtlich berührten und liebkosten, oder die Sturmböen, die mich mit sich rissen, was nicht mehr zu mir gehörte.

Glücksimpuls: Erste-Hilfe-Box

Kennst du auch diese Horror-Tage, an denen dir das Leben gefühlt kräftig in den Hintern tritt: Stecke den Kopf nicht in den Sand, denn hier ist mein Erste-Hilfe-Plan für dich:

- Schenke deinem angestauten Ärger und Frust einen bewussten Raum und mache ihm Luft: Schimpfe, fluche, schüttle dich – lasse alles raus – auch, wenn es nur leise ist oder du deine Joggingschuhe dafür anziehen und dich auspowern musst. Es befreit ungemein und hilft dir, den Stress abzubauen.
- Ziehe dich danach an einen ungestörten Ort oder in die Natur zurück und gönne dir ein paar Minuten vollkommene Ruhe nur mit dir und für dich.
- Tue dir etwas Gutes: Lasse dich verwöhnen, beschenke dich mit etwas Schönem, suche das Gespräch mit einem geliebten Menschen.

Kleiner Tipp: Tauche in dein Zukunfts-Ich ein und frage dich, wie sich das Problem in einem Jahr anfühlen wird.

GRENZENLOSES GLÜCK: VOLLE KRAFT VORAUS. ABER WAS IST MIT DEN ANDEREN, DIE GERADE WENIGER DAVON HABEN?

Langsam konnte ich beobachten, wie aus dem kleinen schüchternen Mädchen, als das ich mich so lange gefühlt hatte, langsam eine reife Frau heranwuchs. Mein Verhalten, aber auch mein Wesen überraschten mich dabei immer wieder selbst. Während ich mich früher zum Beispiel in neuen Gruppen oft wie ein Chamäleon an die Gruppendynamik und die Bedürfnisse des Rests angepasst hatte und in jene Rolle geschlüpft war, die noch übriggeblieben war, ging ich mittlerweile aktiv und offen auf fremde Menschen zu und wählte selbst meinen Platz. Die Bandbreite meiner Rolle in einer Gruppe war groß; hier ließ ich mir maximale Flexibilität. Doch egal, ob Leithammel, Moderator, Schiedsrichter, Vermittler, Koordinator, Impulsgeber, Komplize, Quatschkopf oder aber Vertrauensperson – wenn ich den für mich stimmigen Platz gewählt hatte, war mein Umfeld ein wichtiger Energiespender.

Immer mehr erkannte ich, welche Qualitäten in mir schlummerten und mein Wesen ausmachten. Mein Selbstbewusstsein und mein Vertrauen in mich, aber auch das Vertrauen in die Führung aus dem Universum stiegen. Vielleicht lag es an den zahlreichen gemeisterten Mutproben, die hinter mir lagen, an meiner unermüdlichen inneren Forschungsreise oder den immer ausgefalleneren Menschen, die mittlerweile fester Teil meines Alltags wurden. Langsam wuchs ich immer mehr in meine wirkliche Größe hinein und feierte dabei das Leben mit all seinen Facetten; mit der Folge, dass ich einen Alltag schuf, der weitaus interessanter war als jedes Fernsehprogramm.

Oftmals stieß ich dabei allerdings immer noch an meine eigenen Grenzen. Es fiel mir beispielsweise nach wie vor schwer, völlig gedankenverloren zu tanzen, wenn ich abends mit meinen Freundinnen unterwegs war, und dabei für einen kurzen Moment die Kontrolle komplett loszulassen: über mein Leben, meinen Körper und meinen Geist. Was könnten schließlich die anderen denken, wenn ich zu wild wäre – würden sie mich für verrückt erklären oder mit abwertenden Blicken streifen? Ich war mir nicht immer sicher, ob ich der Wucht meiner eigenen Gefühle gewachsen war und mir die innere Freiheit und Freude in diesem Ausmaß überhaupt zustanden.

Eine weitere Frage, die mich gerne in stillen Stunden nach ausschweifenden Glücksmomenten heimsuchte, wirkte geradezu lähmend auf mich: Wurde ich noch geliebt, wenn ich mehr Glück hatte als andere, oder erfuhr ich so am Ende nur Neid und Missachtung? In Gedanken hörte ich die Worte meines ehemaligen Chefs, der meine Freundin ermahnte, weil sie im Büro zu laut lachte, oder erinnerte mich an abfällige Reaktionen von Passanten auf einen tanzenden Straßenmusiker, der sich beim Singen strahlend im Kreis drehte. Sprüche wie »Oh, was hat der sich denn eingeschmissen? Der lebt ja in einer völlig anderen Welt.«, waren schließlich inzwischen normal geworden, wenn jemand etwas tat, was sich außerhalb des gesellschaftlichen Normalbereichs bewegte. Frei und aus vollem Herzen seine Gefühle zum Ausdruck zu bringen, schien für viele Menschen etwas Irritierendes an sich zu haben. Es brauchte ein starkes Rückgrat und eine große Portion Selbstbewusstsein, wenn ich aus dem Glücksraster des Normalos fallen wollte.

Doch nicht nur das, in mir gab es auch noch weitere Bremsen, die nichts mit den möglichen Reaktionen meiner Mitmenschen zu tun hatten. Wenn ich ehrlich zu mir war, fühlte ich mich noch nicht bereit, das wahrhaftige Glück in vollem Ausmaß zu erleben. Immer wieder fand ich neue Ausflüchte und redete mir zum Beispiel ein, es stehe mir nicht zu und andere hätten es viel mehr verdient als ich. Das war und ist natürlich Schwachsinn, wie ich heute weiß. Jeder einzelne Mensch hat das wahrhaftige Glück, Liebe und Verbundenheit verdient. Zudem sind Glück und Liebe kein begrenztes Gut, das aufgeteilt werden müsste. Liebe und Glück vermehren sich aus sich selbst heraus. Glücklich zu sein war also nicht unfair anderen gegenüber. Selbst, wenn sie mich dafür beneiden würden, war das vollkommen okay. Ich musste kein Mittelmaß bleiben und mir zu meinem Glück selbst eine Prise Unglück beimischen; nur, um nicht zu intensiv zu blühen.

Diese Erkenntnis saß und brachte so manche Folgen mit sich. Als erstes verabschiedete ich mich von dem Irrglauben, Glück sei limitiert und ich müsse es sorgfältig rationieren. Im zweiten Schritt durfte sich die Illusion auflösen, ich hätte es genau jetzt (noch) nicht verdient. Das Glück war an keine Bedingungen geknüpft, sondern eine freie Entscheidung, die ich jederzeit neu treffen konnte. Mir stand das Glück in jedem einzelnen Moment ohne Limitierung zu. Ich durfte nur lernen, es halten zu können. Wenn ich darauf wartete, bis ich am vermeintlichen Ziel angekommen oder in meine eigene Größe gewachsen war, sodass ich es endlich verdient hatte glücklich zu sein, würde ich es nie sein. Denn ich entwickelte mich ein Leben lang weiter, sodass der Prozess nie enden würde – das war gewiss.

Ich war in jedem Moment genau richtig, wie ich war, und musste mich nicht zwanghaft verändern oder etwas dafür tun. In jeder einzelnen Entwicklungsstufe war ich die perfekte Version von mir selbst und damit vollkommen. Nicht das Göttliche oder irgendwelche äußeren Umstände hatten mich in der Vergangenheit begrenzt; letztendlich waren es allein meine Gedanken gewesen. Und so musste ich mir eingestehen, dass ich immer nur so glücklich sein konnte, wie ich es mir selbst zugestand und halten konnte.

Vermutlich würde es immer Menschen geben, die mir neidische Blicke zuwarfen, weil ich ihnen durch mein Verhalten aufzeigte, wo sie gerade selbst standen bzw. sich selbst im Weg standen. Daran sollte ich mich gewöhnen.

Wenn ich auf mein Leben blickte, war auch mein Unschuldskleid diesbezüglich nicht reinweiß geblieben. Ja, beim Thema Neid durfte ich erst einmal vor meiner eigenen Tür kehren, denn auch ich richtete immer wieder neidische oder höhnische Blicke auf andere. Warum eigentlich? Gönnte ich ihnen ihr Glück nicht oder hatte ich ein schlechtes Gewissen, weil ich mich am Glück der anderen nicht mit allen Anteilen erfreuen konnte, da ihr Glück meine unerfüllte Lebensträume widerspiegelte und so Schmerz in mir verursachte? Dieser Schmerz war mir nicht neu. Schon oft hatte ich ihn in der Vergangenheit gespürt, wenn Freunde mir von ihren Hochzeitsplänen berichtet oder mir Freundinnen verkündet hatten, dass sie schwanger seien. Häufig war mein erster Gedanke gewesen: »Das freut mich, aber warum sie und ich nicht?« und im gleichen Moment hatte ich mich für mein Verhalten geschämt, denn ich gönnte ihnen diesen Schritt in ihrem Leben. Doch da gab es auch diesen verletzten, sehnsüchtig wartenden Anteil in mir, den ich mit aller Gewalt zu unterdrücken versuchte, da ich befürchtete, andernfalls von der Wucht meiner Gefühle überwältigt zu werden. Hier biss sich natürlich die Katze in den Schwanz, denn so lange diese unterdrückten Emotionen keine Sprech- bzw. Fühlstunde bei mir bekamen, suchten und fanden sie andere Wege, sich zum Ausdruck zu bringen, in diesem Fall durch Gehässigkeit oder Neid. Das Spiel ging dann meist so lange weiter, bis ich den Kreislauf unterbrach und mich meinen Gefühlen stellte. Wie die Erfahrung auf dem Segelboot gezeigt hatte, war das schmerzhaft, aber auch heilend, und hatte zur Folge, dass sich der Neid in eine natürliche Bewunderung wandelte und aus dem vermeintlichen Täter ein Vorbild werden konnte.

Auch zukünftig wollte ich niemandem durch mein Glück Schmerzen zufügen oder sein Strahlen nehmen, weil ich wie ein Scheinwerfer auf schlecht verheilte Wunden und Schattenthemen leuchtete. Doch letztendlich diente es niemanden, wenn ich mein Licht dimmte und mir das Glück verbot. Auch dem anderen nahm ich somit die Chance auf Heilung, die nun einmal oft in der Konfrontation mit den alten Wunden lag. Es war ein langer Prozess, bis ich mich traute, mein inneres Strahlen auszudrücken, doch die Sonne half mir dabei. Sie wurde zu meinem Vorbild, denn hörte sie jemals auf zu scheinen? Nein. Sie ging jeden Morgen von Neuem auf und strahlte, egal, was am Tag zuvor auf der Erde geschehen war. Wem sie zu viel wurde, musste sich eben Sonnencreme kaufen oder sich unter den Schirm legen.

Und eins hatte ich verstanden: Dort, wo Selbstliebe und Selbstannahme waren, gab es keine Konkurrenz. Für das Göttliche war jeder Einzelne die erste Wahl, sonst wären wir nicht hier auf Erden. Alles andere waren nur Spiele des Egos.

Nach einigen Extrarunden hatte ich die Dynamik nicht nur verstanden, sondern auch verinnerlicht. Noch immer war ich mir der Sorge bewusst, was andere über mich denken könnten, doch mit der Zeit gelang es mir immer besser, die Angst mitzunehmen, ohne ihr zu folgen. Auf einmal realisierte ich, dass genau dort, wo ich für andere »zu viel«, »zu wenig« oder anders war, also aus dem normalen Raster ausbrach, meist meine Wesensqualitäten und Besonderheiten steckten, die mich von anderen unterschieden. In den folgenden Wochen ließ ich meinem Wagemut-Gen seinen freien Lauf und erlaubte mir, unzensiert glücklich zu sein. Mit meinen neuen Erkenntnissen und Blickwinkeln konnte ich nicht nur den Ruf nach Liebe in meinem Verhalten und dem der anderen Menschen erkennen, sondern es gelang mir zudem, missgünstige und irritierte Reaktionen als Kompass zu nutzen. Letztendlich zeigten sie mir, dass ich meinem Glück immer näherkam. Gleichzeitig bot mir mein Glück die Möglichkeit, ein Vorbild zu sein und andere durch mein Strahlen mitzureißen.

Also Schluss mit schlechtem Gewissen! Ab nun hieß es grenzenloses Glück: volle Kraft voraus.

Glücksimpuls: Volle (Strahl)kraft voraus

Kurz glücklich sein ist okay, aber was, wenn die Glückssträhne nicht enden will und das Glück langfristig in dein Leben einzieht? Oft werden dann Befürchtungen und Zweifel sichtbar: Habe ich das überhaupt verdient? Ist das nicht unfair anderen gegenüber? Was, wenn es mich wieder verlässt? Befreie dich von den Bedenken!

- Erlaubst du dir selbst wirklich glücklich, erfolgreich und stolz auf dich zu sein? Also so richtig? Kanst du das Gefühl halten?
- Auf wen oder was bist du neidisch? Wie gelingt es dir, es ihm oder ihr nachzumachen?
- Welcher Schmerz oder welche Angst liegen hinter dem Neid? Nimm sie bewusst wahr.

Mache deine Neidobjekte zu deinem Vorbild und werde zum Vorbild für deine Neider.

KAPITEL 5

EINFACH MEHR VOM WENIGER – UND SCHON STEH' ICH MITTEN IN DER FÜLLE? – WIE GEHT DAS DENN?

DU KANNST NICHT NEUE WEGE GEH'N, WENN DIR DER SCHROTT VON GESTERN DEN WEG VERSPERRT.

Nur noch wenige Tage, dann wurde wieder an der großen Jahreszahl gedreht und es hieß: »Neues Jahr, neues Glück«. Kaum zu glauben, wo war nur die Zeit geblieben? Gerade war noch Sommer gewesen; nun stand schon wieder der Jahreswechsel vor der Tür und eine besondere Zeitqualität machte sich breit. Sie brachte mir das pure Kontrastprogramm zu der aufregenden, manchmal auch hektischen Phase zuvor. Schon immer hatte ich die freien Tage zwischen den Jahren gerne genutzt, um mich in die eigenen vier Wände zurückzuziehen, das vergangene Jahr zu reflektieren und mir meiner Sehnsüchte und Wünsche bewusst zu werden. Im Alltag fehlten mir oft die innere Ruhe und Ausrichtung dazu, doch diese Tage waren eine wunderbare Gelegenheit, runterzukommen und meinen inneren Kompass anschließend wieder frisch auszurichten.

In diesem Jahr galt das in besonderem Maße, denn mein Leben hatte dank meiner Glückssuche ganz neue Formen angenommen. Die damit verbundene Vielfalt und Beschwingtheit gefielen mir, ich fühlte mich freier und lebendiger, merkte aber auch, dass mich die Abenteuerreise der vergangenen Monate viel Kraft und Mut gekostet hatte. Ich war ständig in Bewegung gewesen und hatte mich selbst immer wieder an meine Grenzen und darüber hinaus gebracht, wodurch ich fast dauerhaft unter Strom gestanden hatte und selten eine längere Verschnaufpause gehabt hatte, wie mir im Rückblick auffiel. Ein solches Pensum würde ich nicht auf Dauer durchhalten –

und so hatte ich mal wieder das Gefühl, vor einer wichtigen Weggabelung zu stehen: Beschritt ich meinen Weg weiter wie bisher und lief in Gefahr, irgendwann völlig ausgebrannt zu sein? Fiel ich in meine alte Lebensstruktur zurück, wenn ich das Tempo rausnahm und den Fokus weicher stellte, oder zeigte sich vielleicht eine ganz neue Option, die ich bislang noch nicht hatte sehen können? Wonach sehnte sich meine Seele?

In den kommenden Tagen nahm ich mir bewusst Raum für mich und verbrachte viel Zeit in der Natur fernab des Weihnachtstrubels. Schon auf dem Segelboot hatte sich gezeigt, dass weniger oft mehr war, und meine Auszeit bestätigte dies erneut.

Normalerweise fiel es mir meist sehr schwer, nichts zu tun; schließlich gab es so viele Dinge, die mich reizten und beflügelten. Auf nichts davon wollte ich verzichten, doch in meiner Auszeit zwischen den Jahren zeigte sich, dass die Freude kurz davorstand, in eine Überforderung zu kippen. Trotz diverser Entschleunigungsversuche fühlte ich mich häufig gehetzt und hatte das Gefühl, nichts und niemandem mehr wirklich gerecht zu werden; egal, ob im Beruf oder in meiner Freizeit, anderen, vor allem aber mir selbst gegenüber. Ich sehnte mich nach mehr Freiräumen und Leichtigkeit.

Als ich ganz durchgefroren von meinem langen Winterspaziergang zurückkam, machte ich mir erst einmal eine Tasse heißen Tee und kuschelte mich auf meine Couch. Die Kerzen brannten und Weihnachtsduft kitzelte in meiner Nase. Irgendetwas belastete mich, raubte mir Zeit und Energie und nahm mir die Luft zum Atmen – aber was genau war es? Gedankenversunken schweifte mein Blick durch das Zimmer und blieb an meiner Post-it-Wand stehen, wo meine Augen sich an einem Zettel verfingen: »Ausmisten in allen Belangen«.

Ich musste schmunzeln. Schon vor Monaten hatte ich des Rätsels Lösung aufgeschrieben und bisher dennoch gekonnt ignoriert. Ach, ich war schon eine Haselnuss.

In den folgenden Tagen stellte ich mein komplettes Leben auf den Kopf und mistete einen Bereich nach dem anderen aus. Alles, was mir Energie raubte, statt sie mir zu schenken, und meinen Alltagsmotor schwerfällig laufen ließ, wurde aussortiert. Zimmer für Zimmer verfolgte ich konsequent das Ziel, Raum für Neues zu schaffen und damit wieder mehr Leichtigkeit in mein Leben zu bringen.

Inspiriert von Marie Kondo fragte ich mich bei jedem Gegenstand, den ich in der Hand hielt, ob er mich tatsächlich (noch) glücklich machte. Ich war radikal – und das Ergebnis dementsprechend erschreckend. Egal, ob Kleiderschrank, vollgestopfte Vorratsregale, prall gefüllter Kalender, nicht notwendige Verpflichtungen oder meine eigenen Erwartungen – einiges durfte und vieles musste gehen. Ich sortierte knallhart aus: die Kleider im Schrank, den Papierkram auf dem Schreibtisch, die stillgelegten WhatsApp-Chats, das überholte Telefonbuch im Handy, die vielen Newsletter im E-Mailpostkorb. Die Reduktion der äußeren »Störquellen« bewirkte wahre Wunder; auch die Erlaubnis, innerlich einfach mal »Stopp« zu sagen, machte einen enormen Unterschied.

Mir war gleichzeitig zum Heulen und Lachen zu mute, als ich mich den Stücken in meinem meist überquellendem Kleiderschrank widmete: Hier fehlte ein Knopf, dort musste ein neuer Reißverschluss eingenäht werden, manche Oberteile hatte ich für schlechte Zeiten vorsichtshalber doppelt gekauft, andere für besondere Momente aufgespart. Es war teilweise zum Verzweifeln und erschlug mich beinahe. Doch ich blieb dran und machte Tabula rasa im großen Stil.

Neben dem Kleiderhaufen wuchs auch der Berg von unnötigem Krimskrams erschreckend schnell an. Nun waren zwar meine Schränke herrlich übersichtlich geworden; dafür glich meine Wohnung einem Flohmarkt. Einige ausgemistete Sachen waren noch so gut wie neu und daher viel zu schade, um sie wegzuschmeißen. Vermutlich hatte ich sie deshalb jahrelang von A nach B geräumt. Zielführend war das nicht, aber sie in den Müll zu geben, war auch nicht mein Stil. So packte ich sie kurzerhand in einen großen Karton, schrieb in großen Lettern »Zu verschenken« darauf und stellte den Krimskrams vor die Tür. Vielleicht konnte ich auf diese Weise anderen Menschen eine Freude machen und ein Lächeln ins Gesicht zaubern. Und siehe da – schneller als gedacht war ruckzuck alles weg.

Nach einer Kleidertauschparty brachte ich die übrig gebliebenen Klamotten kurzerhand in den Second-Hand Laden, den ich seit ein paar Wochen selbst regelmäßig besuchte. Die Vorstellung, meine Kleidungsstücke, in denen jede Menge positive Erinnerung steckten, in gute Hände zu geben, erfüllte mich sehr – auch der Nachhaltigkeitsgedanke gefiel mir dabei.

Doch es ging noch weiter, denn Ausmisten in allen Belangen – das meinte nicht nur die Wohnung. Das meinte vor allem jenen Stapel an Dingen, um die ich seit Monaten erfolgreich herumprokrastinierte. In Windeseile schrieb ich alle offenen Punkte auf, an die ich zwar regelmäßig dachte, die ich aber bisher nie umgesetzt hatte.

Die Liste war lang. Oha, da gab es tatsächlich einiges, was meinen Kopf vollstopfte und Speicherkapazität blockierte, mir zusätzlich noch weitere Energie saugte, weil mich ein schlechtes Gewissen plagte, bis der Punkt endlich erledigt war: Steuererklärung von den letzten zwei Vorjahren abgeben, Arzttermin zur Vorsorge ausmachen, geliehene Bücher zurückgeben, Fotobuch zum letzten Urlaub gestalten und so weiter. Zum Teil trug ich die schnell zu erledigenden Aufgaben schon seit Monaten mit mir herum. Das Aufschreiben befreite, denn nun waren sie aus meinem Kopf, ohne dass sie in Vergessenheit gerieten. Ich klebte meine Zettelsammlung offensichtlich an meine Schlafzimmertür und nahm mir in den kommenden Wochen vor, mindestens einen Zettel pro Tag zu erledigen – und das zog ich konsequent durch!

Meine Ausmistaktion zeigte sich als eine Win-Win-Situation in vielerlei Hinsicht, denn wie hieß es doch so schön: »Wer außen Ordnung schafft, schafft auch im Inneren Ordnung«. Und so war es: Nicht nur in meiner Wohnung, sondern auch in mir selbst war es nun aufgeräumter. Und die Ausmistaktion hatte noch einen anderen positiven Nebeneffekt: Jedes einzelne Deko- und Kleidungsstück, das geblieben war, hatte ich neu wertzuschätzen gelernt.

Ich war glücklich und andere Menschen hatte ich auch noch happy gemacht – besser ging's doch gar nicht.

Glücksimpuls: Ausmisten im großen Stil

Ausmisten ist in vielerlei Hinsicht befreiend. Egal, ob Kleiderschrank, Vorratskammer, Dekokiste – lege los, ein leichteres Leben mit mehr Raum wartet auf dich. Frage dich dabei:

- Brauchst du den Gegenstand wirklich?
- Macht er dich glücklich?
- Bereichert er heute noch dein Leben oder ist er mittlerweile eher Ballast für dich?

Wenn du eine oder mehrere Fragen mit einem »Nein« beantwortest, gib den Gegenstand weg.

ICH GEH' BEWUSST LEBEN. MACHST DU MIT?

Hast du mal per Hand einen Hefeteig geknetet? Dann weißt du, wie viel Ausdauer es dafür braucht. Das galt auch für meinen Glückskuchen. Denn Glück war, wie ich inzwischen erkannt hatte, eine äußerst vielschichtige Angelegenheit. Und so musste ich auch in mir selbst immer wieder jene Schichten alter Gewohnheiten erkennen, die mich regelmäßig aus meinem neu etablierten Glück zu reißen drohten.

Kaum hatte ich eine Schicht abgetragen, kam die nächste zum Vorschein. Geduld, Ausdauer, Beharrlichkeit – diese Tugenden waren gefragt, wenn ich wieder auf eine noch tieferliegende Schicht stieß. Dabei lernte ich, dass Glück nicht nur darin bestand, Neues in mein Leben zu integrieren – nein, viel wichtiger war es, all das loszulassen, was mich in ernüchternder Regelmäßigkeit ausbremste und wobei jedes Mal ein anderer alter Clown aus der Kiste sprang.

Nachdem ich meine Wohnung ausgemistet hatte, war neuer Raum entstanden, der mich wieder freier atmen ließ. Doch schon kurze Zeit nach meiner Verschnaufpause plagte mich wieder das nervige Gefühl, ständig die Uhr im Nacken zu haben, mich von meinem Terminkalender takten zu lassen und wie ein Reh auf der Flucht durch den Alltag zu hetzen. Irgendetwas lief noch verkehrt. Warum nur herrschte abends so oft weißes Rauschen in meinem Kopf – dieses beklemmende Gefühl, keinen klaren Gedanken fassen zu können, weil die Festplatte da oben übervoll war?

Ich beamte mich zurück auf das Segelboot, wo sich mein Kopf herrlich leicht und klar angefühlt hatte – und wurde fündig.

Das war es gewesen: Wir hatten bei unseren Manövern immer nur eine Sache tun können; alles andere wäre gefährlich gewesen. Und darauf hatte uns unser Skipper auch anfangs eingeschworen, denn er hatte uns rasch klar gemacht, dass Smartphones tabu waren, sobald wir Hand anlegen mussten.

Und danach? Bin ich geradewegs zurück in mein altes Multi-Tasking-Verhalten gerauscht. Nun fiel mir auf, dass ich tatsächlich fast nie eine einzelne Sache wirklich fokussiert anging. Immer war ich noch irgendwo anders unterwegs, aber selten ganz bei mir und meiner direkten Umgebung: hier schnell ein paar WhatsApp-Nachrichten im Laufen beantworten, möglichst parallel kurz schauen, wie nochmal das Café hieß, das irgendjemand vor kurzem in Instagram empfohlen hatte und dabei am besten nicht die rote Ampel übersehen. Beim Autofahren hörte ich nicht nur Radio, sondern plante parallel noch meinen Tagesablauf und organisierte in der Rotphase rasch die nächsten Steps. In der Bar googelte ich belanglose Dinge oder erstellte die neusten Storys für Instagram, statt mich auf meine Freunde zu konzentrieren. Selbst vor dem Fernseher checkte ich E-Mails oder surfte im Internet nach dem nächsten Urlaubsziel. Mit der Folge, dass ich oft auf der Couch saß, die Tafel Schokolade auspackte und – schwupp – auf einmal war kein Krümelchen mehr übrig. Huch, wie hatte das denn passieren können? Bewusst hatte ich doch noch gar nichts davon gegessen. Hatten hier etwa die Heinzelmännchen ihre Finger im Spiel gehabt?

Auf diese Weise verpasste ich oft das wohltuende Gefühl der inneren Befriedigung und Freude an den Dingen in meinem Leben, denn ich hatte zwar allerhand parallel erledigt, aber nichts davon bewusst genossen.

Kein Wunder, dass ich in letzter Zeit abends oft völlig erschöpft ins Bett gefallen war und gar nicht gewusst hatte, wo die Zeit geblieben war. Ich musste dringend etwas an meiner Multi-Tasking-Manier ändern. Und so beschloss ich, als nächstes meinen Medienkonsum auf den Prüfstand zu stellen, denn egal, ob Radio, Fernseher, WhatApps, Newsletter, Instagram & Co, – ständig zog etwas anderes meine Aufmerksamkeit in seinen Bann und lenkte mich vom eigentlichen Erleben ab. Es war tatsächlich echt verschreckend zu realisieren wie viele Informationen zusätzlich zu meinem eigenen Gedankengewirr auf mich einprasselten – und vieles davon interessierte mich nicht einmal wirklich. Es wurde daher höchste Zeit, die Informationsflut in meinem Leben zu reduzieren.

Zusätzlich beschloss ich, mein Handy für den Rest meiner verbleibenden Weihnachtsferien komplett auszuschalten und bewusst eine Sache nach der anderen zu machen. Auf dem Boot war das relativ leicht gewesen. Jetzt mauserte es sich allerdings zu einer echten Challenge für mich. Doch die starke Reduktion der äußeren »Störquellen« und die Befreiung von dem Zwang, jedem neu aufpoppenden Impuls auf dem Handy ad hoc nachgehen zu müssen, bewirkten wahre Wunder. Damals auf dem Segelboot hatte ich bereits einen kleinen Vorgeschmack dieses Effekts bekommen, aber mitten im Alltag war der Unterschied noch gewaltiger.

Auch nach meiner Detoxphase trainierte ich fleißig weiter, weniger auf ein kleines, eckiges Display zu starren und mehr im Hier und Jetzt zu sein. Immer wieder nahm ich mir bewusst Zeit, den Geräuschen zu lauschen, die gerade an mein Ohr drangen. Ich tauchte in die wunderschöne Farbenpracht der Natur ein, spürte den Wind oder die Sonnenstrahlen, die meine Haut kitzelten, und sog den Duft der Blüten ein, wenn ich am Blumenbeet vorbeilief – trotz kleiner Nase und wenig Riechvermögen. Wie andere eine Raucherpause einlegten, machte ich nun meine Achtsamkeitsübungen. Die kleinen bewussten Auszeiten waren gigantisch.

Irgendwann wurde aus der Übung Routine und das bewusste Erleben ein fester Bestandteil in meinem Leben. Immer wieder nahm ich einen tiefen Atemzug und spürte ich in mich hinein. Meine Lebensqualität steigerte sich dadurch enorm.

Allmählich wurde ich feinfühliger und spürte die Empfindungen meines Körpers immer deutlicher, genau wie die Energie, die um mich herum herrschte. Dadurch veränderte sich auch die Beziehung zu anderen Menschen: Ich hörte in Gesprächen viel aufmerksamer zu, nahm mir ausreichend Zeit, bevor ich antwortete oder handelte und fühlte mich insgesamt viel verbundener; mit mir, aber auch mit meinem Umfeld.

Durch diese kleinen Veränderungen war ich in meiner Mitte angekommen und ganz bei mir – und lebte nun die meiste Zeit in voller Präsenz, anstatt mehrgleisig zu funktionieren.

Glücksimpuls: Step by step

Der schönste und kürzeste Weg, vieles zu erledigen, liegt darin, immer nur eine Sache zu machen. Doch wie schaffst du es, dich in einer Welt voller Ablenkungen auf eine Aufgabe zu fokussieren, anstatt drei Dinge parallel zu machen?

1. Wähle EINE Sache bewusst aus, die du jetzt machen willst.
2. Und jetzt ... anfangen und zu allen Ablenkungen, die auftauchen, radikal nein sagen! Zur Not Handy in den Flugmodus.
3. Spreche in Gedanken deine Sinneswahrnehmungen aus.

Probier's z.B. beim Essen: Schalte alle Störquellen (Gedanken, TV, Radio) aus, nimm deine Mahlzeit mit allen Sinnen wahr und genieße Löffel für Löffel. Kleiner Tipp: Zu dieser Übung gehört, dass du den nächsten Bissen erst in den Mund schiebst, wenn der vorherige hinuntergeschluckt ist.

SILVESTER ZU HAUSE OHNE FRUSTRIERENDE VORSÄTZE UND DIE ERKENNTNIS: DU BIST, WIE DU ISST!

Meine Ausmistaktion hatte neuen Gestaltungsraum geschaffen, ebenso wie das Erkennen und Ändern meiner Multi-Tasking-Gewohnheiten. In diesem frischen Wind gestaltete sich dann auch der Jahreswechsel anders als sonst. Anfangs saß mir das große Schreckensgespenst »Silvester« ganz schön im Nacken. Wie wild suchte ich mit meiner Freundin im Internet nach der legendären Silvesterparty in Karlsruhe und überlegte alternativ, einen Kurztrip nach Irgendwohin zu machen. Hauptsache weg, es ist doch Silvester!

Doch ich merkte rasch, dass diese Überlegungen schnell für neuen Stress sorgten. Meiner Freundin ging es ähnlich. Nachdem wir uns von der vermeintlichen Erwartungshaltung der Gesellschaft bzw. vor allem unserem eigenen Zwang, an Silvester etwas Besonderes machen zu müssen, befreit hatten, kam es dann ganz anders. Denn wenn wir ehrlich zu uns waren, wollten wir am liebsten gemütlich zu Hause bleiben. In diesem Jahr hatte es schließlich schon reichlich Highlights gegeben. Wir waren uns schnell einig: Dieses Mal sollte der Jahreswechsel eine Silvesterparty ganz nach unserem Geschmack werden; eben der perfekte Abschluss für ein buntes Jahr mit vielen schönen, aber auch manchen traurigen Momenten. Ich freute mich wie ein kleines Kind darauf: Raclette, Karten ziehen, Glühwein trinken, die ultimative Karaoke-Session und natürlich das Öffnen von unseren Glücksmomente-Gläsern.

Ich konnte es kaum erwarten, zu schauen, welche Erinnerungen sich in ihnen versteckten. Würde ich mich an jede einzelne noch entsinnen können?

Nach dem Essen war es dann soweit. Abwechselnd lasen wir uns gegenseitig unsere Notizen vor und tauchten so nochmals intensiv in die Energie des jeweiligen Augenblicks ein. »Erinnerst du dich noch daran, wie wir auf dem Balkon saßen und dein Nachbar von oben eine Limette für uns abgeseilt hat?« «Weißt du noch, wie damals fast der Abschlepper gekommen wäre, weil ich gedacht hatte, die Alarmanlage meines Autos ginge nicht mehr aus und eine Viertelstunde später festgestellt hatte, dass es nur der kleine Schrillalarm zur Selbstverteidigung gewesen war, den mir mein Papa davor zu meinem Schutz für den Notfall in die Tasche gesteckt gehabt hatte?« Oh ja, wir hatten in diesem Jahr viel erlebt, zusammen gelacht und geweint. Voller Dankbarkeit ließen wir das Jahr Revue passieren und waren berührt von den vielen kleinen und großen Geschenken, die uns das Leben bereitet hatte.

Unsere »Two-Women-Party« war der beste Abschluss, den ich mir für dieses phänomenale Jahr hätte wünschen können. Wir badeten in dieser Nacht regelrecht im Glückszauber und feierten das Leben bis tief in die Nacht hinein.

Am nächsten Morgen wachte ich voller Tatendrang und Euphorie auf. Am liebsten hätte ich dort weitergemacht, wo wir in der Nacht zuvor aufgehört hatten, doch die letzten Stunden hatte nicht nur in meinem Kopf ihre Spuren hinterlassen. Meine Wohnung glich einem kleinen Schlachtfeld. Schwer vorstellbar, dass wir nur zu zweit gewesen waren.

Bevor ich mich daran machte, die Spuren des Abends zu beseitigen, setzte ich mich auf die Couch und gönnte mir einen

Chai Latte, um mich in Ruhe auf das neue Jahr einzustimmen. Ich war stolz darauf, wo ich inzwischen stand und wie weit ich bereits gekommen war.

Während ich so vor mich hinträumte, fiel mein Blick mal wieder auf meine Post-its-Zettel. Den ein oder anderen Punkt hatte ich schon erlebt. Doch vor einigen Wünschen hatte ich mich im letzten Jahr noch erfolgreich gedrückt – da hing zum Beispiel noch der Zettel »neunundfünfzig Kilo wiegen« an der Wand. Wenn ich kritisch an mir herunterschaute, war die Ausgangslage zumindest oberflächlich betrachtet nicht wirklich besser, als sie noch ein Jahr zuvor gewesen war. Da half kein Baucheinziehen, kein schmeichelndes Licht – mein Hüftgold war nicht wegzureden. Ich musste mir eingestehen, dass meine körperliche Fitness durch den Zauber der letzten Monate mächtig gelitten hatte. Mein Fokus hatte eben woanders gelegen und Genuss hatte dabei eine bedeutende Rolle gespielt.

Mhh, was sollte ich damit nun machen? Neues Jahr, neue Vorsätze? Sollte ich stark sein und eisern so oft wie möglich auf Fett, Kohlenhydrate, Zucker und Naschen verzichten? Ich kannte den damit verbundenen Diätmarathon nur zu gut: Auf das kurze Anfangshoch folgte das schnelle Frustrationstief, durchmischt mit der skeptischen Zuversicht, dass im kommenden Jahr alles anders werden würde, während der Optimismus, dieses Mal durchzuhalten, zunehmend schwand … Ehrlich gesagt, so wirklich sexy waren derlei Vorsätze nicht – eher limitierend als inspirierend.

Brachten sie also mich wirklich auf meinem Weg zum Glück weiter? Vermutlich nicht und daher ergaben sie auch keinen Sinn mehr. Schließlich hatte ich mittlerweile das Glück in den Mittelpunkt meines Lebens gestellt. Was also, wenn ich das ganze Vorsätze-Ding komplett sein ließ und einfach glücklich war – oder die Grundidee auf ganz neue Beine stellte? Es gab sicherlich auch andere Möglichkeiten und Wege, beschwingter und leichtfüßiger durchs Leben zu gehen.

Oh ja, wie wäre es, wenn ich im nächsten Jahr weniger auf die Waage schielen würde und mir stattdessen vornahm, gesünder zu leben und aufmerksamer auf die wahren Bedürfnisse und Signale meines Körpers zu hören? So würde ich immer dann essen, wenn ich Hunger hatte, damit aufhören, sobald ich satt war und dabei wählen, was mir schmeckte und mein Körper gerade brauchte – egal, was die Uhrzeit oder irgendwelche Diättrends dazu sagten.

Die Idee war großartig und begeisterte mich sofort. In Zukunft sollte mein Körper und nicht mein Kopf das Essen regulieren. So würde ich intuitiv wie ein natürlich schlanker Mensch essen und damit aufhören, bestimmte Emotionen mit dem Essen herunterzuschlucken. Darüber hinaus wollte ich das Essen wie schon in jüngster Vergangenheit geübt langsamer und achtsamer genießen und zu einer bewussten Tätigkeit werden lassen.

In den letzten Monaten hatte ich mein natürliches Sättigungsgefühl gerne ignoriert oder aus Langeweile gegessen. Manchmal diente das Essen auch dazu, meinen Frust zu kompensieren oder eine innere Leere zu füllen. Oder ich verwechselte Durst mit Hunger, wie mir beim Reflektieren meiner Essgewohnheiten bewusst wurde. So betrachtet war mein Essverhalten oftmals ein reiner Fluchtversuch aus unangenehmen Situationen gewesen, die Extrapfunde Projektionsflächen und Stellvertreter der unverdauten Emotionen und das Gewicht auf der Waage der Spiegel meiner Gefühlslage. Es war also keine große Überraschung, dass ich meinem Spiegelbild nicht immer bewundernd zugenickt hatte. Zukünftig würden es

Genusspfunde sein, die ich im Spiegel sah, oder aber gutmütige Pfundskerle, die mir den Rücken freihielten, weil ich den Fokus gerade auf etwas anderes legte, sich meine Prioritäten kurzzeitig verschoben hatten und ich meinem Körper nicht die Aufmerksamkeit schenken konnte, die er eigentlich verdient hätte. Diese wohlwollende Umgangsform mit mir würde es mir leichter machen, meine Ernährung bewusster und achtsamer zu gestalten.

Die neue Devise lautete also nicht »viel weniger«, sondern »viel mehr«: mehr Zeit zum Einkaufen, Kochen und Genießen, mehr Platz zum Atmen, mehr Geduld mit meinen eigenen Schwächen, mehr Muße, auf die Zeichen meines Körpers zu achten – und warum nicht mal das Gemüse zum Hauptdarsteller machen? So würde es immer bunt auf meinen Tellern werden. Die kommenden Monate wollte ich mich von Luft und Liebe ernähren, sprich: nur noch essen, was mit Liebe zubereitet und für die Liebe entstanden war. Gedankenlos Fast Food hinunterzuschlingen, stand nicht mehr länger auf meinem Plan. Ich wollte auch nichts mehr mit dem Essen kompensieren, sondern mich wahrhaftig damit nähren.

Mit dieser Entscheidung änderte sich auch mein Einkaufsverhalten. Statt hektisch und mit leerem Magen durch überfüllte Gänge zu laufen, nahm ich mir nun Zeit, und ließ mich immer wieder inspirieren. So griff ich nicht einfach mehr mechanisch zu dem Altbekannten, sondern probierte bei jedem Einkauf mindestens ein neues Produkt aus, das ich noch nicht kannte.

Das Einkaufen wurde somit zu einem Erlebnis und auch das Kochen zelebrierte ich förmlich. Ich nahm dabei nicht nur bewusst die Gerüche wahr, sondern ertastete die unterschiedlichen Texturen der Lebensmittel und probierte immer wieder aufmerksam. Anschließend richtete ich das fertige Essen mit

Liebe an und achtete darauf, dass mich nichts vom Genießen mit allen Sinnen ablenken konnte.

Der Wandel vom Diät-Ich zum Wohlfühl-Ich war eingeläutet. Und mein Körper dankte es mir.

Glücksimpuls: Neue Vorsätze

Silvester ist prädestiniert dafür, dein Leben zu überdenken, alte Gewohnheiten loszulassen und neue Vorsätze zu planen. Aber auch alle anderen Tage im Jahr eignen sich dazu, Pläne zu schmieden, die du (nicht) einhältst. Hier sind ein paar Tipps für dich, wie du am Ball bleibst:

- Mache dir dein »Warum« bewusst: Warum hast du den Vorsatz gefasst? Worum geht es dir wirklich?
- Finde eine für dich überzeugende Antwort, die du dir immer wieder als eine Art Mantra vor Augen führen kannst.
- Triff eine starke Entscheidung: entweder bewusst ganz dafür oder lasse es ganz sein.

Konzentriere dich auf die Fülle und nicht den Mangel, frage dich also: Wovon willst du mehr haben?

JEDER MENSCH HAT ECKEN UND KANTEN. UND ICH HAB' AUCH NOCH RUNDUNGEN.

Mein Fitnessziel nicht mehr an einer konkreten Zahl auf der Waage festzumachen, sondern mich an meinem Wohlgefühl zu orientieren, entspannte mich. Eigentlich fand ich meinen Körper auch gar nicht so übel, wenn ich meine kritische Brille mal ablegte. Sicherlich war ich nicht makellos. Doch musste ich das überhaupt sein, lag die Perfektion nicht vielmehr in der »Unperfektion«?

Irgendwie schon, denn am Schluss waren es die Lachfältchen, die eine lustige Geschichte erzählten, oder die Fettröllchen, die mich an die wunderschönen gemütlichen Abende mit gutem Essen und einem Gläschen Wein erinnerten und dafür sorgten, dass meine innere Schönheit aufblühte.

Ohne Zweifel, meine vermeintlichen Extrapfunde kamen keinesfalls von ungefähr, sondern waren jahrelang hart antrainiert. Und ehrlicherweise hatte mein Körper bei dieser Entscheidung am wenigsten Mitspracherecht bekommen; er war vielmehr das letzte Glied in der Kette gewesen, das den Kopf hinhalten und die Suppe auslöffeln musste, die ich ihm eingebrockt hatte. Er hatte oftmals einen undankbaren Job erfüllt – und das, obwohl er solch eine treue Seele war. Ja, er hielt tapfer zu mir, auch wenn ich ihn vernachlässigte oder seine Hilferufe gekonnt ignorierte. Bei diesen Gedanken bekam ich ein schlechtes Gewissen. Eigentlich sollte ich dankbar sein und ihn wertschätzen, doch stattdessen hatte ich ihn mit abwertenden Gedanken und einem kritischen Blick bestraft. Ich konnte mich wirklich glücklich schätzen, ihn an meiner Seite zu haben, denn er arbeitete nonstop für mich. Feierabend, Pause oder Wochenende? Äh nö. Nicht drin, schließlich wollte er allzeit bereit sein, um mich kraftvoll ohne vieler Worte durch den Tag manövrieren zu können. Er war ein gutmütiges Energiebündel, der den Laden am Laufen hielt und immer genau wusste, was er machen musste. Selbst nachts, wenn äußerlich Ruhe einkehrte, liefen die Prozesse in mir weiter, sogar zum Teil auf Hochtouren, um meine Akkus wieder zu laden.

Kein Wunder, dass ich morgens manchmal geschlauchter aufwachte, als ich abends ins Bett gegangen war, und das Gefühl hatte, mein Körper hatte nachts mal wieder seine eigene Party gefeiert. Manchmal hatte ich ihn dafür verflucht, dabei war er doch einfach nur ein unbestechliches Barometer für den Zustand meiner Seele.

Als mir das bewusst wurde, schämte ich mich gewaltig. Über Jahre hinweg hatte ich meinen Körper zu Höchstleistungen genötigt und ihn gleichzeitig ignoriert. Doch er hatte es mir nie krummgenommen, sondern weiter alles gegeben und aus jeder Situation das Beste gemacht, auch wenn ich ihn auf sein Äußeres reduzierte und ihn dafür abwertete. Wie hatte ich seine Funktionsfähigkeit nur als selbstverständlich hinnehmen können, obgleich sie keinesfalls selbstverständlich war? Doch statt ihn wenigstens für seine Schönheit zu loben und dankbar zu sein, war mir selten etwas gut genug gewesen. So hatte ich mich ständig mit anderen verglichen und meinen Körper abwertend im Spiegel betrachtet, ganz nach dem Motto »Keine kritischen Worte sind Kompliment genug.«

Keine Frage: Mein Körper war mein treuster Freund – und ich musste mich aufrichtig bei ihm für mein Verhalten entschuldigen. Also stellte ich mich vor den Spiegel und schaute mir tief in die Augen, öffnete mein Herz und spürte pure Liebe und Dankbarkeit. In diesem Moment schlüpften folgende Worte über meine Lippen:

»Mein lieber Körper, es tut mir leid, dass ich dir nie die Beachtung und Wertschätzung geschenkt habe, die du verdienst, dich auf deine äußere Schönheit reduziert habe und dich mehr kritisierte als lobte. Hier stehe ich vor dir und bin so dankbar, dass ich mein Leben in dir erleben darf. Es fiel mir lange schwer, die Liebe für meine selbstprojizierten Schönheitsmakel zu spüren, sie zu akzeptieren und anzunehmen, doch heute habe ich erkannt, dass in meinen vermeintlich dicken Oberschenkeln auch die Kraft der Muskeln beheimatet ist. Muskeln, die mich jeden Tag tragen und von A nach B bringen. Mittlerweile sehe und spüre ich deine Schönheit nicht nur, ich weiß auch um deine Funktionsfähigkeit und darüber hinaus um meinen inneren Kern. Mein Selbstoptimierungsdrang ist nun passé. Versprochen, denn du bist ein wunderschönes Geschenk Gottes. Ich liebe jede Pore an dir, ganz besonders mein inneres Leuchten, das Strahlen in meinen Augen, egal, ob mit oder ohne trainierte Muskeln und straffer Haut. Ich verbeuge mich vor dir. Danke, du kleiner Workaholic. Danke, für all die vielen Vorgänge, die in jeder Sekunde in mir ablaufen, um mich möglichst lange gesund am Leben teilnehmen zu lassen. Solange ich lebe, wirst du mich nie verlassen, du funktionierst Eins A und bist der bestausgebildetste Diener, den ich mir vorstellen kann, und dafür bin ich dir schon heute dankbar. Du kämpfst niemals gegen mich, sondern immer für mich – das ist mir jetzt bewusst. Es fiel mir sehr lange schwer, in deinem vermeintlichen Ungehorsam ein bedingungsloses Pflichtbewusstsein zu erkennen. Du willst wirklich nur das Beste für mich und tust mit Weitblick alles dafür. Danke, mein Körper. Du hast meinen Dank mehr als verdient. Ich danke dir, dass du immer bei mir bist. Mich all die weltlichen Erfahrungen erleben lässt und liebevoll aber beharrlich daran erinnerst, wenn ich meine eigenen Bedürfnisse mal wieder übergehe. Ich verspreche dir, ich werde dich hegen, pflegen und nähren, so gut es mir möglich ist. In Zukunft bekommst du nur das Beste von mir. Danke. Danke. Danke.«

Mein inneres Versprechen, mich als Zeichen meiner Wertschätzung liebevoll um meinen Körper zu kümmern, sorgte dafür, dass ich meine Aufmerksamkeit von nun an immer wieder auf meinen Körper richtete und in mich hinein lauschte: Was genau spürte ich gerade an welcher Stelle? Hatte ich Durst oder Hunger, war mir kalt oder warm, war ich verkrampft oder beflügelt? Ich beobachtete, wie der Atem beim Einatmen langsam durch meine Nase in die Luftröhre und von dort über den Brust- in den Bauchraum floss, wie sich die Bauchdecke hob und die Luft schließlich wieder den Weg zurück suchte – manchmal ganz gelassen ohne Anstrengung, dann auch wieder hektisch und nervös. Durch diesen achtsamen Umgang fühlten sich sowohl Bewegung als auch gesunde Ernährung gar nicht mehr als ein Zwang oder eine Strafe an, sondern wie eine Belohnung. Während ich mich früher oftmals regelrecht gezwungen hatte, Sport zu machen, sehnte ich mich nun nach dieser wertvollen Energiequelle, denn ich spürte mittlerweile immer stärker, wie erfüllend es war, meinen Körper so richtig auszupowern, ohne mich dabei unter Leistungsdruck zu setzen. Die Bewegungseinheiten brachten meinen inneren Generator in Schwung und schenkten mir Lebensenergie.

Bereits nach kurzer Zeit fühlte ich mich deutlich wohler in meiner Haut. Ich schaute liebevoller und wertschätzender in den Spiegel und ertappte mich dabei, mit meinem Spiegelbild zu schäkern. Immer häufiger zwinkerte ich mir selbst zu und dachte: »Gar nicht so ohne, sexy Lady.« Die Fettröllchen waren zunächst nicht weniger geworden und eine rosarote Brille hatte ich auch nicht auf der Nase; es waren meine innere Haltung, meine Selbstannahme und Selbstliebe, die das neue Körpergefühl erzeugten. Selbst meine vermeintlich weniger schönen Anteile betrachtete ich mittlerweile mit Liebe. Freundschaftliche Seitenhiebe gab es natürlich nach wie vor, doch sie waren nicht mehr abwertend, sondern aufmunternd – einfach hundert Prozent ehrlich, ohne etwas schönzureden oder schwarzzumalen.

Glücksimpuls: Dein Körper ist dein Tempel

Du hast schon unzählige Diäten hinter dir und ein hartes Training absolviert, bist aber immer noch nicht glücklich und zufrieden mit dir und deinem Aussehen? Wenn du dir jeden Tag Zeit für eine kleine Dosis Wohlbefinden nimmst, stärkst du konstant Körper, Geist und Seele und findest so zurück zu dir und in deinen Körper.

- Wenn dein Körper das Gebäude ist, indem du wohnst – ist es ein Palast oder eine Ruine? Was kommt dir in den Sinn, wenn du die Augen für einen Moment schließt und in dich hineinlauschst?
- Wie sprichst du zu deinem Körper? Heute schon mit ihm geflirtet und ihm Komplimente gemacht? Falls nein, dann nichts wie los!
- Worin kannst du komplett versinken, deinen Alltag ausblenden und gleichzeitig deinem Körper etwas Gutes tun? Was macht dir besonders Spaß? Bereite deinem Körper und dir heute ein Geschenk!

Gehe die nächsten Tage abends vor dem Schlafengehen eine kleine Runde spazieren und steige in dabei bewusst aus dem Gedankenkarussell aus. Du wirst erstaunt sein, wie gut du schlafen wirst.

MEIN LEBEN IST 'NE PARTY UND IHR ENERGIEFRESSER SEID NICHT MEHR EINGELADEN! – JA, WER DEM GLÜCK NICHT DIENT, HAT NUN AUSGEDIENT. ALSO CIAO, BELLO, CIAO!

Die Verbindung zu meinem Körper wurde von Tag zu Tag enger. Immer feinfühliger konnte ich meine Empfindungen wahrnehmen. Es lag eine belebende Energie darin, Frieden mit mir selbst zu schließen und eine liebevollere Verbindung zu mir selbst aufzubauen.

Auch auf diesem Reiseabschnitt galt es eine weitere, etwas tiefere Schicht des Glückskuchens zu erforschen, indem ich mich nicht nur meinem Körper, sondern auch meiner mentalen Ebene zu widmen begann. Regelmäßig hielt ich dazu inne, nahm ein paar tiefe Atemzüge und machte mir bewusst, was ich gerade dachte, welche Worte ich dabei wählte und wie ich meine Gedanken und die damit verbundenen aufkommenden Gefühle bewertete. Ich stellte alles auf den Prüfstand. Selbst Gedanken, die mich zwar meinem Glück näherbrachten, aber an bestimmte Erwartungen und Bedingungen geknüpft waren, hinterfragte ich kritisch. Ich hatte keine Lust mehr auf die tückische »wenn-dann«-Funktion, die aus meiner Sicht vor allem dem Wunsch meines Egos diente, sich darin sonnen zu können. Statt strenger und tadelnder Worte versuchte ich ein wertschätzendes und aufbauendes Lächeln zu wählen und meine Energie in Gedanken fließen zu lassen, die mich näher zu mir brachten und mich in diesem Moment das Glück erleben ließen.

Anfangs war es ein schmaler Grat, denn ich wollte keine Zweifel überspielen, aber auch nicht Probleme schaffen, wo es keine gab. Je bewusster ich wurde, desto bedeutungsloser wurde dieser Twist, denn durch die Achtsamkeitsarbeit lernte ich, die Bewertungen, Gedanken und Gefühle aus dem Moment herauszuholen und das hinderliche Muster auf einer höheren Ebene zu entlarven. Im Laufe der Zeit fiel es mir leichter, blockierende Gedanken- und Gefühlsschleifen zu erkennen, zu stoppen und aufzulösen: einengende Konditionierungen, Vorurteile, Selbstkritik, Schuldgefühle und vieles mehr. Ich lernte mir und anderen zu vergeben, löste mich von dem Zwang, die Verantwortung für alles und jeden tragen zu müssen und befreite mich von dem Druck, immer alles rechtfertigen, verstehen und auf jede Frage eine Antwort haben zu müssen.

Puh, das war einiges, aber es fühlte sich gut an, mich von all dem Ballast zu befreien, nicht nur auf materieller, sondern auch auf mentaler Ebene. Dank meiner täglichen Gedankenhygiene wurde es in meinem Kopf immer klarer – als würden sich dunkle Wolken nach und nach auflösen und den Blick auf das Blau des Himmels freigeben. Mit der Zeit befreite ich mich von all jenen Dynamiken, die bisher zwar an mir hafteten, meinen Wesenskern aber nicht definierten und mein Licht dimmten. Immer wieder entstanden so neue Freiräume, die ich bewusst für das Erleben des Glücks nutzen konnte.

Ganz zufrieden war ich noch nicht, denn nach wie vor hüpfte ich von einer energiefressenden Grübelfalle in die nächste. Damit sollte nun endlich Schluss sein! In den nächsten Tagen durchforstete ich daher alte WhatsApp-Chats, beobachtete mein Kommunikationsverhalten, führte Reflexionsgespräche mit meiner Freundin oder versuchte durch ein simples Frage-Antwort-Spiel, das ich mit mir selbst praktizierte, tiefer zu bohren. Auch das Schreiben half mir dabei, alles, was gerade in meinem Kopf herumschwirrte, ungefiltert anzusehen. Meine innere Stimme wurde zu meinem Coach und so lauschte ich achtsam meinen Selbstgesprächen und Dialogen mit anderen Menschen, beobachtete die Wahl und Häufigkeit meiner Worte und versuchte zu ergründen, aus welchem Gefühl heraus sie entstanden. Oft steckte viel mehr dahinter, als der bloße Inhalt vermuten ließ – der war nur der kleine, sichtbare Teil des Eisbergs. Dank gezielter Fragen gab ich meinem Kopf einen Trigger, mit dessen Hilfe er nach Lösungen suchte, genauer hinschaute und damit einen Haufen typischer Muster aufzeigte: Sichtweisen, Gewohnheiten, Erwartungen, Grübelfallen und Energiefresser, genau wie hemmende Blockaden.

Es zeigten sich interessanterweise einige ähnliche Dynamiken, die das Karussell meiner Gedanken kontinuierlich befeuerten und mich dazu ermutigten, immer wieder in Dauerschleife das Gleiche zu erzählen, ohne dass ich dabei vom Fleck kam – mit der Folge, dass ich bei jeder Gelegenheit olle Kamellen zum Besten gab und meine hausgemachten Probleme bis ins Kleinste von allen Seiten betrachtete. Ich liebte es offenbar, mich in meinen Gedanken zu suhlen, und merkte dabei gar nicht, dass ich auf diese Weise nur von meinem Leben redete, statt es bewusst zu erleben.

Auf Anhieb konnte ich drei typische Energievampir-Muster entlarven, die mir regelmäßig Lebenskraft saugten: Entweder stand ich mit der Vergangenheit auf Kriegsfuß, sorgte mich um die Zukunft oder haderte mit der Gegenwart. Eins davon traf meist zu, wenn ich im Gedankenkarussell feststeckte. Es war zum Haareraufen, dass ich immer wieder für etwas Energie aufwendete, das in diesem Moment irrelevant war, da es noch nicht, nicht mehr oder niemand in meinen Händen liegen würde.

Wieso identifizierte ich mich so gerne mit der Vergangenheit oder probierte Erklärungen oder Entschuldigungen für längst gefällte Entscheidungen zu finden, statt mir einfach die Erfahrung zunutze zu machen und dankbar dafür zu sein? Es wurde Zeit das zu ändern. Statt nach dem »Warum«, stellte ich mir nun die Frage, was das Leben gerade von mir brauchte. Um nichts anderes ging es doch bei der persönlichen Weiterentwicklung. Diese Erkenntnis war der erste Weg zur Besserung und so fragte ich mich ab diesem Zeitpunkt nur noch, was das Geschenk hinter meinen Erfahrungen gewesen war und wofür ich dankbar sein konnte, statt mit dem Vergangenen zu hadern. Ich verabschiedete mich dabei von der Illusion, das Leben gänzlich verstehen zu müssen, denn immer wieder tauchten neue Puzzlestücke auf, die das gesamte Kunstwerk in ein völlig neues Licht rückten. Es wurde auch Zeit, mich von der vermeintlichen Schuld, den Selbstvorwürfen und Verurteilungen zu befreien, die ich mir oder anderen all die Jahre auferlegt hatte, denn meist hatte ich aus Angst und Ungewissheit gehandelt und es zu diesem Zeitpunkt schlichtweg nicht »besser« machen können. Zu vergeben bedeutete nicht, dass ich alles, was mir passiert war, gut finden musste. Es ging vielmehr darum, mich von den Anhaftungen aus der Vergangenheit zu befreien, indem ich der Erfahrung (nicht zwangsläufig der Handlung) zustimmte.

Eines Tages lernte ich das hawaiianische Vergebungsritual ho'oponopono kennen. Es half mir, alten Groll und (Selbst-)Vorwürfe loszulassen, die hochkamen. Langsam gelang es mir damit immer besser, meinen Wunden einen Raum zu geben und die Angst, mich ihnen zu stellen, als Teil von mir zu sehen, »Ja« dazu zu sagen und zu erkennen, dass diese Angst mich vor neuem Schmerz schützen wollte. Die dadurch gewonnene neue Akzeptanz meiner Schatten schenkte mir das Gefühl, für alle zukünftigen Erfahrungen gewappnet zu sein. Es war heilsam, meinen schweren imaginären Bußkittel abzulegen.

Auch im Hinblick auf die Zukunft konnte ich mir das Leben leichter machen, indem ich mir weniger den Kopf zerbrach und aufhörte, verbittert auf Dinge zu hoffen, die ich mit etwas Mut selbst in die Hand nehmen konnte. Meine lähmenden Zweifel über die Zukunft, die Angst vor dem Ungewissen und dem Scheitern legte ich beiseite, krempelte stattdessen die Ärmel hoch und änderte den Kurs, bevor die Zweifel zur selbsterfüllenden Prophezeiung werden konnten.

Statt dauerhaft in Alarmbereitschaft zu sein und mir Dinge auszumalen, die vermutlich nie geschehen würden, fokussierte ich mich auf die schöne Seite der Medaille, schrieb in Gedanken meine Erfolgsgeschichten und sorgte dafür, dass sie auch Realität wurden. Schließlich hatte ich das Prinzip des Manifestierens mittlerweile verstanden und wusste, dass letztendlich der Grad meiner Präsenz über meine Lebensenergie und Lebendigkeit bestimmte – und dieses Level wollte ich halten.

Ich beschloss, dem Leben wohlwollender und selbstsicherer entgegenzutreten und nicht in der Vergangenheit oder Zukunft zu verharren, sondern die Einzigartigkeit und Vollkommenheit des jeweiligen Augenblicks zu zelebrieren. Ähnlich wie mein Kindheitsidol Pippi Langstrumpf flüsterte ich mir vor aufkommenden Herausforderungen liebevoll zu: »Ich habe das noch nie probiert, also geht es sicher gut.« Und falls es nicht gut gehen sollte, hatte ich fürs nächste Mal zumindest schon Erfahrungen im Gepäck.

Mein Kopf war wahrlich ein besserwisserischer Kritiker, doch es wurde Zeit für ein bisschen mehr Selbstvertrauen und einen Mindshift. Schließlich war mein Gehirn ein Siegertyp und so wurden nahezu alle Gedanken zur Realität. Wenn ich ihn auf meiner Seite hatte, konnte ich nur gewinnen.

Schritt für Schritt transformierte ich meine Ängste in einen gesunden Respekt und Neugierde und schloss nicht nur mit der Vergangenheit, sondern auch mit der Zukunft Frieden. Die dadurch gewonnene Energie konnte ich gut brauchen, um meine Zukunft zu gestalten und das »Jetzt« zu genießen. Der aktuelle Moment ist nämlich immer perfekt, genauso, wie er ist – sonst gäbe es ihn nicht.

Glücksimpuls: Energiefresser adé

Stelle dir in Gedanken ein großes STOPP-Schild auf, wenn du in Gefahr läufst, in wiederkehrenden Denkschleifen zu verharren, denn dein größter Energieräuber bist du selbst. Jetzt hilft nur noch: üben, üben, üben – und regelmäßig STOPP sagen!

- Du haderst mit der Vergangenheit? Schau, welche Erkenntnis du aus den Erfahrungen sammeln kannst und befreie dich von dem Zwang, alles verstehen zu wollen. Das hawaiianische Vergebungsritual ho'oponopono kann dir zudem helfen, Frieden damit zu schließen und dich von Vergangenem frei zu machen.
- Du stehst mit der Gegenwart auf Kriegsfuß? Dann nimm dein Leben in die Hand und ändere etwas – die äußeren Umstände oder aber deinen Blickwinkel und dein Mindset!
- Du machst dir Sorgen um die Zukunft? Vergiss nie: Deine Gedanken kreieren deine Wirklichkeit. Überlege dir also gut, was du manifestieren willst!

ES WIRD ZEIT FÜR EINEN NEUEN STERNCHENTEXT! – DENKEN MUSS ICH EH, WARUM ALSO NICHT GLEICH POSITIV?

Durch meine mentale Entrümpelungsaktionen und das Kennenlernen der tieferen Schichten meines Glückskuchens schaute ich mir die Welt inzwischen meist wie meine beiden Neffen an: neugierig, vorurteilsfrei und mit offenen Augen. Es war faszinierend, wie viele Dinge mir ein Strahlen ins Gesicht zauberten, die ich früher übersehen hatte, und welche Kleinigkeiten mein Herz höherschlagen ließen oder aber mich auf die Palme brachten. Statt in den Widerstand zu gehen, fragte ich mich in kritischen Situationen, was mir das Leben mit ihnen wohl sagen wollte, welche Wunde in Heilung gebracht werden durfte und welche Energieblockade aufgelöst. Es war faszinierend, welche Kraft sich freisetzte, seitdem ich nicht mehr gegen unliebsame Situationen ankämpfte. Mein Vertrauen, dass alles so kommen würde, wie es mir am meisten diente, wuchs zu einer sicheren Basis heran. Dieser neue Blickwinkel und das damit einhergehende Lebensgefühl war wie ein Sprungbrett, das mir zu weiteren Entwicklungssprüngen verhalf.

Manchmal gelangen mir diese Sprünge besser und dann ein anderes Mal wieder schlechter, denn ich hatte im Laufe meines Lebens etliche Glaubenssätze – also innere Überzeugungen und (vermeintliche) Lebenswahrheiten – geschaffen, die mein Dasein prägten und dafür sorgten, dass meine Selbstprophezeiungen wahr wurden – manchmal bewusst, meist aber unbewusst. Jeder Einzelne war ein Produkt meiner Erfahrungen, also meine Expertise, die ich in vorherigen Situationen erworben hatte.

Natürlich war kein Glaubenssatz partout schlecht – sowohl positive als auch negative Überzeugungen hatten ihre Berechtigung und ihren Sinn. So erfüllte ein negativer Glaubenssatz oftmals eine Schutzfunktion und war mein Anker, der mir irgendwann einmal sprichwörtlich den Hintern gerettet oder kurzfristig Frieden geschenkt hatte. Ob mir die Überzeugung auch weiterhin noch diente, stand auf einem anderen Blatt – und genau das galt es zu überprüfen. War die warnende Stimme meines Unterbewusstseins berechtigt oder blockierten meine diffusen Ängste lediglich meine Selbstverwirklichung und das Erleben des Glücks? Tat mir dieser Gedanke bzw. diese Überzeugung wirklich gut? Diese Frage stellte ich mir immer wieder, denn letztendlich gab es keine Veränderung ohne veränderte Glaubenssätze.

Es war schon spannend, wie oft ich mich mit einer Illusion identifizierte und so immer wieder Situationen in meinem Leben manifestierte, die genau diese Illusion bestätigten. Zum Glück sind Glaubenssätze nicht in Stein gemeißelt; wir können sie jederzeit nachbessern und korrigieren. Ich musste dazu »nur« die Muster und Ursache erkennen, meine Überzeugung neu verifizieren, die Glaubensmuster transformieren und integrieren, und dann danach leben! Was simpel klang, war in der Umsetzung dann doch nicht so einfach – wie froh bin ich daher, dass ich diesen Weg gemeinsam mit meiner Freundin hatte gehen dürfen. Zusammen lösten wir immer mehr Verstrickungen und Muster auf und halfen einander dabei, Licht in unsere blinden Flecken zu bringen. Vier Augen sehen einfach mehr als zwei und zu zweit war das, was sich zeigte, nur halb so wild und machte doppelt so viel Spaß. Selbst der Barkeeper unserer Lieblingskneipe hatte sein Vergnügen, wenn er unseren Gesprächen lauschte, denn Holla die Waldfee, da zeigte sich einiges. Ich versuchte, die Sache mit Humor zu nehmen und wenn das auch nicht mehr half, zwirbelte ich den Strohhalm in meinem Glas – und siehe da, wenn der letzte Strohhalm, an den ich mich klammern konnte, in meinem Lieblingsdrink steckte, waren die Dramen schnell Schnee von gestern.

Oftmals war es tatsächlich wie Zauberei, denn mein Umfeld reagierte meist direkt, wenn ich Glaubenssätze auflöste, ohne etwas davon zu wissen. Hier kam mal wieder das Resonanzprinzip ins Spiel. Das funktionierte auch im Stillen und ohne Wissen der anderen. Es bzw. etwas war »ver-rückt« – im wahrsten Sinne des Wortes. Die Selbstoptimierung hatte Suchtpotenzial. So blieb es kein Einzelfall, dass ich spontan in der Mittagspause zwischen all dem Alltagstrubel mit meiner Freundin telefonierte oder bei Elektromusik und einem Gläschen Sekt Glaubenssätze auflöste – mentaler Knochenjob durfte schließlich auch Spaß machen. Mein Leben wurde von Tag zu Tag leichter. Es war ein Geschenk Gottes.

Nachdem ich die blockierenden Gedanken aufgelöst hatte, ersetzte ich sie durch einfache, klar formulierte, selbstbejahende Sätze, die meine Entwicklung förderten und meinem neuen Ich entsprachen. Wichtig war, dass die Affirmationen maßgeschneidert auf meine Bedürfnisse passten, sich für mich stimmig anfühlten und realistisch waren, sodass mein innerer Lügendetektor sie nicht sofort verabschiedete. Denn nur dann konnten sie mich nachhaltig auf meinem Weg zum wahrhaftigen Glück unterstützen.

Immer häufiger erschuf ich Rituale, um die neuen Glaubenssätze im Alltag zu integrieren – beispielsweise wiederholte ich sie jeden Abend beim Zähneputzen. Außerdem fixierte ich Notizzettel, wo es nur ging: am Monitor, im Geldbeutel, am Spiegel, am Kühlschrank. So wurde ich mehrmals am Tag an meine Affirmation erinnert. Doch nicht nur das: Ich suchte mir Vorbilder, denen ich nacheiferte, las Bücher, hörte Podcasts und wählte einen motivierenden Spruch als Handy-Hintergrund. Indem ich mein Unterbewusstsein mit positiven Impulsen überschüttete, hatte es kaum eine andere Wahl, als meinem neuen Weg zu folgen. Ja, je häufiger ich die Affirmation las und hörte, desto selbstverständlicher wurden sie für mich.

Natürlich war das trotz allem keine Blitzdiät. Es erforderte Übung und Durchhaltevermögen und es brauchte Zeit, die tiefsitzenden Überzeugungen ziehen zu lassen. Schließlich konnte ich das, was ich mein Leben lang verinnerlicht hatte, nicht einfach revidieren. Dazu brauchte es überdies eine klare Entscheidung und den festen Willen, mein Denken nachhaltig verändern zu wollen.

Step by step trug ich weitere Schichten ab, die mittlerweile hinderlicher Ballast waren, aber mir lange als Schutzschicht gedient hatten. Anfangs zeigte sich richtig ekliger schwerer Schmodder, doch schon bald wurden die aufploppenden Aspekte leichter und die Schichten feiner. Letztendlich ist der spirituelle Weg wie eine Spirale. Wir kommen immer wieder an den gleichen Grundthemen vorbei, allerdings auf höheren Ebenen.

Gewiss frustrierte mich dieser Prozess so manches Mal. Denn obwohl ich meine Glaubenssätze transformiert hatte, passierte es dennoch, dass ich in die alten Fallen tappte. Hin und wieder machten mich Situationen auch erst hart, bevor sie mich stark machten, denn es kostete Kraft, nicht wieder in die alten Muster zu rutschen. So schwankte ich egogesteuert von einem Extrem ins andere – zum Beispiel von der einst zwanghaften Abhängigkeit in die zwanghafte Freiheit. Erst als sich ein gesundes Zwischenmaß einpendelte und ich aus einer gesunden Überzeugung heraus handelte, konnte Leichtigkeit eintreten und die Härte verwandelte sich in eine Stärke.

Mit der Zeit lernte ich die Kraft der Wut als Ansporn zu nutzen und wusste, dass bereits das Erkennen alter Muster in neuem Gewand ein entscheidender Fortschritt war. So war gewissermaßen jede Windung bereits ein Sieg.

Die lästigen alten Stimmen in meinem Kopf wurden immer leiser, das Gedankenkarussell spürbar langsamer und die Flut der Gedanken nahm ebenfalls stetig ab. Was nicht hieß, dass ich sie verdrängte oder die Schotten dicht machte – nein, ich hörte einfach nur zu und hielt nichts mehr fest, sondern ließ die Gedanken in ihrem Tempo an mir vorbeiziehen; wie die Stufen der Rolltreppe im Einkaufszentrum. Ich beobachtete sie, ohne sie zu bewerten oder an ihnen anzuhaften. Manchmal sagte ich auch liebevoll, aber deutlich: »Stopp, lieber Kopf, du machst jetzt Pause.« Denn ich wollte mich auf das Abenteuer »Fühlen« einlassen; ohne kopfgesteuerte Vorbehalte, Zweifel und Bremsen.

Glücksimpuls: Glaubenssätze

All deine Glaubenssätze kreieren deine individuelle Wirklichkeit, was motivierend oder blockierend sein kann. Sie sind wie eine gut ausgebaute Autobahn in deinem Kopf, die du schon so oft zurückgelegt hast, sodass du die Strecke blind fährst – beinahe automatisch. Doch sind diese Überzeugungen immer dienlich? Schaue genau hin!

- Helfen dir deine Überzeugungen, dich so zu fühlen, wie du dich fühlen möchtest?
- Falls nein, sind sie wirklich wahr – immer und bei jedem? Durch welche konkrete Handlung kannst du dir zeigen, dass sie nicht stimmen?
- Warum könnte es wichtig sein, diese Erfahrung gemacht zu machen?

Suche dir Menschen, bei denen deine blockierenden Überzeugungen nicht zutreffen, und frage dich das nächste Mal, wenn du wieder in einer ähnlichen Ausgangssituation bist, wie sie sich verhalten würden.

KAPITEL 6

... UND DANN GIBT'S DA NOCH DIESE BEGEGNUNGEN, DIE MEIN LEBEN VERÄNDERN

JETZT GEHT'S ANS EINGEMACHTE!

»Familie ist da, wo das Leben beginnt, aber die Liebe nicht endet.« Als ich den Spruch las, dachte ich direkt, der passt. Denn die Verbindung zu meinen Eltern, genau wie die zu meiner Schwester, nahm im Laufe der Zeit zwar immer wieder neue Formen an, doch das Meer unserer Liebe war stets bodenlos und in ihrer Essenz eine fixe Konstante auf meinem Weg zum Glück.

Mit der Trennung von meinem Exfreund hatte sich etwas in mir verändert, was mir zunächst fremd war. Während ich vor dem Segeltörn nämlich nahezu jede freie Minute mit meiner Familie verbracht hatte, spürte ich nun immer mehr den Wunsch das Leben außerhalb des behüteten und geschützten Nests kennenzulernen und mich neu zu entdecken. Denn hier war ich ein bisschen wie Mama, dort wie Papa oder meine Schwester – doch welche Qualitäten waren eigentlich wirklich meine? Ich fühlte mich wie ein kleiner Vogel, der gerade aus dem Ei geschlüpft war und nun seine ersten Flugversuche allein in der freien weiten Wildbahn wagen wollte. Der Abnabelungsprozess, der einst mit dem Auszug in meine eigene Bude begonnen hatte, bekam nach der Trennung ein ganz neues Gewicht. Ich wollte mich nun in erster Linie nicht mehr als Tochter oder Schwester fühlen, sondern mich als unabhängige und losgelöstes Ich in den Mittelpunkt meines Lebens stellen. Doch die durfte ich erst noch kennenlernen.

Die Vorstellung, dieses neue Terrain nicht mehr Hand in Hand mit meiner Familie zu betreten, fühlte sich ungewohnt, aber auch aufregend an. Bislang waren meine Familienmitglieder neben meinem Exfreund immer meine engsten Bezugspersonen, wichtigsten Wegbegleiter und -bereiter gewesen und daher auch viel mehr als mein vermeintliches Sicherheits-Backup; sie waren die Superhelden in meinem Alltag, die mir oft meine Wünsche nicht nur von den Lippen ablasen, sondern sie erst gar nicht aufkeimen ließen, weil sie die Lösung schon vor dem Problem parat hatten; sie machten Dinge im Hintergrund, die manchmal selbstverständlich schienen, es aber nicht waren. Ein losgelöstes Leben, ohne meine »Keidel-Gang«, war für mich anfangs daher nur schwer vorstellbar, denn schon immer war meine Familie eine tragende Säule in meinem Leben gewesen. Ich wusste, dass sie nahezu alles für mich tun würden, genau wie ich für sie, denn Verbindlichkeit und Verlässlichkeit ist wie Loyalität das A und O für uns; egal, wie nah oder fern wir uns sind, räumlich wie emotional.

Ich war dankbar für unseren festen Zusammenhalt, doch auch, wenn mein bisheriges Leben schön und manchmal so auch sicherlich bequemer war, spürte ich nun immer deutlicher, dass es an der Zeit war mich erst einmal von ihrer Seite zu lösen. Schon lange war ich sehr selbstständig und stand auf meinen eigenen Beinen. Wirklich erwachsen zu werden und das schützende Auffangnetz, wenn auch nur gedanklich, wegzupacken, war dann aber doch noch einmal eine ganz andere Nummer, wie ich nun feststellte.

Irgendwie fühlte ich mich wie in meine Pubertät zurückgeworfen, auf der Suche mich und meinen neuen Platz zu finden. Oh ja, ähnlich wie damals wollte ich mich neu erfahren, aber auch allerlei gewohnte Dynamiken und nie hinterfragte Muster unserer Familie auf den Prüfstand stellen. Dazu brachte ich nun auch Themen aus dem Keller hervor, die bisher nie beleuchtet worden waren oder denen ich bisher nie zuvor meine Beachtung geschenkt hatte.

Dieser Prozess war für mich genau wie für meine Familie sehr intensiv und hatte zur Folge, dass ich oftmals die Distanz suchte, oder aber wir uns gegenseitig in die Ecke drängten und uns so auf die Palme brachten. Manchmal flogen aus dem Nichts die Fetzen, im nächsten Moment war der Sturm dann aber auch direkt wieder vorüber. Mit den Jahren kannten wir eben die entscheidenden Knöpfe und wussten den anderen zu handeln, auch wenn auf einmal ganz neue Tücken und unvorhersehbare Verhaltensweisen dazu kamen. Doch letztendlich wollten wir immer nur das Beste für einander und Familie war eben Familie.

Ja, die Tür stand für den anderen immer offen, egal, ob der Haussegen gerade schief hing oder nicht; eine warme Umarmung gab es on top ebenso noch dazu – genau wie eine ehrliche eigene Meinung und direkte Worte frei raus, ob sie gefielen oder nicht.

Besonders mit meiner Mama sprach ich in dieser Zeit sehr viel. Mittlerweile war ich sehr feinfühlig und empfindsam dafür, wenn es irgendwo hieß: „Das Gras wird gebeten, über die Sache zu wachsen. Das Gras bitte!" Denn was schon einmal auf den Tisch gepackt wurde, konnte nicht mehr unter den Teppich gekehrt werden. Das war keine Option mehr für mich. Ich wollte hinter die Fassaden schauen. Auch, wenn der Weg hart, steinig, auch mal unangenehm und oftmals folgenreich war.

Wie alle Familien hatten auch wir dunkle Schattenthemen und wiederholende Muster, die sich wie ein roter Faden durch die Ahnenlinie zogen und mich so auf einer Ebene abhielten, das Glück noch unbefangener als bisher zu leben. Bislang hatte ich den Themen keine Beachtung geschenkt, doch nun erkannte ich darin das Potenzial mich neu kennenzulernen und von alten unbewussten Limitierungen zu befreien. Das motivierte mich mein gesamtes Leben genauer zu beleuchten und nach der Wurzel verschiedener energetischer Blockaden zu suchen, die mich ausbremsten, mein Glück vollumfänglich zu leben.

Eines Tages kam ich hierbei mit dem Thema Familienaufstellung in Berührung. Mein Papa hatte ein paar Jahre zuvor bei einem Seminar bereits prägende Erfahrungen damit gemacht und nun zeigte die Methode auch für mich immer mehr ihren Reiz.

Ich liebte es neue Dinge auszuprobieren. Daher war mich auch die Tatsache, dass der Weg zu einem Psychologen, Coach oder eben zu einer Familienaufstellung gesellschaftlich oftmals kritisch oder abwertend beäugt wird, schnurz. Ehrlich gesagt konnte ich diese Haltung noch nie nachvollziehen, denn für mich zeigt die Offenheit demgegenüber nicht die Tiefe und Schwere der Probleme, die auf einer Person lasten, sondern den Wunsch und die Bereitschaft das Leben leichter und in mehr Fülle zu leben. Eigentlich ist es doch vergleichbar mit einer Massage: die gönne ich mir auch als Verwöhnprogramm und gebe das Geld nicht nur aus, wenn die Schmerzen unerträglich sind. Genauso ist es auch bei diesem Thema. Ich bin wahnsinnig dankbar für diese und all die anderen noch folgenden Erfahrungen auf dem Weg der persönlichen Heilung und Entfaltung meiner Wesensessenz und kann jeden nur ermutigen sich das ebenso zu erlauben.

Die Möglichkeiten sind hierbei vielseitig. Doch das Thema Familienaufstellung ging direkt in Resonanz mit mir und wurde so zu meiner ersten Wahl. Ich war aufgeregt und hatte meine Zweifel, ob das wirklich funktionieren könne, doch letztendlich überwog die Neugier und Vorfreude und so öffnete ich mich im Vertrauen für alles was sich zeigen wollte. Nachdem ich bei einer Bekannten zunächst als Stellvertreter für jemanden anderen Erfahrung sammeln konnte, dauerte es nicht lange, da war meine erste eigene Sitzung gebucht.

Als erstes formulierte ich mein Anliegen: Ich wollte wissen, warum ich mich immer wieder nach Nähe sehnte und gleichzeitig Platzangst bekam, wenn ich sie bekommen konnte. Anschließend durfte ich aus dem anwesenden Personenkreis Stellvertreter für meine Familienmitglieder auswählen. Obwohl ich die Personen nicht kannte und es keine äußerlichen Gemeinsamkeiten gab, fühlte ich mich sofort zu einzelnen Personen besonders hingezogen. Bei der Wahl ließ ich mich daher intuitiv leiten. Nacheinander schlüpfte jeder Komparse in die Energie des ihm zugeteilten Familienmitglieds und stellte sich zunächst auf den von mir gewählten Platz.

Wie durch Zauberei veränderten sich ihre Mimik, Gestik und Körperhaltung. Die Aufstellung half mir das Abbild meiner versteckten inneren Realität nach außen zu holen, was mir erlaubte, einen neuen Blick darauf zu werfen. Ich war verblüfft, wie präzise die Aufstellenden die Empfindungen meiner Familie beschreiben konnten. Je nach Position stiegen Gefühle auf und so zeigten sich schnell Energien im Raum, die sich zunächst niemand erklären konnte. Es war interessant, die Bewegungen zu beobachten und die emotionalen und energetischen Veränderungen wahrzunehmen. Alles nahm seinen eigenen Lauf. Keiner hatte einen Plan, wo die Reise hinging und wie die Lösung aussehen konnte.

Versteckte Muster und Blockaden wurden sichtbar und spürbar, die sich durch noch ungelöste und verdrängte Themen zeigten. Die Lösung erschien plötzlich wie ein Licht in der Dunkelheit. Besonders kraftvoll war es für mich, als meine Stellvertreterin einen schweren Stein als die getragene Last an meine Eltern zurückgab, die ich all die Jahre in Liebe für sie getragen hatte. Wie mir nun bewusst wurde, hatte ich früher oft das Gefühl für ihr Glück verantwortlich zu sein, doch jetzt begriff ich, dass jeder nur selbst seines Glückes Schied konnte. Ich bekam Gänsehaut am ganzen Körper und spürte eine Last von mir abfallen, obwohl ich die Szene nur aus Distanz beobachtete. In mein bisheriges Leben hatte ich oft der rettende Fels in der Brandung sein wollen, doch die Aufstellung hatte mir gezeigt, dass das nicht mein Job war, da ich eben nur »Kind« war und mein eigenes Leben hatte.

So wusste ich: Ich bin hier und ihr seid dort. Ja, die Rollen waren nun richtig verteilt und die Päckchen korrekt zugeordnet, und viele Themen gelöst.

Die Aufstellung wirkte in mir. Ich schlief eine Nacht darüber, ohne das Erlebte mit anderen Menschen zu zerreden. Im Hintergrund wurden viele unbewusste Prozesse in mir in Gang gesetzt. Nach so manchen Diskussionen, die wir nach wie vor führten, dachte ich mir manchmal: »Mhh, irgendwie hat sich nichts verändert.« Und dann wurde mir bewusst: »Doch! Es ist nicht alles meine Baustelle. Ich bin nicht für die Themen anderer verantwortlich.«

Ich war absolut happy und dankbar. Denn auch wenn ich manche Muster ab jetzt nicht mehr leben wollte, hatten sie mir in der Vergangenheit gedient und mir ermöglicht, genau jene Erfahrungen zu machen, die ich auf meinem Weg zum Glück brauchte. Gegen kein Geld der Welt wollte ich meine Familie tauschen, denn sie half mir dabei, fest verwurzelt zu sein und den Mut zu haben, meine Flügel auszubreiten und zu fliegen. Oh ja, sie bereiteten mich für die große weite Welt vor, die ich nun erkunden wollte.

Nach der Aufstellung fühlte ich mich emotional bereit das sichere Nest und das damit verbundene Familiengeklüngel zu verlassen, um in neue Gefilde aufzubrechen. Ich wusste, ich musste nun erst einmal ein Stück allein gehen, um meinen Platz zu finden. Diese Vorstellung war für meine Familie nach wie vor nicht einfach, denn sofort wurde ihr Beschützerinstinkt aktiviert. Ich hatte das Gefühl, sie hatten Angst, ich könne in tiefe Gräben fallen, die ihnen schon aufgeschürfte Knie beschert hatten, und wollten mich vor den schmerzhaften Erfahrungen bewahren. Doch die Sehnsucht, den sicheren Hafen zu verlassen und allein loszuziehen, wurde immer größer.

Ich erkannte: Was für meine Eltern Sicherheit und Beständigkeit war, war für mich mittlerweile Freiheit und Abenteuer. Ohne sie würde ich nicht glücklich werden. Ich konnte es kaum erwarten, dem Unbekannten zu begegnen.

Glücksimpuls: Familienbande

Die Familie ist oftmals das beste Trainingslager, als Vorbereitung für die große weite Welt, denn hier bekommst du Themen gezeigt, die dein Leben prägen können.

- In welchen Situationen triggert dich deine Familie?
- Welches verpackte Geschenk könnte dahinterstecken?
- Was kommt dir sofort in den Sinn, wenn du an deine Kindheit denkst? Wie kannst du diese Erfahrung heute für dich nutzen?

Hast du Lust etwas in der Familiendynamik zu verändern, dann empfehle ich dir eine Aufstellung. Die Vergangenheit kannst du nicht ändern, aber den Blick und das Gefühl, das du damit verbindest, genau wie die Konsequenzen im Jetzt.

DAS LEBEN IST EIN SPIEGELLABYRINTH UND ICH BIN MITTENDRIN

Je offener, wacher und bewusster ich wurde, desto mehr begann das Leben mit mir zu sprechen – mitten im Alltag, zwischen Einkaufstüten und Abwasch. Es war fast wie ein Spiel, denn plötzlich waren sie überall, wie ein Magnet zog ich sie an: Synchronizitäten. Immer wieder sendete mir das Universum neue Signale und ließ Zeichen regnen, bis ich seine Botschaft verstanden hatte. Da sich meine Schwingung erhöht und mein Bewusstsein erweitert hatte, nahm ich sie nun viel besser wahr.

So wachte ich zum Beispiel mit dem Gedanken an einen alten Freund auf und bekam mittags einen spontanen Anruf von ihm – oder ich spielte an der Supermarktkasse mit dem Gedanken, einen Selbstverteidigungskurs zu belegen, als just in diesem Moment die Kundin vor mir ihrer Freundin von einem solchen berichtete. Spielte da also irgendeine höhere Macht mit, die die Fäden in der Hand hielt?

Mit der Zeit bekam ich immer häufiger den entscheidenden Impuls zur richtigen Zeit und entdeckte in den kleinsten Dingen versteckte Botschaften, die meine Aufmerksamkeit einfingen. Es war fast so, als würde mir das Universum kleine Entscheidungshilfen schicken, um Situationen aufzulösen oder neue Wege zu erkennen. So passierte es beispielsweise, dass ich gedankenversunken im Café saß und einzelne Gesprächsfetzen meiner Tischnachbarn aufschnappte, die den entscheidenden Schlüssel für meine eigene Situation lieferten. Auf einmal fielen mir auch immer wieder Charaktereigenschaften, Verhaltensweisen und Dynamiken bei anderen Menschen auf, die mir in diesem Moment dienlich waren;

egal, ob als Vorbild oder Abschreckungsbeispiel. Sie halfen mir dabei, in meine Größe zu kommen, mein wahres Sein und meine Größe zu leben und dadurch dem wahrhaftigen Glück näher zu kommen. Durch den Spiegeleffekt konnte ich meine Schattenthemen enthüllen – und, was noch viel schöner war, die Schönheit, die ich in anderen bewunderte, auch in mir entdecken.

Dank des Gesetzes der Anziehung purzelten genau jene Menschen, Dinge und Situationen in mein Leben, die meiner aktuellen Energiefrequenz entsprachen und gerade den größten Lerneffekt für mich boten. So waren die auf den ersten Blick falschen Menschen oder Situationen auf den zweiten meist die wirkungsvollsten Lehrmeister, die treffsicher Knöpfe drücken konnten, die ich selbst nicht erkannte. Immer wieder schaffte es das Universum, mich auf zauberhafte Art und Weise auf meine Themen hinzustupsen und altvertraute Gefühle, Gedanken und Dynamiken sichtbar zu machen, die nun heilen durften. Lange konnte und wollte ich nicht glauben, dass all die kleinen Seitenhiebe von außen, die mich emotional berührten, in einer direkten Verbindung zu meinem inneren Selbst standen. Doch letztendlich waren sie eine Aufforderung, mit mir selbst ins Reine zu kommen, Energieblockaden zu lösen und den Fluss der Lebensenergie wieder frei fließen zu lassen. Nach und nach fielen mir immer mehr Trigger auf, die mir zeigten, woran ich noch arbeiten durfte und eine Einladung aussprachen, wichtige Aspekte zu transformieren. Oder aber sie zeigten mir, was ich bereits gelernt und verändert hatte, da ich nun mit bekannten Situationen ganz anders umging und mich viel wohler dabei fühlte.

Seitdem mir diese Zusammenhänge bewusst waren, schaute ich mir die Menschen und Situationen viel aufmerksamer an, die eine emotionale Reaktion in mir auslösten. Im Endeffekt ging es nur zu einem geringen Teil um andere, eine konkrete Situation oder ein Erlebnis aus der Vergangenheit, das in diesem Moment in die Gegenwart projiziert wurde. Es ging vor allem um eins – nämlich die Angst, die darunterliegenden Gedanken und Gefühle vollständig zu sehen und zu fühlen. Der einzige Weg führte mitten hindurch. Hierbei ging es nicht darum, zu leiden, sondern mich für einen kurzen Augenblick meinen Emotionen wach hinzugeben, um den verlorenen Anteil zurückzuholen und mich vollumfänglich lieben zu können.

Machte mich also zum Beispiel der hohe Anspruch meiner Chefin rasend, weil ich den Wunsch und die Erwartung, alles perfekt zu machen, selbst in mir trug? Und ertrug ich die Bedürftigkeit mancher Menschen deshalb kaum, weil auch ich kindliche Anteile in mir trug, die endlich gesehen und bemuttert werden wollten?

Heidebimbam, das Leben war tatsächlich ein Spiegellabyrinth und ich mittendrin. In meinem ganz eigenen Tempo drang ich immer tiefer zu meinen Themen vor und legte eine Schicht nach der anderen ab. Dabei gewann ich die Überzeugung, dieses Leben samt seinen liebevollen und schmerzhaften Begegnungen auf Seelenebene bewusst gewählt zu haben. Gewiss hatte ich mich mit manchen Menschen verabredet, um gemeinsam das Leben zu feiern, und mit anderen, um zu wachsen – und manchmal auch beides zusammen. Ich hatte keinen Zweifel daran, dass wir uns versprochen hatten, uns auf dem Weg zum Selbst bedingungslos zu begleiten, indem wir uns gegenseitig unsere Themen gegenseitig aufzeigten und gemeinsam durch Höhen und Tiefen gingen. Auch, wenn es anfangs oft fordernd war, war es doch ein kostbares Geschenk, im Miteinander alte Themen aufzudecken und zusammen zu heilen.

Seitdem ich die Verantwortung für mich und mein Handeln übernommen hatte, löste ich immer mehr emotionale Abhängigkeiten und steuerte zielsicher und fokussiert Richtung Glück – nicht auf einer spirituellen Insel oder abgeschottet in den eigenen vier Wänden, sondern mitten im Leben, denn ich sehnte mich nach dem Spiegeln und wusste, wie wertvoll die Außenwelt war, um meine Themen zu erkennen. Lösen durfte und konnte ich sie natürlich nur selbst, denn die Wurzel war in mir. So konnte sie niemand außer mir nähren oder meine Gefühle für mich transformieren. Das Außen konnte mir lediglich den Spiegel vorhalten, doch fühlen musste ich sie selbst. Und das war wundervoll, denn je stärker ich meine Schattenanteile zuließ, desto seltener bekam ich sie durch meine Mitmenschen aufgezeigt!

Das Beste daran war: Wenn ich mit einem inneren Leuchten und äußeren Lächeln durch die Welt lief, erfuhr ich noch mehr Gutes; war wie ein Glücksmagnet. »Das ist Karma, Baby!«, sagte die Stimme in mir und sie hatte recht, denn das, was ich gab, kam auch zu mir zurück.

Glücksimpuls: Der Spiegeleffekt

Ist dir schon einmal aufgefallen, dass die Außenwelt ein Spiegel deiner Innenwelt ist und du durch die Begegnung mit anderen Menschen gezeigt bekommst, was du an dir selbst oft nicht wahrnehmen und annehmen kannst oder möchtest – egal, ob positiv oder negativ? Frage dich daher: Was will dir das Verhalten des Gegenübers sagen?

- Welches Verhalten lehnst du bei anderen Menschen ab? Gibt es Situationen, wo du dich genauso verhältst und dich vielleicht sogar dafür selbst verurteilst?
- Was bewunderst du an anderen? Wo lebst du diesen Aspekt aktuell zu wenig? Was braucht es, damit du ihn lebst?
- Erkenne, dass das, was du beim Gegenüber entdeckt hast, lediglich ein Ausdruck von dir ist, der sich verändert, wenn du ihn annimmst. Lasse ihn zu!

Nimm dir all die Tipps und Ratschläge, die du anderen Menschen gibst oder geben willst, selbst zu Herzen, denn eigentlich hast du sie gerade mehr für dich, als für sie ausgesprochen und dir damit selbst ein Geschenk gemacht.

LASS UNS DIE SELBST-LIEBE-REVOLUTION STARTEN

Die neugewonnene Tiefe faszinierte mich. Dank des Spiegeleffekts kam ich mir selbst immer näher. Das freute mich, denn ich wusste, dass dies ein wichtiger Schlüssel war, um das wahrhaftige Glück zu erleben. Motiviert von den ersten Erfolgserlebnissen startete ich ein kleines Experiment: Ich tauchte in eine Momentaufnahme aus meinem Alltag ein und beobachtete mich gedanklich aus der Ferne. So stellte ich mir vor, wie ich samstagmorgens gemeinsam mit meinen Freunden auf dem Markt das Wochenende begrüßte und mir dabei einen Kaffee und ein pain au chocolate gönnte. Ich musterte mich kritisch von oben bis unten. Da stand ich also auf der anderen Straßenseite. Würde ich mich selbst ansprechen und einen Kaffee mit mir trinken wollen, vielleicht sogar mein ganzes Leben mit mir verbringen? Anfangs klangen diese Fragen ein bisschen albern und doch waren sie harte Realität, denn ja: Aus der Nummer kam ich nicht heraus. Tatsächlich war ich der einzige Mensch, der sein ganzes Leben mit mir verbringen würde, in jeder Sekunde, immer und überall.

Es war also gut, wenn ich diese Frage aus tiefstem Herzen bejahen konnte; nicht nur bei Sonnenschein, sondern auch an grauen Tagen. Und sollte eine liebevolle Beziehung mit mir selbst nicht eigentlich selbstverständlich sein?

Bei meinen kleinen »Selbstbeobachtungsexperiment« wirkte ich glücklich, ausgelassen, mitten im Leben, doch wenn ich genauer hinschaute, lastete tief verborgen auch noch etwas Schweres in mir. Irgendetwas hielt mich zurück, voll bei mir zu bleiben und das pure Glück zu erleben. Es kam mir wie eine innere Handbremse vor, die noch ganz subtil angezogen war, sodass sie für die meisten Menschen gar nicht sichtbar und spürbar war. Wenn ich darüber nachdachte, wollte ich dennoch mit niemandem anderen mein Leben tauschen. Entwicklungspotential hin oder her – ich war mittlerweile ein echter Fan von mir und war stolz darauf, wie ich in den letzten Monaten gewachsen war und immer mehr Vertrauen in den Lauf des Lebens, aber vor allem in mich gewonnen hatte.

Meine bisherige Reise der inneren Wandlung hatte ich nicht allein gemacht. Neben meiner Freundin hatte mir das Universum immer wieder »Optiker« in mein Leben geschickt, die bereits in mir erkannten, was ich nur erahnen konnte und mir dabei halfen, meinen Blick zu schärfen und meine Lebensenergie ins Fließen zu bringen. Egal, ob das meine Heilpraktikerin war, meine Körpertherapeutin oder mein Coach – jeder einzelne schenkte mir ein wertvolles Puzzlestück, das mich auf meinem Weg zum Glück und zu mir ein Stückchen weiterbrachte.

Plötzlich kamen mir die Worte meines Coachs in den Sinn, der direkt beim ersten Kontakt eine wunderschöne Blume in mir gesehen hatte. Immer wieder sagte er zu mir: »Katrin, du bist eine Blume, die blühen will – lege darauf deinen Fokus; schaue, was dich zum Blühen bringt und folge genau diesem Kompass.« Ich hatte Gänsehaut, doch sehen konnte ich die Schönheit in mir noch nicht; es waren vielmehr kleine Samen, die ich in den Händen hielt. Mit der Zeit entwickelte sich ein kleines, zartes Pflänzchen, das irgendwann Knospen bildete. Sie waren für viele Menschen noch unsichtbar, doch für mich ein wunderbares Geschenk, denn ich konnte endlich immer besser sehen, was die Augen meines Coachs schon längst erkannt hatten. Ich spürte, dass es noch etwas dauern würde, bis ich meine Knospen öffnen und meine Größe und Schönheit voll entfalten könnte. Schnell lernte ich, dass es nichts brachte, die Samen immer wieder auszubuddeln, um den Fortschritt zu beobachten. Ähnlich wie der Kuchen im Ofen, brauchte auch das Pflänzchen und somit meine Entwicklung seine Zeit. Doch ich war im Prozess, und immer mehr im Frieden mit mir und das war alles, was zählte.

Oh ja, mit der Zeit entwickelte ich einen ganz neuen Zugang zu mir und lernte neue Facetten meiner Persönlichkeit kennen. Immer wieder führte mich der Weg auch mal fernab des Vorzeige-Schönwetter-Selbstbilds, dorthin wo es auch wehtat. Ich lernte all jene Schatten zu lieben, die sich in den letzten Wochen dank des Spiegeleffekts gezeigt hatten und die ich so lange nicht hatte wahrhaben wollen. Dabei erkannte ich, dass für mich pure Selbstliebe die vollumfängliche Annahme bedeutete.

Lange hatte ich sie mit Selbstverliebtsein verwechselt und deshalb unbewusst abgelehnt. Doch Selbstliebe war kein Ego-Gehabe. Es hatte überhaupt nichts mit einer Ich-Sucht zu tun, sondern war stattdessen der entscheidende Schritt in Richtung Bewusstwerdung. Nur, wenn ich gut für mich sorgte, konnte ich anderen wirklich bedingungslos begegnen. Es war also eine Win-Win Situation für alle Beteiligten. Denn wie hieß es doch so schön: »Liebe dich selbst (am meisten), dann können dich die anderen gernhaben« – im wahrsten Sinne des Wortes. Indem ich mich selbst liebte, strahlte ich etwas nach außen aus, was mich für andere anziehend und begehrenswert machte. Und letztendlich war ich dann nicht einmal mehr auf die Liebe von anderen Menschen angewiesen, weil ich sie mir selbst gab.

Das war die Crème de la Crème der Selbstliebe. Das Genialste dabei war, dass meine Gefühle nun von mir und nicht von äußeren Umständen bestimmt wurden. Das hatte ich in diesem

Ausmaß zuvor selten erlebt, aber es war phänomenal, denn ich wurde so die Königin und der Ritter zugleich.

Die Phase in meinem Leben war wundervoll. Ich hatte mir nun endlich die vollumfängliche Erlaubnis gegeben, von mir und anderen Liebe empfangen zu dürfen, weil ich es mir selbst wert war. Dies heilte mich einerseits von dem Irrglauben, diese Annahme sei falsch, schenkte andererseits aber auch meinem Bedürfnis, mit meiner Liebe gesehen zu werden, einen Raum. Meine Liebe strömte frei in die Welt, ohne eine Gegenleistung zu fordern, weil sie meinem Wesen und nicht meiner Bedürftigkeit entsprach. Damit entstand eine Verbindung, die nun nur noch von der Liebe und nicht mehr von einem Mangel getragen wurde, an keine Bedingungen geknüpft war oder Erwartungen und Traumvorstellungen erfüllen musste. Es war eine bewusste Liebe von Wesen zu Wesen.

Dies zeigte sich in konkreten Taten und wurde weiter durch sie genährt. Mittlerweile machte ich mich nämlich zum Beispiel immer häufiger für mich selbst hübsch, kochte mir etwas Aufwändiges und gönnte mir eine Me-Time vom Feinsten. Ich wurde zur Hauptdarstellerin und Heldin meiner Geschichte, erkannte mich wertschätzend an und sagte »Ja« – zu allem, was gerade war, in der Vergangenheit gewesen war und in Zukunft noch kommen würde. Ich sagte auch dann »Ja« zu mir, wenn alles im Außen »Nein« zu mir schrie. Oh ja, ich gestaltete eine liebevolle Beziehung mit mir, die so atemberaubend war, dass ich zukünftig selbst in einer Partnerschaft nicht mehr darauf verzichten wollte. So ein Date mit mir selbst konnte schließlich richtig aufregend sein und würde sicherlich auch jede Beziehung beflügeln. Da war ich mir schon jetzt ganz sicher.

Glücksimpuls: Selbstliebe

Das Praktizieren von Selbstliebe ist maßgeblich entscheidend für das Erfahren von wahrhaftigem Glück. Hierbei geht es darum, dich selbst nicht nur zu akzeptieren, sondern wirklich zu lieben – mit all deinen Besonderheiten, ganz ohne Einschränkungen und Ausnahmen.

- Wenn du dir auf der Straße begegnen würdest, würdest du mit dir ausgehen wollen?
- Bist du ein Fan von dir? Falls nein, was fehlt?
- Wann hattest du das letzte Date mit dir selbst? Nimm dir mindestens zwei Stunden pro Woche bewusst Quality-Me-Time für dich – wirklich nur für dich!

Mein Tipp: Sprich mit dir selbst, wie du mit deiner besten Freundin bzw. deinem besten Freund sprechen würdest.

ES IST ZEIT FÜR LIEBE MIT TINDERNISSEN

Nach der Trennung hatte ich deutlich gespürt, wie wichtig es gewesen war, erst einmal den Fokus auf mich selbst zu legen, um bei mir anzukommen. Ich hatte mir daher erst einmal bewusst vorgenommen, Single zu bleiben. Auf die männliche Energie wollte ich in meinem Leben dennoch nicht verzichten, denn Selbstliebe hin oder her – nichts machte mich glücklicher, als die eigene überschwappende Energie mit anderen zu teilen und mich im Miteinander zu spüren. Das »i« ohne das »i-Tüpfelchen« war für mich auf Dauer auch nicht das Wahre, daran war nichts zu rütteln!

Ich genoss also die Vorzüge des Singlelebens und nutzte die Möglichkeit, ganz unverbindlich mit spannenden Männern eine tolle und aufregende Zeit zu erleben. Gleichzeitig nutzte ich die Gelegenheit neue Facetten von mir kennenzulernen, bis ich bereit für eine neue Partnerschaft sein würde. Dabei entwickelte ich keine Torschlusspanik, dass es irgendwann »zu spät« sein könnte. Dieser Tag würde kommen, auf jeden Fall. Vermutlich tingelte mein Traummann bis dahin irgendwo in der Weltgeschichte umher oder hielt sich bereits inkognito ganz in meiner Nähe auf. Ich war tief im Vertrauen, ihm zu begegnen, denn ich spürte, dass er bereits geboren war und trotz Glückskuchen nicht erst noch gebacken werden musste.

Genau wie ich es manifestiert hatte, spielte mir das Universum bis dahin immer genau jene Menschen zu, die mir das nächste entscheidende Puzzleteilchen auf dem Weg zu meinem Glück schenkten. Ganz unbeteiligt war ich nicht daran. Ein bisschen griff ich meinem Schicksal schon unter die Arme, schließlich hatten die da oben in diesen wilden Zeiten gewiss genug zu tun. Irgendwann beschloss ich also, die Dating-App Tinder auszuprobieren. Doch während andere bei Tinder, Parship und Konsorten nach ihrem Traummann Ausschau hielten, nutzte ich die App, um die Schönheit des Moments zu erleben, mich nach der langen Beziehung vorsichtig und ohne fixe Pläne der Männerwelt anzunähern – unverbindlich, offen, neugierig und immer achtsam meinen eigenen Gefühlen gegenüber.

Doch bevor es losging, musste ich erst einmal eine herausfordernde Aufgabe meistern: mein Profil anlegen. Puh, das war nicht ohne, doch ich gab mir einen Ruck und versuchte einen Profiltext zu verfassen, der ein Bild schuf, das meinem Wesen aus meiner Sicht auf den ersten Blick nahekam. So schrieb ich: »Du liebst es zu reisen, bist in der Natur aktiv oder philosophierst gern bei einem Gläschen Wein über das Leben? Dann haben wir etwas gemeinsam. Ich bin eine positive Realistin, lebenslustig und hundert Prozent echt. Überrasch' mich – außer bei meinem Frühstücksei, da weiß ich genau, wie es sein muss :-). P.S.: Leg dich nie mit meinem Bauchgefühl an. Du kannst nur verlieren! ;-)« Kreativ, frisch, authentisch – ja, diese Zeilen gefielen mir. Die erste Herausforderung war gemeistert, nun standen mir keine weiteren Ausreden mehr im Weg loszulegen.

Schneller, als ich schauen konnte, war ich also bei Tinder – und das, ohne wirklich zu wissen, was ich genau dort wollte. Ich wusste allerdings, was ich nicht wollte: anonyme Dates, die nur ein Ziel hatten – unverbindlichen Sex. Mich interessierten die Menschen, die sich hinter ihrem Profil verbargen, und die damit verbundenen Begegnungen – was sich danach ereignen würde, wollte ich nicht festlegen. Egal, ob gemeinsames Lachen, spontane Unternehmungen, ein gemütlicher Weinabend, innige Nähe oder aber ein Wachküssen am Morgen – ich wollte diese Dates getreu dem Motto halten: »Alles kann, nichts muss!« und freute mich darauf, mein eigenes Leuchten in den strahlenden Augen meines Gegenübers zu entdecken.

Das Prinzip von Tinder ist bekanntlich simpel gestrickt; rasch wusste ich, wie der Hase lief und so wischte ich die Fotos der Männer nach rechts, wenn mir ein Mann gefiel und nach links, wenn nicht. In Sekundenschnelle entschied ich, ob es der Mann in die nächste Runde schaffte. Wischen wurde zu meinem Hobby, fast schon zu einer Sucht. Ich war beeindruckt, denn bereits innerhalb einer Stunde hatte ich über dreißig Matches – und das, obwohl ich wählerisch unterwegs war, so gut ich es eben im Sekundentakt sein konnte.

Mit jedem Match wurde mein Ego ein bisschen gepudert und mein Selbstwertgefühl stieg. Ich musste mir eingestehen: Das tat gut. Und es war entspannend. Auch ein katastrophales Date war nur halb so wild, wenn ich Hinterkopf noch andere Matches in der engeren Auswahl hatte, auf die ich mich anschließend konzentrieren konnte. Mehrere imaginäre Eisen im Feuer waren besonders anfangs daher ein Must-Have für mich. Hatte ich nichts Passendes gefunden, vergrößerte ich meinen Radius kurzerhand. Hin und wieder war ein Mann auch mal schneller weg, als ich gucken konnte: Erst hatte ich ein Match und im nächsten Moment hatte es sich wieder aufgelöst oder die Männer stellten sich als Eintagsfliegen und Schaumschläger heraus. An einem Tag gaben sie Vollgas und am nächsten war plötzlich Funkstille angesagt. Ich nahm es mit Humor. Das war eben Tinder.

Indem ich meine Erwartungshaltung ablegte und mich für die Überraschungen des Lebens öffnete, wurde ich dank meines Bauchgefühls auf Details aufmerksam und eingeladen, Neues auszuprobieren. Oh ja, mein Single-Plus-Dasein forderte mich auf, alte Wege, festgefahrene Vorstellungen und gesetzte

Entscheidungen zu hinterfragen. Doch mein Leben pendelte damit auch zwischen Extremen: krasse Hochs gefolgt von absoluter Ebbe und einer inneren Leere, wenn an der Männerfront »nichts los« war. Schon nach ein paar Tagen Stillstand wurde ich hippelig und dachte mir: Na hallo, jetzt könnte aber mal bitte wieder was passieren! – selbst dann, wenn ich gar keine Lust auf ein Date hatte. Besonders kritisch wurde es, wenn in dieser Zeit auch noch meine Periode bevorstand und meine Hormone wilde Pirouetten drehten. Oft war mir an diesen Tagen nur noch nach einem zumute: Couch und Decke über den Kopf – und trotzdem war ich genau dann emotional besonders angewiesen auf die virtuelle Bestätigung aus der Männerwelt.

Ich erinnere mich noch sehr gut daran, wie mir an genau solch einem Tag auch noch mein Nachtisch im Kühlschrank umgekippt war und ich am liebsten die ganze Welt verflucht hätte. Wenn's bei mir lief, dann eben richtig – an jeder Front, selbst im Kühlschrank. Doch während ich erfolglos gegen meine Tränen kämpfte, trudelte auch schon die Nachricht meiner Freundin herein: »Alles gut bei dir? Ich hatte gerade den Impuls zu schreiben. Brauchst du Unterstützung?« Jetzt musste ich schmunzeln. Immerhin – unsere Gedankenübertragung funktionierte perfekt. Ein paar zerknüllte Taschentücher und Schokokekse später ging es mir dann wieder besser und zack, war ich auf der Suche nach dem nächsten Tinder-Hoch.

Interessanterweise spielten sich die meisten Geschichten am Anfang meiner Tinder-Karriere in einer Art virtuellen Blase ab. Ich tauchte von einer Fantasiewelt in die nächste und hatte den Spaß meines Lebens, ohne mich auf ein reales Date einzulassen. Dafür waren die Nachrichten der Match-Männer manchmal doch zu – nun ja, intensiv. So antwortete beispielsweise Mister Magic auf die Frage von mir, ob sein Name bei ihm tatsächlich Programm wäre: »Es freut mich von Herzen, eine Seelenverwandte gefunden zu haben. Dass mein Herz kurz aussetzte, als ich dein Foto sah, weil du so umwerfend attraktiv bist – geschenkt. Dein Charakter ist es, der mich verzaubert hat. Ich kann es kaum erwarten, mit dir zusammen barfuß über eine Blumenwiese zu laufen. Wo wir wollen, legen wir uns einfach ins Gras und schauen den Wolken beim Wandern zu. Wir erzählen uns Gedichte von Goethe, Schiller und Shakespeare. Wir überlegen uns sinnliche Kosenamen und wenn uns dann die Wonne überkommt, ziehen wir uns aus und springen in den nächsten Weiher. Dort können wir machen, wofür Mann und Frau geschaffen wurden. Für eine Wasserschlacht! Ich werde dich nass machen, tauchen und ins Wasser werfen! War das Magic genug?« Holla die Waldfee, an wen war ich hier geraten? Das war ja mal eine Anmachtour auf »höchstem« Niveau, aber definitiv too much für mich.

Nächstes Match, echt cooler Typ! Genau meins. Seine Bilder sprachen mich direkt an. Doch wollte ich mich mit jemandem daten, der mich an meine Vergangenheit erinnerte? »Na klaro, und wenn es nur zu Therapiezwecken ist«, konterte meine Freundin. Er schlug mir für das erste Date eine Wanderung bei einem nahegelegenen Schloss vor. Ich war hin- und hergerissen. Es war mal etwas anderes und wenn der Typ nicht mein Fall war, befand ich mich wenigstens an der frischen Luft. Dennoch, so geheuer war mir die Sache nicht, am Schluss würde er mich noch im Wald verscharren. Daher vielleicht doch besser ein klassisches Kneipendate?

Wenn ich mir nicht ganz sicher war, wich ich mehr aus, als dass ich mich verabredete, und wenn es doch zu einem Treffen kam, stand die große Kleiderfrage an. Ich bat meine Freundin um Rat: »Sag' mal bitte, ist das zu leger?« – »Ich finde es super.

Doch, die viel wichtigere Frage ist, ob du dich darin wohlfühlst. Und ... mhh, ob es mit Strickjacke nicht vielleicht zu warm und ohne zu kalt ist.« – »Du sprichst es aus ... Ich hab' nix zum Anziehen!« – »Stimmt, jetzt, wo du's sagst, fällt's mir auch auf.« – Ich liebte den Humor meiner Freundin. Er hatte Wirkung gezeigt und so antwortete ich einsichtig: »Ach du hast Recht. Ich schau' jetzt einfach, wonach mir ist, und hör' auf, irgendjemand gefallen zu wollen. Basta.«

Was dann bei den Verabredungen passierte, könnte ein weiteres Buch füllen – und zwar problemlos. Die Bandbreite der Männer, die ich anzog, war immens. Keiner glich dem anderen, jeder war auf seine Weise speziell und alles andere als Null-Acht-Fünfzehn. Dementsprechend gestalteten sich auch die Begegnungen. So machte ich mit dem einen Mann den Spielplatz unsicher oder traf mich mit dem anderen auf der Schlittschuhbahn, wo ich auf wackeligen Beinen eine gute Figur zu machen versuchte, während ich neidisch auf den Erste-Hilfe-Pinguin der Kids neben mir starrte.

Ich liebte es ausgefallen. So feierte ich den Vorschlag eines Mannes, sich anhand der Lieblingsbücher kennenzulernen. Wir waren beide Leseratten, doch jeder auf seine Weise. Nach einigem Nachdenken entschied ich mich für eine bunte Mischung aus einem Kochbuch, meinem Lieblingsroman, einem Reisejournal mit Urlaubsinspirationen und meinem Sternenbuch aus Kindheitstagen – mein erster Ratgeber zur Persönlichkeitsentwicklung durfte in meiner Buchsammlung natürlich auch nicht fehlen.

Ach, diese Verabredungen waren alle echt aufregend und immer ein Erlebnis.

Meine Zeit bei Tinder war eine Achterbahnfahrt der Gefühle, Balsam für meine Seele und oftmals auch eine (Schock-)Therapie. Die Phase war spannend, vielseitig, manchmal aber auch anstrengend oder frustrierend und hin und wieder verrückt, denn ich erlebte die wildesten Sachen und lernte etliche tolle Männer kennen. Spannenderweise konnte ich an meinem Männermuster rasch sehen, was gerade mit mir in Resonanz ging und wo ich in meiner Entwicklung stand. Es war also kein Zufall, dass meine Freundin bei einem Experiment mit demselben Foto von uns beiden und identischen Text bei einem Städtetrip mit vollkommen anderen Männer matchte als ich.

Das hielt mir einen Spiegel vor die Nase und lud mich zum Nachdenken ein.

Glücksimpuls: Tinder, Parship und Konsorten

Wenn du versuchst unvoreingenommen Dating-Plattformen zu nutzen, kann mit dem richtigen Blickwinkel jedes Date zu einem Persönlichkeits-Booster werden und einen Ausgang bescheren, den du so vielleicht nicht für möglich gehalten hättest.

- Bist du bereit für das, was dir begegnet?
- Weißt du, was du willst und deckt sich das mit der Realität?
- Falls nein, was könnte das mit dir zu tun haben?

Erkenntnis des Tages: Oft bist du deine größte Herausforderung und stehst dir selbst im Weg!

Erinnerst du dich an das Kapitel »Spiegellabyrinth« (ab Seite 197)? Deine Matches sind ein perfektes Lernfeld dafür – und du hältst dabei die Fäden in der Hand, ohne Verpflichtungen einzugehen.

DEEPTALK STATT SMALLTALK

Auf Tinder merkte ich beim Schreiben meist schon direkt in den ersten Minuten, mit wem ich auf einer Wellenlänge schwang und mit wem nicht. Ich entwickelte einen Riecher dafür, wer an einem ähnlichen Punkt im Leben stand, wessen Werte und Weltanschauungen meinen glichen und wo eine echte Begegnung auf Augenhöhe mit Herzverbindung möglich war. Manchmal saß ich einfach nur da, las den Chatverlauf durch und dachte: Der Typ ist wie ein Sechser im Lotto. Bei anderen Männern passte es schlicht und einfach nicht. Früher hätte ich den ein oder anderen davon sicher mit Kusshand genommen, denn sie hatten gute Ansichten zum Leben, ihr Herz am richtigen Fleck, wären sicherlich ein Traumschwiegersohn und hätten perfekt in mein altes Leben gepasst, doch irgendwie fehlte etwas.

Mit der Spezie »ich-will-und-kann-nicht-allein-sein« kam ich überhaupt nicht zurecht. Diese Männer schnürten mir in Sekundenschnelle regelrecht die Kehle zu. Ich wollte niemanden aus seiner Einsamkeit retten. Für diese Kategorie Mann war ich daher definitiv nicht Mrs. Right und die Männer nicht mein Mr. Right – falls es so etwas überhaupt gab. Ich wünschte ihnen aus tiefstem Herzen, dass sie die Richtige fanden, die diese Art der Beziehung nicht als Zwang empfand, sondern damit selbst gerettet wurde. Ich hatte derweil meine eigenen Baustellen – womöglich genau auf der anderen Seite der Polaritätsschaukel.

Vermutlich war es kein Zufall, dass ich stattdessen die Kategorie »Unnahbar. Abenteuerlustig. Herausfordernd.« besonders anziehend fand. Diese Männer waren mein perfekter Spiegel und dementsprechend geladen reagierte ich mitunter auf ihre verbale Unverbindlichkeit. Immer dieses »würde, könnte, hätte« – ich hasste den Konjunktiv und dachte mir nur: Melde dich, wenn du tatsächlich Lust und Zeit hast, doch warmhalten und auf Distanz halten brauchst du mich nicht. Gleichzeitig bargen diese Männer große Chancen, denn durch ihr »Vielleicht« zu mir war ich aufgefordert, das »Ja« zu mir selbst zu suchen. Auf dieser Entdeckungstour fiel mir auf, dass ich zwar das gewisse Etwas außerhalb des Mainstreams mit Tiefgang und Herz suchte, vermutlich aber auch die Sicherheit, dass mir mein Gegenüber nicht zu nah kommen würde, auch wenn mir das lange nicht bewusst war und es mir schwerfiel, mir dieses Verhalten einzugestehen. Doch die Muster wiederholten sich. Es war fast so, als zog ich gewisse Eigenschaften wie ein Magnet an.

Eines Tages hatte ich genug von diesem Muster und so formulierte ich eine fiktive Kontaktanzeige mit all den Punkten, die mich einerseits störten, andererseits wenn auch nur unbewusst anziehend für mich waren, und machte mir klar, dass ich energetisch bisher genau diese Anzeige aufgegeben hatte, wenn auch unausgesprochen. Denn dieses Beuteschema zog sich durch mein ganzes bisheriges Erwachsenen-Leben, ob ich wollte oder nicht. Vermutlich hatte ich da noch ein paar Hausaufgaben zu erledigen und Lernaufgaben zu meistern, bis der Traumprinz von meinem Vision Board klettern konnte und ich bereit für eine Beziehung der Neuen Zeit war.

Eins war für mich jedenfalls so sicher wie das Amen in der Kirche: Mein Singleleben würde ich niemals für einen Kompromiss aufgeben, dafür war es mir viel zu kostbar. Gab es also zu viele Haken, verfolgte ich die Devise »komplett abhaken«, denn entweder passte es oder eben nicht. Das Leben durfte Spaß machen und sich leicht anfühlen – und das tat es, wenn ich auf mein Bauchgefühl hörte, die harten Fakten beachtete und nicht glaubte, etwas mit Biegen und Brechen haben oder verändern zu wollen, was nicht für mich bestimmt war. Schnell merkte ich, dass ich eine Verbindung nicht erzwingen oder mit Fleiß und Ehrgeiz erarbeiten konnte. Es wurde also Zeit, sämtliche Erwartungen und alten Verhaltensmuster abzulegen und mich auf einen völlig neuen Weg einzulassen.

Eines Tages wurde mir bewusst, dass es letztendlich vorrangig gar nicht darum ging, wie mein Partner sein sollte, sondern vielmehr darum wie ich mich neben ihm fühlte. Denn jeder Mann brachte andere Facetten von mir zum Vorschein und so wurden manchmal Seiten von mir sichtbar, die ich selbst noch nicht gekannt hatte. Das konnte ich einzig und allein in einer wahrhaftigen Begegnung erleben und daher ließ ich mich für den Moment ganz oder gar nicht ein, was nicht bedeutete, dass ich mein restliches Leben mit demjenigen verbringen musste. Meist merkte ich schnell, ob eine Begegnung etwas Zauberhaftes hatte, mich aber nur für eine gewisse Dauer auf meinem Weg begleiten würde. Und genau das war es, was sich für mich aktuell stimmig und richtig anfühlte, auch wenn es nicht konventionell war. Wenn die Energie in der Begegnung abnahm, gab es nichts schwarzzumalen oder schönzureden und auch nicht verzweifelt zu warten. Wichtig war besonders dann, den Fokus zurück auf mich zu richten, denn vergaß ich mich um meine Blühkraft zu sorgen, war nicht nur der Mann weg, sondern auch meine Blüte welk. Und so genoss ich das Leben mit und ohne Mann an meiner Seite – wie es sich eben gerade fügte.

Worauf ich bei den Begegnungen keinesfalls verzichten wollte, war eine gewisse Substanz und Tiefe. Immer nur Small Talk machte mich auf Dauer müde. Der war vielleicht mal gut, um eine peinliche Schweigepause zu überbrücken oder eine angespannte Situation aufzulockern. Aber eine wirkliche Begegnung zeichnete sich für mich dadurch aus, dass ich mich nicht einfach nur unterhielt, um zu reden, sondern etwas aus der Konversation für mein Leben mitnehmen und den anderen Menschen besser kennenlernen konnte. Mir ging es nicht darum, immer wieder dieselben austauschbaren und inhaltslosen Geschichten zu hören oder zu erzählen, sondern mein Gegenüber auf einer intensiveren Ebene kennenlernen, was natürlich nicht jedermanns Sache war.

Doch durch meine spirituelle Entwicklung sehnte ich mich noch mehr als je zuvor danach, vom Small-Talk zum Deep-Talk zu wechseln. Schließlich wollte ich Salz von Zucker unterscheiden können und mochte es, wenn schwere Kost leicht verpackt war. Vielleicht wurde meine Gefühlswelt samt meinen Wertevorstellungen deshalb oft intuitiv zu einem natürlichen Gesprächsthema. Ja, ich liebte es, über das Leben zu philosophieren und interessierte mich aufrichtig dafür, wonach der Mann vor mir strebte, wovon er träumte, welche Sehnsüchte sein Herz erfüllten, an welchem Punkt er in seinem Leben stand und wie er die Welt in diesem Moment wahrnahm. Mit elitärem Status-Geplänkel konnte ich nur wenig angefangen, denn mehr Schein als Sein sprach mich überhaupt nicht an. Im Gegenteil: Für mich lag mein Reichtum in der Ansammlung an Herzen, die ich berühren konnte und die mich berührten.

Mit den richtigen Fragen gelang spielerisch, das anfängliche Geplänkel in ein tiefgründiges Gespräch. Hierbei half mir mein Feingespür für den anderen Menschen, aber auch das für mich, denn je besser ich im Kontakt mit mir selbst war, desto tiefer wurde der Kontakt zu meinen Männerbekanntschaften. Es ging hierbei nicht darum, alles vom Kopf her benennen zu können, sondern wirklich zu fühlen, was ich gerade wahrnahm, während ich die passenden Worte fand. Das war Übungssache, doch es schuf eine neue Tiefe und entlastete das

Miteinander, da ich den anderen von meiner oft unbewussten Erwartung, er solle für die Erfüllung meiner Bedürfnisse da sein, befreite und gleichzeitig selbst stärker, souveräner und unabhängiger wurde.

Immer besser gelang es mir, mit dem Herzen und nicht nur mit dem Verstand zuzuhören, beim anderen zu bleiben statt angestrengt in meinem Kopf nach einer Antwort zu suchen oder seine Geschichte sofort mit meiner zu vergleichen. Dafür hatte ich früher ein echtes Talent besessen: »Oh ja, das kenne ich! Bei mir war das allerdings so …« waren typische Floskeln von mir gewesen – und schwups, zog ich die Aufmerksamkeit auf mich. Doch jetzt ging es um den anderen. Ich übte mich daher darin, mein Gegenüber ausreden zu lassen und ihm seinen Raum zu geben. An meinen Erfahrungen ließ ich ihn dennoch im Anschluss teilhaben, wenn er es wollte.

Parallel stellte ich mich der Angst, mich wahrhaftig zu zeigen und traute mich langsam, Einblicke in mein Inneres zu gewähren und mich bedingungslos so zu zeigen, wie ich in diesem Moment wirklich war; mit all meiner Verletzlichkeit, meinen vermeintlichen Mängeln und Unzulänglichkeiten, aber auch der quirligen Art meines inneren Kindes oder den Aspekten der sinnlichen Frau. Es war jedes Mal eine wunderschöne und berührende Erfahrung, während eines offenen Gesprächs oder einer intensiven körperlichen Nähe den anderen Menschen in seinem wahren Wesen zu erkennen und mich gleichzeitig gesehen und verstanden zu fühlen. In diesen Augenblicken fühlte ich mich auf eine Weise verbunden und geborgen, die ich so zuvor selten erlebt und in Kontakt mit einem Fremden niemals vermutet hätte – körperlich, emotional wie auch mental. Dazu mussten wir uns auch nicht berühren und schon gar nicht miteinander schlafen. Es war eine Tiefe, die unabhängig von körperlichen Intimitäten war, diese aber nicht ausschloss.

Ich lernte mit der Zeit immer besser meine Gefühle auf den Punkt zu bringen und zu sagen, was mir gerade auf der Zunge lag. Mutig folgte ich meinen Impulsen und vertraute auf mein Bauchgefühl, auch wenn das bedeutete, schon beim ersten Treffen Dinge anzusprechen, die sonst manch enge Vertrauten sich nicht zu sagen wagten, oder leidenschaftlichen Sex zu haben, was in meinem Kopf früher ein »No Go« gewesen war. Letztendlich bewahrheitete sich immer wieder die alte Weisheit: Der Richtige konnte nichts falsch machen und der Falsche nichts richtig, wobei sich das »richtig« und »falsch« mittlerweile an meinem Glücksbarometer und nicht an den früher gesteckten Zielen orientierte.

Glücksimpuls: Wahre Begegnungen

Traue dich, die Beziehung auf eine höhere Ebene zu bringen! Es kostet Mut, aber du hast nichts zu verlieren – außer Zeit.

- Was möchtest du teilen? Gibt es etwas über dich, was viele Menschen nicht wissen, z. B. lustige Macken, deine zarte, verletzliche, aber auch wilde und leidenschaftliche Seite?
- Wenn du einen Widerstand spürst dich gegenüber anderen Menschen zu öffnen, versuche herauszufinden, woher er rührt: Wovor hast du Angst? Wofür schämst du dich? Welche Konsequenzen befürchtest du?
- Was genau ist es, was du dir von der anderen Person wünschst? Wie fühlst du dich, wenn diese Person dir nicht gibt, was du willst? Wie kannst du es zunächst dir selbst geben?

Mein Tipp: Lasse die Tiefe in dir und mit dir selbst zu und dann wird sie sich auch im Außen zeigen. Nur Mut!

JACKPOT! OH, IST ES SCHÖN SICH SELBST AN DER SEITE DES MANNES ZU ENTDECKEN.

In vielerlei Hinsicht erkannte ich mich seit meiner Trennung nicht mehr wieder. Dabei war ich kein anderer Mensch geworden, sondern einfach näher bei mir selbst. Ja, rückblickend betrachtete ich die Zeit bei Tinder als ein Prozess, denn die Art der Begegnungen und die Männer, die ich anzog, wandelten sich stark. Nach und nach legte ich meine lang gehegten Erwartungen ab mein Gegenüber müsse irgendwelchen Vorstellungen entsprechen, warf meine Vorurteile über Bord und folgte mutig meinem inneren Ruf, der mich zum Strahlen brachte – welches Setting es hierzu bedurfte, ließ ich offen.

Von Mal zu Mal zeigte ich mich authentischer und ließ mich freier auf Begegnungen ein – vorausgesetzt, mein Bauchgefühl hatte mir mit seinem »hell yes« die Erlaubnis gegeben. Ich war überrascht, denn auf einmal schenkte mir das rahmenlose Leben ein Gefühl, das ich lange verzweifelt im Rahmen einer festen Beziehung gesucht hatte, und so schipperten mich die exotischsten Männer und Begegnungen letztendlich zu meinem inneren sicheren Hafen. Immer wieder dachte ich, das Leben sei surreal, und konnte nicht fassen, was mir widerfuhr. Ja, es war verrückt, im wahrsten Sinne des Wortes – damit vielleicht aber auch erst auf eine zauberhafte Art und Weise geradegerückt bzw. endlich zurechtgerückt. Letztendlich war die Gleichung simpel – egal, ob in Bezug auf Männer oder aber auch das Leben selbst:

Glück = Realität - Erwartungen

Sobald ich anfing, mit meinen Ansprüchen zu jonglieren und mit dem Schicksal zu tanzen, zeigte sich, wie lebendig eine Begegnung sein konnte, wenn ich gedanklich bei mir blieb und in der Begegnung präsent war. Es war faszinierend, wie leicht es sein konnte, auch wenn die äußeren Umstände es noch so schwer machten, und wie vertraut und richtig es sich anfühlen konnte, obwohl sich zwei Fremde gegenüberstanden. Ich erlebte, wie es sich anfühlt, wenn ein Mann allein durch seinen Blick meine inneren Mauern zum Einstürzen brachte und direkt bis zur Tür meines Herzens durchmarschierte; erfuhr, wie es war, von einer ungeahnten Glücksgefühlsflut überrollt zu werden; lernte einerseits das verspielte Kind, aber auch die reife Frau in mir kennen; spürte die explosive körperliche Anziehung zwischen Mann und Frau mit allen Sinnen; sah, wie wunderbar es war, den Mut und das Selbstbewusstsein zu haben, meinen Instinkten zu folgen und die Sprache meines Körpers zu lesen.

Und vor allem erkannte ich eins – nämlich, dass es nicht immer um das Happy-End, sondern vielmehr um die Story selbst ging und so eine Form der Liebe entstehen konnte, die tiefgründig und wahrhaftig war. Nie zuvor hatte ich mich so intensiv gespürt; im unerschütterlichen Vertrauen, genau richtig und vollkommen zu sein, wie ich gerade war. Und so erlebte ich nicht nur eine tiefe Verbundenheit mit mir, sondern auch mit wunderbaren Männern an meiner Seite. Aus der einstigen Bedürftigkeit wurde ein natürliches Bedürfnis, das ich mir zugestand und dessen Erfüllung ich bewusst gestaltete.

Manchmal machte mich die Nähe eines Mannes dennoch richtig nervös. So sehnte ich mich gerade in herausfordernden Zeiten zwar nach einer starken Schulter zum Anlehnen, konnte mich aber nicht hingebungsvoll an sie schmiegen, als sie schließlich da war. Von einer Sekunde auf die nächste hatte ich meine Souveränität verloren und kam mir vor, als würde ich gerade mein allererstes Date erleben. »Wegen Liebe sein Gleichgewicht zu verlieren, ist Teil von einem Leben im Gleichgewicht«, sagte meine Freundin, als ich ihr davon erzählte. Was für weise Worte! »Die sind aus dem Film ‚Eat, Pray, Love' geklaut«, gestand sie schnell, als sie meinen erstaunten Blick sah – und wir mussten beide lachen.

Schon allein beim Gedanken daran, diesem Mann abends erneut gegenüberzustehen, verlor ich wieder jegliche Größe. Ich brauchte dringend eine kalte Dusche, um einen klaren Kopf zu bekommen. Wo war nur die selbstbewusste Frau, die mir gestern Morgen noch aus dem Spiegel entgegengeblickt hatte? Ja, manche Begegnungen waren so gewaltig, dass mir mein Herzschlag schier die Luft zum Atmen nahm. Sie beflügelten mich so stark, dass ich wahnsinnig glücklich war, im gleichen Moment aber auch Angst hatte, sie beim nächsten Atemzug zu zerbrechen. In solchen emotionalen Phasen konnten sich die Dates ganz schön schwer anfühlen und ich kam mir vor wie ein Reh, das in die Scheinwerfer eines Autos starrte. Ich verlor meine Leichtigkeit; war plötzlich wieder scheu und gehemmt. Auf der Suche nach dem Warum erkannte ich, dass die Herausforderung umso größer wurde, je mehr Gefühle im Spiel waren. Denn genau dann ließen mich die Begegnungen meine schönsten Glücksgefühle, aber auch meine tiefsten Ängste sehen und luden mich ein, alte Themen anzunehmen und loszulassen. Sobald ich sie erkannt hatte, konnte ich wieder freier atmen und mein Herz erneut für die Liebe weiten.

Mittlerweile wusste ich ja: Mein Gegenüber war meist nicht die Ursache der Empfindung, sondern »nur« der Auslöser. Ich begegnete ihm daher bewusst. Und wenn ich das Glück hatte, einem ebenso bewussten Menschen zu begegnen, hielten wir uns gegenseitig den Raum und waren wie der Fels in der Brandung füreinander, sodass alles sein durfte und jeder seine Verantwortung übernehmen konnte. Das war ein wertvoller Türöffner. Ich gab mir nun vieles selbst, was ich früher aufgrund eines eigenen Mangels unterbewusst anderen abverlangt hatte oder gar nicht erst hatte zulassen können, und achtete liebevoll auf mich, sodass mein Bedürfnis geliebt, zu werden, mein Handeln nicht mehr beeinflusste.

Durch die Erfahrungen mit den wundervollen Männern an meiner Seite hatte ich verstanden: Liebe rettet nicht, Liebe heilt, denn sie zeigte und nahm mir meine Ängste. Bis dahin war es ein langer Weg, denn manche Begegnungen und die dabei aufkommenden Themen arbeiteten intensiv in mir. So dauerte es jedes Mal seine Zeit, bis ich das Geschehene verdaut hatte: das, was zwischen uns gewesen war, aber vor allem das, was dabei in mir sichtbar geworden war. Jeder Mann war dabei auf seine Art und Weise einmalig.

Die bewusste Zeit bei Tinder lehrte mir viel und brachte mich näher zu mir selbst. Ich genoss das kurze, aber intensive »Wir« ohne fixe Erwartungen. Die Empathie, Feinfühligkeit, Offenheit und Aufrichtigkeit der Männer überraschten mich positiv. Es faszinierte mich, wie aufmerksam und achtsam sie waren, obwohl wir keine feste Beziehung ansteuerten, und welch reges Interesse sie an meinem Leben hatten. Noch heute bin ich zutiefst dankbar für die offenen und ehrlichen Gespräche, die gegenseitige Aufrichtigkeit. Ich fühlte mich gesehen, gehört, verstanden und wertgeschätzt – mitten in einem Raum, in dem alles sein durfte. So war es für mich ein Geschenk, dem »Wir« neben dem »Ich« einen Platz zu geben – und dabei die Balance zwischen der Freiheit des Einzelnen und der Verantwortung im Miteinander zu halten.

Egal, ob die Erfahrungen Geschenke oder Lektionen waren: Sie zeigten mir unvergessliche Aspekte des Lebens. Ich lernte neue Facette der Liebe und des Glücks kennen, erlebte einen Mix aus einem pompösen Feuerwerk und dem leisen und beseelten Gefühl der Geborgenheit. Keine Verbindung war vergleichbar mit den anderen; jede einzelne bereicherte mich auf meinem Weg ins Glück. Noch heute kann ich von den Begegnungen und den damit verbundenen Momenten zehren. Dafür bin ich sehr dankbar.

Glücksimpuls: Liebe rettet nicht, Liebe heilt

Wenn du dein Herz öffnest und Nähe zulässt, kann es durchaus sein, dass in dir oder deinem Gegenüber Emotionen geweckt werden, die aus der Vergangenheit stammen. Indem ihr einen geschützten Raum schafft, wo alles sein darf, was sich zeigt, kann Heilung entstehen und eine tiefe Verbindung wird möglich.

- Wie fühlst du dich? Welche Gefühle zeigen sich? Wo im Körper nimmst du eine Auffälligkeit wahr?
- Verändert sich die Empfindung, wenn du bewusst in die Körperstelle atmest und das Gefühl zulässt?
- Liegen darunter noch weitere Schichten, die sich dir offenbaren möchten? Sei für dich da!

Wichtig: Nur derjenige, der die Gefühle fühlt, trägt die volle Verantwortung für sie; der andere kann lediglich durch eine offene und wohlwollende Haltung da sein, aber dich niemals retten!

VERRÜCKTE FREUNDE SIND DAS, WAS ICH ZUM LEBEN BRAUCH! WOBEI EIN BISSCHEN MEHR ERNST, ODER WAR'S DOCH EHER WENIGER, TÄTERÄTÄT UNS AUCH GUT.

Noch heute sehe ich meinen über neunzig jährigen Opa eines seiner Lieblingslieder voller Inbrunst vor sich hinträllern: »Ein Freund, ein guter Freund, das ist das Beste, was es gibt auf der Welt!« Ich stimme ihm vollkommen zu, Freundschaften waren und sind für mich ein wichtiger Faktor für mein Glück. Ein Leben ohne Freundschaften war daher nie vorstellbar für mich, denn mit meinen Freunden sind gute Zeiten noch besser und schlechte Zeiten einfacher. Wir lachen gemeinsam an sonnigen Tagen, während wir in düsteren Zeiten füreinander da sind, und feiern das Leben mit all seinen Facetten.

Auch während meiner Glückssuche war es für mich das größte Geschenk, mein Leben mit anderen Menschen zu teilen und zu erleben, wie wir uns gegenseitig unterstützten, Verständnis füreinander zeigten, uns aber auch spiegelten, somit Muster und Verhaltensweisen sichtbar und spürbar machten und dabei immer wieder blinde Flecken aufdeckten. Jeder einzelne Freund half mir auf seine Weise, meine Qualitäten zu sehen, indem er sie entweder verstärkte, spiegelte oder mir aufzeigte. Meine Freunde waren wichtige Sparringpartner, manchmal Arschengel, Schutzengel und Liebesengel zugleich, kurz: ein wichtiger Schlüssel und wesentliches Lebenselixier für mein wahrhaftiges Glück.

Ich hatte schon immer ein gutes Händchen darin gehabt, Herzensmenschen in mein Leben zu ziehen und dafür war ich sehr dankbar, denn sie machten mein Leben bunter und dank ihnen wurde mein Dasein auf diesem wunderschönen Planeten auch nie langweilig.

Den harten Kern meines Freundeskreises kannte ich bereits aus meiner Schulzeit, mit anderen verbanden mich die gleichen Interessen – neuerdings beispielsweise die spannende Suche nach dem Weg zur inneren Fülle – oder aber ein gemeinsames Schicksal: eine Nachbarschaft, dasselbe Studium, der gleiche Arbeitgeber und vieles mehr. Äußere Umstände hatten uns im Laufe des Lebens zusammengebracht und innere Werte miteinander verbunden.

Manche Freundschaften waren taufrisch, andere bereits uralt. Egal wie – sie waren tiefgründig und echt. Mein Freundeskreis war damals wie heute bunt gemischt: Mit manchen Freunden sprach ich mehrmals täglich, mit anderen nur einmal im Jahr, mal hatten wir gemeinsame Interessen und Hobbys oder die Andersartigkeit faszinierte und inspirierte uns.

Ich war happy, doch die Trennung von meinem Exfreund hatte zu Beginn meiner aktiven Glückssuche nicht nur Veränderung in mein Leben, sondern auch in meinen Freundeskreis gebracht. Während ich nun am liebsten über den Sinn des Lebens philosophierte, das nächste Abenteuer plante oder die Nächte zum Tag machte, drehte sich bei meiner Freundesclique aus Studiums- und Schulzeiten nämlich nahezu alles um Windeln, Maxi Cosi und Kita-Platz. Unsere Freundschaft wurde dadurch ganz schön auf die Probe gestellt, denn unser Fokus lag gerade auf sehr unterschiedlichen Dingen. Während meine langjährigen Freunde nach den wilden Partyjahren nun sesshaft wurden und die Familienplanung in Angriff nahmen, rollte ich das Feld von hinten auf und holte all das nach, was in den Jahren meiner Beziehung zu kurz gekommen war.

Das hatte zur Folge, dass jeder gerade so sehr in sein Leben und die damit verbundenen Interessen eingebunden war, dass der Kontakt immer sporadischer und die Verbindung schleichend loser wurde. Während wir früher jedes freie Wochenende zusammen verbracht hatten, sahen wir uns mittlerweile nur noch an Geburtstagen oder bei anderen Festen. Meine alte Clique wollte ich keinesfalls missen, denn wir hatten ein ähnliches Wertesystem, konnten uns gegenseitig den Rücken stärken und ich wusste: Auf jeden einzelnen war hundert Prozent Verlass. So versuchten wir, den anderen dennoch am eigenen Lebensabschnitt teilhabenzulassen. Die Häufigkeit der Treffen nahm allerdings ab und so wurden aus Alltagsbegleitern vertraute Zeitgenossen. Das Schöne war: Wenn wir uns trafen, konnten wir trotzdem jedes Mal dort anknüpfen, wo wir vor Jahren aufgehört hatten. Letztendlich waren es die gemeinsamen Interessen, Erfahrungen, Erlebnisse und durchlebten Katastrophen, die uns zusammenschweißten. Nach wie vor verband uns die Vergangenheit, eine Phase unseres Lebens, die ihre ganz eigene Magie gehabt hatte und von der wir noch Jahre später erzählen konnten.

Doch daneben wünschte ich mich auch, Verbundenheit in der Gegenwart zu schaffen – und das war mit diesen zauberhaften Herzensmenschen nur noch bedingt möglich. Meine Unternehmenslust war nur schwer zu bremsen. Ich sehnte mich nach Spontanität und Freiheit, nach wilden Abenteuern, nach neuen Anknüpfungspunkten im Alltag – und so zog ich Menschen in mein Leben, die sich in einer ähnlichen Schwingung befanden und mit denen mich schon bald neue gemeinsame Erlebnisse verbanden.

Während ich früher eher schüchtern und verschlossen gegenüber Menschen außerhalb meines vertrauten Umfelds gewesen war, hatte mir die Zeit bei Tinder geholfen, mich für neue Begegnungen jeglicher Art zu öffnen. Es war verrückt, wie viele Möglichkeiten es gab, neue Freundschaften zu schließen: Bei einem Single-Event, traf ich eine ehemalige Kollegin, mit der ich seitdem um die Häuser zog, auf einem Yoga-Festival in Garmisch-Patenkirchen kam ich mit einer Teilnehmerin in Kontakt, die nur wenige Straßen entfernt von mir in Karlsruhe wohnte und eines Tages fragte ich meine Nachbarin spontan, ob sie mit mir zu einem Netzwerktreffen gehen wolle, anstatt einfach nur wieder »Hallo« zu sagen. Mein Mut wurde belohnt, denn siehe da: Wir verquatschten uns so sehr, dass wir zwar wenig von den Vorträgen mitbekamen, aber den Grundstein für unsere Freundschaft legten.

Ach, es war so wunderschön, die Gelegenheiten am Schopf zu packen, die ich zuvor immer an mir vorbeiziehen hatte lassen und zum Teil gar nicht bemerkt hatte. Ich ließ keine Möglichkeit mehr aus, um frischen Wind in meinen Freundeskreis zu bringen, probierte Freundschafts-Apps aus, ging zu Stammtischen oder meldete mich bei Facebook-Gruppen an.

Manchmal war es auch bei Freundschaften Liebe auf den ersten Blick – die Chemie stimmte sofort und die emotionale Nähe und Vertrautheit waren direkt gegeben. So war es keine Seltenheit, dass wir gleich beim ersten Treffen in die Tiefe tauchten und uns in kürzester Zeit unsere intimen Gedanken und Gefühle anvertrauten oder aber die wildesten Abenteuer erlebten. Auf mein Bauchgefühl und meine Menschenkenntnis war dabei stets Verlass und so scheute ich mich auch nicht davor, ein vermeintliches Risiko einzugehen, indem ich mich mit all meinen Sonnen- und Schattenseiten zeigte. Sie gehörten zu mir und machten mich aus. Entweder passte es also oder nicht.

Bei jeder einzelnen Begegnung wurde ich für meinen Mut belohnt und erlebte, wie kostbar es war, für meine Handlungen und mein Sein nicht verurteilt, sondern akzeptiert und ehrlich wertgeschätzt zu werden. Es war echt schön, wenn die Balance stimmte – zwischen Geben und Nehmen, Zuhören und Erzählen, Sehen und Gesehen werden. Oft waren es die kleinen Aufmerksamkeiten, die mich besonders freuten und eine Nähe zwischen uns schufen: eine liebevolle »Viel-Glück«-Nachricht vor einem wichtigen Gespräch oder ein kurzes »Ich denke an dich«.

So kam es, dass, wenn wir feiern gingen, es nun gar nicht mehr der Club war, auf den ich mich freute, sondern vielmehr die witzigen Gespräche und die gemeinsame Playlist, zu der wir zur Einstimmung schief mitgrölten, die Selfies, über die wir uns am nächsten Tag kaputtlachten oder die anschließende Pyjama-Party in meiner Wohnung.

Wir feierten die Feste, wie sie fielen, und manchmal sorgte ich auch dafür, dass es einen Anlass gab. So entstand irgendwann die Idee, immer am letzten Samstag im Monat eine offene Einladung an meine Freunde und deren Bekanntenkreis auszusprechen – jeder, der wollte, konnte kommen. Egal, ob gemütliches Essen in kleiner Runde oder coole Party; ich freute mich auf die unterschiedlichsten Konstellationen und darauf, neuen Schwung in die manchmal festgefahrenen Gruppendynamiken zu bringen. So schuf ich mit der »Let's celebrate life-Party« einen Raum, in dem wir eine schöne Zeit miteinander verbringen konnten, neue Facetten an uns kennenlernten und Synergieeffekte schufen. Willkommen war jeder, der Lust hatte, gemeinsam mit mir das Leben zu feiern und zu wachsen.

Natürlich gab es ein paar Stammgäste, aber es gesellten sich auch immer wieder neue Gäste dazu, wodurch jeder Abend auf seine Weise unvergesslich wurde. Doch eins blieb immer gleich: Nach der Party war vor der Party und so begann der Countdown immer wieder von Neuem. Es war verrückt, wie schnell die Zeit verging und wie viele unvergessliche Momente wir bis zur nächsten Feier gemeinsam erlebten.

Mittlerweile hatte ich es verstanden: Das Leben war ein ständiger Fluss und jeder Abschnitt meines Lebens eine Rarität, denn nichts blieb für immer gleich. Jede Phase hatte ihren eigenen Charakter, der sich irgendwann veränderte, auflöste und weiterzog. Statt den Augenblick zu bewerten, lernte ich ihn wertzuschätzen, denn ich hatte verinnerlicht, dass jeder einzelne Moment einmalig war. Das machte mich anfangs etwas traurig und die damit verbundene Wehmut blieb, doch der innere Widerstand und Kampf dagegen lösten sich. So war für mich nicht mehr die Dauer einer Verbindung entscheidend, sondern jeder Augenblick ein unbezahlbares Geschenk. Ich wusste: Die Zeiten veränderten sich und sie veränderten uns. Ich konnte den Wandel nicht aufhalten, doch den Zauber des Neuanfangs willkommen heißen und gleichzeitig das Vergangene schätzen.

Letztendlich war der Wandel der rote Faden, der sich durch meine Entwicklung zog, egal; ob er aufgrund innerer oder äußerer Umstände eingeläutet wurde. So wurden manche Verbindungen enger, bei anderen Konstellationen entfernten wir uns – räumlich oder manchmal auch emotional, freiwillig oder ohne unser aktives Zutun. Manchmal war das eine große Challenge für mich, weil ich das Liebgewonnene so gerne festhalten wollte, doch ich konnte die Veränderung nicht aufhalten. Ich hatte lediglich die Wahl, ob ich mich gegen die neue Situation sträubte, dagegen ankämpfte oder das Neue willkommen hieß – wie auch immer es aussehen und von welchem Abschiedsschmerz es begleitet sein würde. Doch alles hatte seine Zeit und die galt es genau jetzt zu genießen, denn morgen konnte alles schon wieder ganz anders sein.

Glücksimpuls: Neue Freundschaften knüpfen

Du möchtest frischen Wind in deinen Freundeskreis bringen? Die schlechte Nachricht ist: Neue Freunde fallen nicht einfach vom Himmel. Die gute ist: Wenn du aus deiner Komfortzone herauskommst, dich für Begegnungen öffnest und unter Leute gehst, ist es halb so schwer Freunde zu finden – und zwar in jedem Alter!

- Wem begegnest du regelmäßig, mit dem du gerne (näher) in Kontakt kommen würdest? Traust du dich beim nächsten Mal, die Gelegenheit zu nutzen, um ins Gespräch zu kommen?
- Wie steht's um deine Social-Media-Freunde oder Sandkastenbekanntschaften? Wie wäre es, die Verbindung in der Realität wiederzubeleben und ein Treffen vorzuschlagen?
- Sportverein, Ehrenamt, Stammtische, Freundschafts-Apps, Afterwork Party – nutze die Chance, dich mit anderen zu verbinden.

Nimm eine Absage nicht persönlich, sondern begreife sie als ein »Okay, das passt gerade leider nicht«.

ZEIG' MIR DEIN UMFELD UND ICH SAG' DIR, WER DU BIST!

Als ich dieses Zitat von Jim Rohn zum ersten Mal las, brachte es mich ganz schön ins Grübeln. Ich sollte also der Durchschnitt jener fünf Menschen sein, mit denen ich mich am meisten umgab – mhh, konnte das sein? Sicherlich färbte mein Umfeld zu gewissen Teilen auf mich ab, das hatte ich durch die ansteckende Hands-On-Mentalität ja bereits auf dem Segelboot erlebt. Aber wurde ich von meinem Umfeld tatsächlich geprägt oder suchte ich das Umfeld, weil es meinem Wesen und meinen Bedürfnissen gerade entsprach? Letztendlich war es vermutlich egal, ob die Henne oder das Ei zuerst da war. Fakt war, dass sich meine Sicht-, Denk- und Verhaltensweisen und die meines sozialen Netzwerks zwangsläufig gegenseitig bedingten. So war auch mein Umfeld ein entscheidender Faktor auf meinem Weg zum Glück, denn diese Menschen formten mich maßgeblich und schenkten oder raubten mir Energie und Glücksgefühle, inspirierten und motivierten mich oder hielten mich klein.

Schön und gut, ich war, wenn das stimmte, also ein Mix aus meinen Best Buddys – aber wer genau waren nun diese fünf Alltagshelden in meinem Leben? Mit wem verbrachte ich die meiste Zeit? Waren es am Schluss auch Personen, die ich gar nicht bewusst gewählt hatte? Flugs zog ich ein Stück Papier aus dem Drucker und kritzelte meinen Namen in die Mitte des Blattes. Anschließend überlegte ich, wer zu meinem Inner Circle gehörte. Meine Zimmerkollegin im Büro, meine Freundinnen aus Schulzeiten, meine Nachbarin, die ein oder andere Tinder-Bekanntschaft, die mittlerweile zu einem engen Vertrauten geworden war, meine Familie, meine Podcast-Ikonen, die mich täglich mit wertvollen Impulsen begleiteten ... und natürlich meine beste Freundin. Mit ihr war ich so stark verbunden, dass sich selbst unsere Zyklen angeglichen hatten – ob das immer gut war, stand auf einem anderen Blatt; schließlich waren wir nun oftmals zur gleichen Zeit hormonell gaga.

Wenn ich den Kreis etwas erweiterte, stellte ich fest, dass meine Freundesliste lang war. Dennoch hatte ich immer ein oder zwei enge Verbündete an meiner Seite; Menschen, die meinen Alltag teilweise besser kannten, als ich selbst. Gleichzeitig war ich ein Fan von Dreier-Konstellationen oder größeren Gruppen. Alles hatte seinen Reiz und seine ganz eigene Dynamik und Energie. So standen in manchen Gruppenkonstellationen die Gemeinsamkeiten im Fokus, bei anderen die Individualität. Ich hatte quasi die Wahl zwischen Apfelkuchen und Obstsalat. Verbindungen, bei denen die Gemeinsamkeiten im Fokus standen, also viele Äpfel zusammenkamen, schenkten mir Schutz, Sicherheit und das gute Gefühl, mit meinen Wertvorstellungen und Ansichten nicht allein zu sein. Hier konnte ich mich zurücklehnen und durchschnaufen. Das Miteinander schenkte mir die Kraft, das Selbstbewusstsein und den Rückhalt für die Zeit als einzelner Apfel im wild zusammen gewürfelten Obstsalat, dem Zusammentreffen ganz verschiedener Individuen – also einer Gruppe, die von der Einzigartigkeit jedes Einzelnen lebte und möglichst viele Obstsorten brauchte, damit daraus ein harmonisches Gesamtarrangement wurde. Eine solche Gruppe ließ mich wachsen, forderte mich aber auch dazu auf, zu mir zu stehen.

Nachdem ich mein Netzwerk sichtbar gemacht hatte, versuchte ich zu ergründen, was die jeweiligen Begegnungen in mir auslösten. Fühlte ich mich nach dem Kontakt erfüllter, schenkten sie mir Energie oder raubten sie mir Kraft? Ich versuchte, ehrlich Bilanz zu ziehen.

Wenn ich darüber nachdachte, vereinte eine Freundschaft für mich viele Geschenke. Es waren die wertvollen Inspirationen, die eine Freundschaft so besonders machten, die mutgeladenen Worte, die mich immer wieder erinnerten, dass alles irgendwie möglich war, selbst meine kuriosesten Fantasievorstellungen. Egal, wie aussichtslos eine Situation auch schien – es gab immer jemanden, der meine ausgefallenen Ideen nicht nur bejahte, sondern auch mit den kreativsten Anregungen bereicherte und mir neue Blickwinkel und Standpunkte aufzeigte, von denen aus ich die Welt betrachten konnte. Wenn ich mal down war und die Tage grau waren, bekam ich jenen Raum, den ich brauchte, oder meine Freunde halfen mir dabei, wieder das Gute in der Situation zu sehen und jene Chancen zu erkennen, für die ich aufgrund mancher Zweifel und Ängste gerade blind war. Meist kam auch ein Komiker ums Eck, der seine Prise Humor beisteuerte und das Talent hatte, schwierige Situationen mit einem Lächeln zu entschärfen oder mein selbstmitleidiges Mimimi so überspitzt darzustellen, dass ich es selbst nicht mehr ernst nehmen konnte.

Manchmal brauchte ich auch jemanden, der mich wieder zurück auf den Boden der Tatsachen holte, mir für mich tote Blickwinkel zeigte, die ich nicht sehen konnte, und liebevoll, hart, aber direkt aussprach, was ich nicht hören oder sehen wollte. Ich schätzte die Offenheit, Ehrlichkeit und Direktheit dieser Menschen, auch wenn sie gewiss nicht immer ein Zuckerschlecken waren. Auf sie war einfach Verlass: Sie sagten mir herzlich, aber bestimmt, wenn ich mir selbst eine Märchengeschichte erzählte, die mir letztlich nur schadete, und durch die ich die Essenz meiner Lebenslage aus den Augen verlor.

Nachdem mir die große Bedeutung meines Umfelds bewusst geworden war, achtete ich noch genauer darauf, mit wem ich meine Lebenszeit verbrachte. Ich umgab mich mit Menschen, deren Anwesenheit mich positiv beeinflusste, die mich bereicherten und mit mir auf einer Wellenlänge schwammen. Dadurch schuf ich mir ein regelrechtes Power-Umfeld. Die Erfolge der anderen beflügelten mich ungemein, denn einerseits bekam ich durch ihre Ansätze neue Impulse für meinen eigenen Weg, gleichzeitig zeigte mir ihre Erfolgsstory aber auch, dass es möglich war, groß zu denken, und wie befreiend es war, dem eigenen Herzensweg zu folgen. Auch ich wollte endlich mein Licht in die Welt bringen, einen Teil meines Glücks weitergeben und anderen Menschen damit etwas Gutes tun.

Glücksimpuls: Du wählst dein Umfeld

Egal, ob durch eine Trennung, einen Arbeitsplatzwechsel oder einen Umzug – es gibt viele Situationen, wodurch sich dein soziales Umfeld ändert. Oft ist es die Folge einer Entscheidung, doch ebenso kannst du bewusst entscheiden, mit wem du Zeit verbringst. Schaue dir dein Umfeld in Ruhe an.

- Wie ist die Grundstimmung deiner Freunde: Sind sie optimistisch, lebensfroh, gelangweilt, meckernd, unzufrieden oder pessimistisch? Welche Interessen haben diese Personen?
- Wie fühlt sich diese Verbindung an? Fühlst du dich gesehen und wertgeschätzt? Gehst du nach euren Treffen mit einem guten Gefühl nach Hause oder eher bedrückt und ausgelaugt?
- Würdest du die Menschen in deinem Leben bewusst noch einmal wählen?

Mache dir das Leben leichter und hole dir Menschen in dein Umfeld, die schon dort sind, wo du hinmöchtest oder den Weg mit dir gehen.

KAPITEL 7

NUN WIRD DAS GLÜCK AUF DIE PROBE GESTELLT, DENN JETZT GEHT'S WIRKLICH HINAUS IN DIE GROSSE WEITE WELT.

RUNTER VOM SOFA UND RAUS INS LEBEN. ICH BIN DANN MAL WEG! DIE ENTFERNUNG IST EGAL – WAS ZÄHLT IST DER ERSTE SCHRITT.

Inzwischen empfand ich mich als ein völlig neuer Mensch und lebte ein komplett anderes Leben als noch ein paar Monate zuvor. Die Glückszutaten hatte ich nach und nach wie selbstverständlich in meinen Alltag integriert und auch die Punkte meiner Löffelliste waren nahezu alle abgehakt. Drei Post-its prangten allerdings noch an der Wand: »Sabbatical in Südamerika«, »meine Angst vor der englischen Sprache überwinden« und »Ankommen«. Puh, ich hatte mächtig Respekt vor allen dreien. Sicherlich hatte ich mittlerweile ein Gespür dafür bekommen, was ich gerade brauchte, und war mir bei der Suche nach dem Weg zum Glück auch selbst immer nähergekommen. Doch dieses sogenannte »Ankommen« – hatte ich das schon jemals wahrhaft erlebt? Wie fühlte sich das überhaupt an?

Wie hypnotisiert starrte ich auf die Zettel. Mein Magen zog sich zusammen, ich hatte Angst und jede Menge Fragezeichen auf der Stirn stehen, spürte aber auch, dass mein Neugierde-Lust-Angst-Kompass bei der Vorstellung, ein Sabbatical in Südamerika zu machen, voll ausschlug. Nur: Wie sollte das gehen – einfach so eine dreimonatige Auszeit nehmen? Es gab tausend Gründe, die dagegensprachen. Doch meinen handgekritzelten Post-it interessierten sie nicht und meine eigene Notiz ließ mir keine Ruhe mehr.

Meine Nachbarin hatte einen solchen Plan schon einmal durchgezogen und mir durch ihre eigene Geschichte bereits wertvolle Inspirationen gegeben. Was es nun als allerersten Schritt von mir brauchte, war mein eigener Entschluss – und den fällte ich. So nahm ich beim nächsten Personalgespräch all meinen Mut zusammen und berichtete meiner Chefin von meinem Herzenswunsch. Nachdem ich ihm Ausdruck verliehen hatte, fiel ein riesiger Brocken von meinem Herzen. Und siehe da, meine Chefin war, genau wie mein Vorstand bereit, meinen Plänen Raum zu geben und das Sabbatical möglich zu machen. Wer hätte gedacht, dass es so einfach sein konnte? Ich lange Zeit nicht. Doch ihre Reaktion bestätigte mir mal wieder, dass Wunder möglich wurden, sobald ich die Möglichkeit des scheinbar Unmöglichen zuließ und die Liebe statt der Angst wählte.

Meine Vorfreude war groß, denn was gab es Schöneres, als die Sonne aus einem anderen Blickwinkel zu betrachten und die Luft fremder Kontinente zu atmen? Schon bald würde es heißen: Ab in die Ferne und fremde Länder bereisen, von denen ich bisher nur geträumt hatte und die ich lediglich aus Erzählungen kannte. Wenn mich jemand fragte, wo auf der Welt mein Lieblingsplatz war, antworte ich fast immer: »Überall!« Ich liebte die Vielfalt, weshalb ich kaum einen Ort mehrfach besucht hatte. Reisen gehörte für mich zum Leben, wie die Luft zum Atmen, denn das Reisen gab mir viel: Ich lernte die Schönheit der Welt kennen, erweiterte meinen Horizont und bekam neue Inspirationen, wurde sensibler für andere Kulturen und konnte sowohl deren Sicht- als auch Lebensweise nachempfinden. Dadurch lernte ich, mich immer besser auf neue Situationen und Menschen einzulassen, meine Grenzen auszutesten und aus Gewohnheiten auszubrechen. Mit jeder Reise war mein Blick für das Wesentliche geschärft und meine Wahrnehmung erweitert worden; ich hatte mich weiterentwickelt, war gewachsen und hatte Neues gelernt. Der Spaßfaktor war dabei natürlich auch nie zu kurz gekommen. Doch dieses Mal sollte es nicht irgendeine Reise werden, sondern die Reise meines Lebens: drei Monate Sabbatical in fernen Südamerika – ich konnte es nach wie vor nicht glauben.

Während der ersten Vorbereitungen stellte ich fest, dass sich meine Haltung bezüglich der Reise in den vergangenen Monaten massiv verändert hatte. Als ich den Post-it verfasst hatte, hatte ich noch gedacht, ich müsse die Reise machen, um mich selbst zu finden. Jetzt aber, wo sie zum Greifen nah war, empfand ich sie als Belohnung für das, was ich bisher erreicht hatte und wo ich nun stand. Auch die Angst vor der Reise hatte sich mittlerweile in positive Vorfreude verwandelt.

Doch bis es soweit war, gab es noch einiges vorzubereiten; das Programm war straff. Zum Glück hatte ich in den letzten Monaten schon gute Vorarbeit geleistet und meine Wohnung, aber vor allem auch meinen emotionalen Mülleimer so gut es ging ausgemistet. Das war Gold wert, denn schließlich konnte ich den alten Seelenmüll nicht einfach wegschließen und auf der Reise hatte ich ohnehin genug zu schleppen. In meiner Vorstellung wurde es abenteuerlich, einfach (und) außergewöhnlich, genau wie bei meinen bisherigen Urlauben: egal, ob Reiten in der Wüste vor den Pyramiden in Kairo, zehn Tage Kanufahren ohne Strom und Zivilisation in Schweden, Backpacking-Urlaub in Thailand, Segeln in Kroatien oder Rundreise in Kanada – je exotischer, desto besser. Ähnlich wollte ich auch die Zeit in Südamerika gestalten: den Alltag hinter mir lassen und tiefer, als der klassische Tourist, ins Leben vor Ort eintauchen. Damit das klappte musste ich nun aber den Schurz wackeln lassen.

Der Zeitpunkt war das Einzige, was bisher fix war; in weniger als drei Monaten sollte es losgehen. Nun machte ich mich an die grobe Planung – darauf baute schließlich alles Weitere auf. Wo sollte es hingehen? Da ganz Südamerika in drei Monaten nicht drin war, hatte ich die Qual der Wahl. Ich ging ins Reisebüro, las Blogs, strich Orte von meiner Liste und ergänzte sie wieder neu, bis nach etlichen Nachtschichten der perfekte Plan stand. Panama, Ecuador, Peru, Bolivien und Kolumbien hatten das Rennen gemacht und so entstand ein Mix aus Regenwald, Wüste, Meer und Bergen – und in der konkreten Umsetzung eine Kombination aus Sozialem Projekt, Rundreise und einer Mischung aus Zeit für mich allein und in der Gruppe. Was ich zunächst nicht beachtet hatte, waren die unterschiedlichen Klimazonen; von minus zehn Grad in Bolivien bis zu über 30 Grad in Panama. Das brachte mich zu meiner nächsten Herausforderung, dem begrenzten Reisegepäck. Doch nicht nur das: Ich musste Flüge buchen, mich für die Tropen impfen lassen, meine Wohnung zwischenvermieten, die Übergabe im Geschäft vorbereiten, meinen Rucksack packen und so weiter. Ein sportlicher Plan für die mittlerweile nur noch verbleibenden knapp zehn Wochen, aber keinesfalls unmöglich in der Umsetzung. Spanischcrashkurs und Selbstverteidigungsstunden waren zeitlich allerdings leider nicht mehr drin. Schließlich gab mir meine Schwester zu meinem Glück nämlich ein kleines selbstgebasteltes Fotoalbum mit den wichtigsten spanischen Begriffen für die Reise mit. So hatte ich Bilder von meiner Familie und Freunden bei mir und war für die ersten Gespräche mit den Einheimischen bestens vorbereitet. Es konnte also nichts mehr schiefgehen.

Wenige Wochen später saß ich dann in meiner leer geräumten Wohnung und hielt ein letztes Mal bewusst inne, bevor es losgehen sollte. Der Anblick der kahlen Zimmer machte mich sentimental. In diesen vier Wänden steckten so viele Details und Erinnerungen an den Weg, den ich bereits gegangen war. Ich realisierte, wie intensiv die letzten Monate gewesen waren;

im Positiven, aber auch im Negativen. Ich fragte mich, wie ich mich wohl fühlen würde, wenn ich in drei Monaten wieder zurück war. Sobald ich daran dachte, bekam ich Herzklopfen, aber es schwang auch Wehmut mit. Irgendwie hatte ich das Gefühl, vieles würde sich nach der Reise anders anfühlen. Das war gut, aber manchmal fiel mir der Gedanke auch schwer, denn ich ahnte, dass so manches Liebgewonnene und Vertraute sich auch verändern würde.

Doch jetzt gab es kein »Zurück« mehr. Das größte Abenteuer meines Lebens war zum Greifen nah. Als ich mich von meinen Freunden verabschiedete, sagte ich mir in Gedanken immer wieder: »Hallo, aufwachen! Es geht um mich. Ich bin die, die geht.«, denn irgendwie konnte ich es nach wie vor nicht glauben, dass dieser langersehnte Herzenswunsch nur wahr tatsächlich wurde.

Glücksimpuls: Trau' dich!

Hast du selbst auch schon die Erfahrung gemacht, dass deine eigene Courage am Schluss der größte Hemmschuh ist?

- Wie wär's, heute damit aufzuhören und einfach mal deinem Bauchgefühl zu folgen? Nur Mut!
- Was ist das Erste, was du anpacken wirst?
- Welche Reise würdest du gerne machen – und was genau hält dich davon ab?

Die Zeiten, in denen du ein Informationsriese und Umsetzungszwerg warst, sind passé. Los geht's!

AUF DIE PLÄTZE! GLÜCKLICH! LOS!

Als ich aufbrach, machte sich jener Potpourri an Gefühlen in mir breit, der mich jedes Mal überkam, wenn ich mein Zuhause verließ und mich auf eine neue Reise begab: eine Mischung aus kindlicher Aufregung und Vorfreude, Euphorie und Lebenslust, Mut und Abenteuerdrang, gepaart mit einem mulmigen Gefühl im Bauch beim Gedanken an die Ungewissheit.

Meine Eltern brachten mich zum Bahnhof und der ICE anschließend Richtung Flughafen. So zog ich also allein los. Okay, ganz allein war ich nicht; schließlich wusste ich, dass sich an der engen Verbindung zu meiner Freundin auch über die Distanz gewiss nichts ändern würde. Zudem hatte ich eine WhatsApp-Gruppe mit wunderbaren Menschen gegründet, denen ich regelmäßig Updates von meiner Reise schicken und mit denen ich all meine Glücksmomente und Erkenntnisse teilen wollte. Trotz dieser spürbaren Verbundenheit liefen mir die Tränen über die Wangen und in diesem Moment wusste ich, was ich vergessen hatte – Taschentücher.

Auch meine erste wichtige Erkenntnis hatte ich bereits gewonnen: Reisen mit schwerem Gepäck war kein Zuckerschlecken. Da war ich so stolz gewesen, mehr als die Hälfte der Kleider aussortiert zu haben und nicht auf einem Koffer rumhüpfen zu müssen, um ihn schließen zu können und dennoch schleppte ich noch immer Backsteine mit mir herum. Die Vorstellung, mit diesen zwei vollgepackten Rucksäcken drei Monate durch Südamerika zu tingeln, war nicht sexy. Rückblickend kann ich sagen: Die Hälfte der Hälfte hätte definitiv gereicht, das Glück hing schließlich nicht von materiellen Dingen ab. Doch nun konnte ich nichts mehr daran ändern, der Zug war abgefahren.

Am Flughafen angekommen, gab ich mein Gepäck so schnell es ging ab – und plopp, war ich nicht nur die realen Rucksäcke los, sondern auch den Druck der letzten Tage. Wenige Minuten später saß ich im Flugzeug und musste noch einmal heftig weinen. Ich hatte die vergangenen Wochen wie in einer Blase gelebt und nur noch funktioniert, um die Reise bestmöglich vorzubereiten. Jetzt realisierte ich, dass ein großer Lebenstraum von mir wahr wurde, und ich ahnte bereits, dass auch diese Reise mein Leben nachhaltig verändern würde; ganz ähnlich wie der Segeltörn.

Ich ließ die Zeit, die seit diesem einschneidenden Erlebnis vergangen war, im Schnelldurchlauf noch einmal Revue passieren und war sprachlos. Immer wieder aufs Neue hatte ich den Mut bewiesen, meine Komfortzone zu verlassen. In den letzten Monaten hatte ich mich dadurch so lebendig und mit dem Leben verbunden gefühlt gehabt wie nie zuvor. Jede Phase war für sich einzigartig gewesen – ob die Adrenalin-Kicks während des ersten Anfangshoch, die Alltags-Glücks-Momente, die sich durch die bewusste und achtsame Lebensweise ergeben hatten oder der Erfülltheitsnebel und die Leichtigkeit, die während meiner anschließenden Forschungsreise und den intensiven Begegnungen freigesetzt worden waren. Ich hatte mein Leben und mich in den Fluss gebracht und darauf war ich richtig stolz. Und ich hatte gelernt, die jeweiligen Umstände anzunehmen und zu lieben, nachsichtig zu sein und Frieden mit mir zu schließen, eben den Tanz des Lebens souverän in Leichtigkeit zu genießen.

Bestimmt hatte meine kleine Abenteuerseele auch einen tollen Trip durch Südamerika für mich geplant; vermutlich nicht den einfachsten, dafür aber gewiss einen aufregenden und schönen Weg. Ich war bereit dafür, denn in den letzten Wochen hatte ich ein neues Sicherheitsgefühl entwickelt, das auf Vertrauen basierte und nicht die hundert prozentige Gewissheit brauchte.

Der Pilot riss mich durch seine herzliche Begrüßung aus meiner Gedankenwelt: »Sehr geehrte Fluggäste, Sie haben einen entspannten und sicheren Flug vor sich. Mein Name ist Meister und wie Sie wissen, ist noch kein Meister vom Himmel gefallen.« Allgemeines Gelächter war die Antwort und auch ich musste trotz meines verheulten Gesichts schmunzeln. Oh je, das konnte ja was werden. Ich schaute aus dem Fenster und fühlte mich wie auf Wolke Sieben. Hier oben, aus weiter Distanz, war ich nur noch einer von acht Millionen und meine Bedenken und Ängste nicht mehr gravierend, aus einem anderen Blickwinkel betrachtet vielleicht sogar Luxusprobleme. Wie in Trance ließ ich die Wolken und Gedanken an mir vorbeiziehen und nahm das Leben einmal mehr aus einer neuen Perspektive wahr. Nach einigen Minuten schloss ich dankbar meine Augen, ohne zu wissen, welche Abenteuer in den nächsten Wochen in Südamerika auf mich warten würden.

Ich wusste nur eins: Ich wollte jeden Tag genießen und jedes Gefühl mit offenen Armen willkommen heißen. Wie ein Schwamm würde ich alle Eindrücke aufsaugen und mich inspirieren lassen, sodass ich auf dem Rückflug in knapp drei Monaten mit einem Lächeln auf die Reise zurückblicken konnte und einen Mix an verschiedenen Glücksgefühlen im Gepäck hatte, von denen ich noch lange zehren konnte.

Ich war bereit in neue Welten einzutauchen. Oh ja, Abenteuer Leben, ich komme!

Glücksimpuls: Mach's wie ALI: Atmen. Lächeln. Innehalten

Oft hetzen wir ohne Pause von einem Event zum nächsten, dabei ist es so kostbar, einmal innezuhalten und die jüngste Vergangenheit wirken zu lassen. Ziehe dich am besten an einen Ort zurück, an dem du ungestört bist und dich wohlfühlst. Es kostet nur ein paar Minuten – versprochen!

- Schließe deine Augen und schenke dir ganz bewusst eine Zeit des Reflektierens.
- Nimm die Gedanken, die dich ablenken wollen, wahr, aber gib ihnen keine Aufmerksamkeit.
- Achte stattdessen auf deinen Atem. Spürst du, wie es in dir ruhiger wird? Jetzt bist du bereit für alles, was kommt und sich zeigen will.

Atme bei dieser Übung länger aus, als du einatmest. Diese Yoga-Atemtechnik hilft dir dabei, zur Ruhe zu kommen.

AUF ZU NEUEN UFERN

Etliche Stunden später erreichte ich mein Hostel. Sonnige zweiunddreißig Grad Celsius erwarteten mich in der schönen Altstadt Panamas. Doch statt die Umgebung zu erkunden, fiel ich todmüde ins Bett. Meine neun Mitbewohner und das Chaos um mich herum waren mir genauso egal wie die Tatsache, dass der Abend noch früh war und die Nacht lang. Ich musste mich erstmal akklimatisieren und neue Energie tanken. Schließlich war Panama City nur ein kurzer erster Zwischenstopp auf meiner Reise. Nach zwölf Stunden Komaschlaf hatte ich wieder bei mir eingecheckt und so kam ich beim Frühstück mit den anderen Gästen ins Gespräch. Ich liebte es schon jetzt, wenn Langzeitreisende aus dem Nähkästchen plauderten. Sie berichteten von wilden Abenteuern, nachhaltigen Begegnungen, abgedrehten Storys fernab des Gewohnten. Meine Seele rieb sich die Hände und jubelte innerlich; sie wusste schließlich, welche Art zu leben auf mich warten würde.

Obwohl jeder der Reisenden seinen ganz individuellen Weg gegangen war, war eine Sache für alle gleich: Ohne die neuen Erfahrungen hätten sie sich nicht zu dem Menschen entwickelt, der sie mittlerweile geworden waren, denn die Reise hatte sie geprägt und verändert, Höhen und Tiefen mit sich gebracht und war ein Wechselspiel aus energiespendenden und nervenzehrenden Momenten gewesen. Und so war der Entschluss zur Weltreise für viele die beste Entscheidung ihres Lebens gewesen; ein Wachstumsprozess im Turbo-gang. Jeder war sich auf seiner Reise immer wieder neu begegnet und hatte versteckte Facetten an sich kennenlernen dürfen.

Wie auch bei mir hatte eine der ersten großen Herausforderungen darin bestanden, sich aus der eigenen Komfortzone herauszubewegen und den gewohnten Alltag, aber auch Infrastruktur, Sauberkeit, finanzielle Sicherheit, soziales Umfeld und politische Stabilität hinter sich zu lassen. Sie versicherten mir, dass auf meiner Reise immer wieder neue Mutproben auf mich lauern würden – ohne sie ging es nicht, denn ich würde ständig unbekanntes Terrain betreten. Das Kontinuierlichste des Reisens war eben der Wandel und so wurde bald der Veränderungsprozess die neue Komfortzone. Kein Wunder also, dass für viele Langzeitreisende die Vorstellung, wieder in die alten Strukturen zurückzukehren, schließlich die größte Herausforderung wurde. Das irritierte mich anfangs, aber als ich während eines ruhigen Augenblicks darüber nachdachte, konnte ich gut nachempfinden, was sie gemeint hatten. Denn auch die Reise in meine innere Welt war nicht spurlos an mir vorübergegangen und der Rahmen, der mir früher Sicherheit geschenkt und eine Struktur gegeben hatte, würde mich heutzutage einengen und begrenzen.

Zurück ging es nun nicht mehr – Einbahnstraße. In meine alte Haut passte ich nicht mehr rein; da konnte ich nichts drehen oder wenden.

Ich musste an die kleine Raupe Nimmersatt aus einem meiner liebsten Kinderbücher denken, die in ihrem Leben verschiede- ne Phasen durchlief und sich kontinuierlich weiterentwickelte, bis sie irgendwann zu einem wunderschönen Schmetterling wurde. Dazwischen wurde es eng und dunkel; wie immer, wenn wir uns in Transformationsprozessen befinden. Manchmal tut es einfach weh. Ich ahnte, dass ich diesen Verwandlungsprozess auf meiner Reise im Großen und Kleinen immer wieder durchleben würde; schließlich war das Leben kein Stillstand, sondern ein kontinuierlicher Wandel im Innen wie im Außen – und ebenso ein stetiges Erinnern und Heimkommen.

Glücksimpuls: Veränderungen

Veränderungen sind Teil deines Lebens – ob du willst oder nicht. Wenn du etwas Geliebtes verlierst oder hinter dir lassen musst, erlaube dir zu trauern, aber verteufle dabei nicht das Unbekannte, sondern öffne dich für den Wandel und bleibe so in deinem persönlichen Gleichgewicht.

- Hörst du den inneren Ruf? Welche Veränderung steht bei dir gerade an? Kleiner Hinweis am Rande: Du bist nie zu alt für eine Veränderung, diese Ausrede ist völliger Bullshit!
- Was löst das Wort Veränderung in dir aus? Bist du bereit, die dabei aufkommenden Gefühle zu durchleben und die Entscheidung zu treffen, in eine neue Richtung zu gehen, die dein Leben nachhaltig verändern wird?
- Falls nein, sorge dich um das, was fehlt, und gib dir dann selbst die Erlaubnis, dass sich dein Leben verändern darf.

Unterteile den Prozess in kleine Häppchen; das erleichtert es dir, loszugehen. Du kannst, aber musst nicht direkt von 0 auf 100 switchen. Wichtig ist, dass du in Aktion kommst und dranbleibst!

EIN LÄCHELN SAGT MEHR ALS TAUSEND WORTE UND IST UNBEZAHLBAR

Nachdem ich mich im Hostel körperlich und mental gestärkt hatte, ging es für mich weiter in den Dschungel von Bocas del Toro (Panama). Hier lebte ich die nächsten vier Wochen und unterstützte das soziale Projekt »Give and Surf«. Bereits zu Beginn meiner Reiseplanung war mir klar geworden, dass ich nicht nur eine Rundreise machen, sondern durch eine monetäre Spende und Arbeitsstunden einen Beitrag für die einheimische Gemeinschaft leisten wollte. Schließlich hatte nicht jeder das Privileg, in einem Land wie Deutschland geboren zu sein, und ich wollte gerne andere Menschen an meinem Wohlstand teilhaben lassen.

Die Busfahrt war abenteuerlich und die Spannung auf mein neues Zuhause am Rande des Dschungels wuchs von Minute zu Minute – und löste sich bei unserer Ankunft ähnlich wie beim Segeltörn in pure Erleichterung auf. Es war Liebe auf den ersten Blick, denn schon als ich das Haus mit seinem Steg aus der Ferne sah, wusste ich: Dieser Ort ist magisch. Es war, als würden wir uns schon lange kennen. Ich hatte ein Déjà vu und das Gefühl, bereits von diesem Ort geträumt zu haben. Es war fast so, als hätte sich das Leben hier vor langer Zeit mit mir verabredet und nun hatte ich diesen Ort endlich gefunden, ohne ihn bewusst gesucht zu haben. Es war wunderschön hier im Dschungel, doch es erschien mir nahezu unmöglich, die Vielfalt der Farben und Formen komplett zu erfassen. Die Bäume, Sträucher, Blumen, Vogelstimmen, Äffchen – es war besser als jeder Kinofilm und vor allem war es echt.

Der Tausch des Hightech-Alltags in Deutschland gegen die natürliche Power-Tankstelle in Panama wirkte wahre Wunder. Durch meine Handy-Detox-Kuren hatte ich bereits einen ersten Vorgeschmack bekommen und quasi die Generalprobe bestanden; daher war ich bereit, mich voll auf das Abenteuer fernab der medialen Informationsflut einzulassen. Bei meiner kleinen Erkundungstour im Haus stellte ich fest, dass ich selbst vom Bett aus das Rauschen der Wellen hören konnte. Ich setzte mich auf die erhöhte Veranda und ließ meine Beine durch das Geländer baumeln. Der Wind wehte mir ins Gesicht, ich lauschte der Musik und beobachtete das Meer. Als ich meine Augen schloss, fühlte ich mich an die Zeit auf dem Segelboot zurückerinnert. Ich schwelgte für einen kurzen Moment in diesem Gefühl. Nach ein paar Minuten öffnete ich meine Augen wieder, schaute in den Himmel und bewunderte den Sonnenuntergang. Mein Herz pochte und wurde weit. Unglaublich, ich war tatsächlich in Panama und ließ einen weiteren meiner Lebensträume wahr werden. Die Grillen zirpten, die Wellen rauschten – schöner konnte es nicht sein.

Doch die anfängliche Ruhe war schnell vorbei, denn meine ersten zwei Wochen waren vollgepackt. Parallel zur ehrenamtlichen Arbeit hatte ich mich für einen Anfänger-Spanischkurs angemeldet, um mit den Menschen vor Ort nicht nur Englisch sprechen zu können. So drückte ich also morgens selbst die Schulbank und spielte nachmittags mit den Kids oder erkundete die Gegend. Abends nahm ich ein erfrischendes Bad im Meer, sah der Sonne vom Steg aus beim Untergehen zu oder ließ den Tag gemeinsam mit den amerikanischen Volunteers ausklingen.

Meine Aufgaben waren unterschiedlich. Entweder half ich im Kindergarten mit, gab leichten Englischunterricht oder unterstützte die Kinderbetreuung in den Community-Centern. Die Arbeit mit den Kleinen war eine echte Win-Win-Situation, denn ich konnte ihnen etwas geben und bekam noch so viel mehr zurück. Ihre strahlenden Augen waren für mich der kostbarste Lohn auf dieser Welt. Sie hatten keinerlei Berührungsängste – vertrauensvoll kletterten sie an mir hoch, ohne meine Sprache zu sprechen, und schenkten mir all ihre Liebe, wenn wir mit dem Boot in der Nähe der Blechhütten der Familien hielten und laut: »Escuelita! Escuelita!« riefen. In Windeseile kamen sie sofort aus allen Richtungen angerannt, wahnsinnig stolz, gleich etwas gelehrt zu bekommen. Im vollbeladenen Boot ging es dann auf eine Insel, wo wir in einem kleinen hölzernen Gebäude bastelten und spielten oder die Einheimischen gezeigt bekamen, wie man einen Garten mit einfachen Mitteln nachhaltig anlegen konnte.

Es war eine prägende Erfahrung für mich, in das Leben auf der anderen Seite der Erdkugel eintauchen zu dürfen und so beide Gesichter des Landes kennenlernen zu können – das romantische Bild, was oft auf Instagram zu sehen war, und die andere Seite: den Müll in der Natur, die Armut, karge Blechhütten, in denen wirklich Menschen lebten. Diese Bilder rüttelten mich wach und regten mich zum Nachdenken an. Ich war dankbar für diese Einblicke hier in Panama, aber auch gespannt auf die, die ich auf der weiteren Reise noch gewinnen würde. Ehrlich gesagt konnte ich nicht verstehen, warum viele andere Reisende die Vorhänge in den Bussen zuzogen und ununterbrochen Netflixfilme schauten, um die Zeit zu überbrücken. Etwa nur um dann im richtigen Moment beim Hotspot ein inszeniertes Selfie für Social Media & Co. zu schießen? Für mich lag die echte Schönheit im Alltäglichen, dem ehrlichen authentischen Dasein. Ich wollte hinschauen, statt wegschauen, und mich der manchmal harten Realität stellen, denn nur so konnte ich entscheiden, welchen Beitrag ich leisten konnte, um die Welt ein klein wenig heller werden zu lassen.

Glücksimpuls: Reisen mal anders

Die beliebtesten Sehenswürdigkeiten abklappern und das landestypische Gericht probieren – damit kannst du an der Oberfläche kratzen, doch wie kannst du Land und Leute intensiver kennenlernen? Das klappt mit dem »live like a local«-Prinzip. Probier's mal aus, es lohnt sich!

- Warum die Dating-App nicht auch im Ausland nutzen? So lernst du nicht nur coole Menschen kennen, sondern bekommst auch den ein oder anderen Insider-Tipp.
- Verlasse die typischen Reisepfade und erkunde das Land auf eigene Faust. Komme mit Einheimischen ins Gespräch oder hole dir zum Beispiel Inspirationen in Reiseblogs.
- Wie wär's mit einer Salsa- oder Yoga-Stunde statt dem typischen touristischen Unterhaltungsprogramm oder einem Besuch in einem lokalen Café abseits des Mainstreams?

Halte Augen und Ohren offen, komm mit Menschen ins Gespräch und lasse dich von deinem Gefühl leiten. Du wirst vom wahren Gesicht des Landes überrascht sein, wenn du deine Komfortzone verlässt.

LET'S GET LOST IN PARADISE

Langsam wurde es Abend. Ich spürte die letzten Sonnenstrahlen auf meiner Haut, der Himmel verfärbte sich und schuf eine romantische Atmosphäre. Ich konnte mich an diesem Farbenspektakel nicht satt sehen und staunte immer wieder über unsere wunderschöne Natur. Auch wenn ich hinsichtlich der Hygiene- und Lebensstandards starke Abstriche machen musste, war ich mitten im Paradies gelandet.

Mein Lieblingsplatz war die Hängematte; dort ließ ich oft stundenlag meine Seele baumeln, während ich den Klängen der Natur lauschte. Manchmal blieb mir auch gar nichts anderes übrig fernab des Trubels und ganz ohne elektronischen Firlefanz. Anfangs war es herausfordernd, doch es inspirierte mich auch dazu, den hohen Lebensstandard in Deutschland kritisch zu überdenken und zugleich bewusst schätzen zu lernen: simple Sachen wie eine Klospülung mit fließendem Wasser, eine warme Dusche, eine stabile Internetverbindung, Strom, der nicht wegbrach, wenn man den Wasserhahn aufdrehte, eine saubere Küche, die nicht überall klebte, oder Wohnräume, in denen mehr Menschen als Insekten hausten. Nicht zu vergessen: Kakerlaken, die meine Privatsphäre respektierten und nicht auf die Idee kamen, mir nachts über das Gesicht zu marschieren; eine Erfahrung, auf die ich gerne verzichtet hätte, aber ich hatte es überlebt – meine Mitbewohner meinen nächtlichen Schreikrampf übrigens auch.

So sehr es mich erfüllte, meinen Herzenswunsch wahrgemacht zu haben: In Panama erlebte ich auch die dunkelsten Momente meines Lebens.

Hier am anderen Ende der Welt wurde ich nämlich nicht nur aus meiner Komfortzone geschupst, mir auch noch meine größten Ängste und Traumen quasi auf dem Silbertablett serviert. Was ich mir in Gedanken so schön ausgemalt hatte, stellte sich schnell als eine gigantische Challenge für mich heraus: die vielen Eindrücke, der zusätzliche Stress durch den Spanischunterricht und die hohen Erwartungen, die ich an mich stellte, überforderten mich schon in den ersten Tagen. Auch mein Englischtrauma hatte mich schneller eingeholt, als ich hatte schauen können. Dem rasanten Sprechtempo der Muttersprachler konnte ich nicht standhalten und mit ihren Gesprächsthemen nichts anfangen. So zog ich mich immer mehr in mein Schneckenhaus zurück; mit der Folge, dass ich irgendwann nicht mehr beachtet wurde und mich wie ein unsichtbares Gespenst fühlte. In der Vergangenheit hatte ich immer schnell Anschluss an Gruppen gefunden, doch nun fühlte ich mich zum ersten Mal in meinem Leben einsam, obwohl immerzu Menschen um mich herum waren. Die folgenden Tage wurden zum Horrorfilm. Selbst nachts in meinen Albträumen verstand ich kein einziges Wort. Immer wieder wachte ich schweißgebadet auf. Ich versuchte etwas zu sagen, aber die Worte wollten einfach nicht über meine Lippen. Ich fühlte mich in meinem Inneren gefangen, als hätte man mir all meine Präsenz und mein Selbstbewusstsein geraubt, weil mir meine Sprache fehlte, mich auszudrücken, mitzuteilen und gesehen zu werden. Diese Erfahrung war so tiefschürfend für mich, dass mein Körper einen Schutzriegel vorschob und ich mich plötzlich nicht mehr spüren konnte. Von Jetzt auf Nachher war ich von meinem Empfinden getrennt. Ich fühlte mich verlassen und verloren und hatte das Gefühl, als wäre alles unwiederbringlich verflogen, was ich mir in den Monaten zuvor erarbeitet gehabt hatte. Weg, weg, weg – einfach weg.

Vorbei war der Glücksrausch und ich zurück auf dem Boden der Tatsachen. Ich fühlte mich taub, gelähmt und frustriert, irgendwie eingefroren. Das konnte doch nicht wahr sein – da lebte ich mitten im Paradies, genoss die Arbeit mit den Kindern, aber konnte mich selbst nicht mehr spüren? Was war nur passiert? Es kam mir vor, als hätte ich alle äußeren Vorkehrungen getroffen, das wahrhaftige Glück zu erleben, und mich unterwegs dabei selbst verloren. Ich fühlte mich wie eine Blume, die den Kopf hängen ließ, weil sie kein Wasser hatte, da ihre Verbindung zur Urquelle, abgetrennt worden war. Hier auf unserer kleinen Insel im Dschungel war ich ab vom Schuss und mitten im Nirgendwo, ohne äußere Ablenkungen, mehr oder weniger auf mich gestellt. Der Strohhalm, an den ich mich nun vor allem klammerte, waren die Sprachnachrichten meiner Freundin, die ich jedoch nur einmal am Tag abrufen konnte, wenn ich in der Sprachschule eine Internetverbindung hatte. Am liebsten hätte sie mich regelmäßig durch die Telefonleitung nach Deutschland gezogen, aber das war natürlich nicht möglich und ich wollte der Situation auch nicht entfliehen, sondern mich ihr stellen, denn ich wusste aus der Erfahrung vom Segelboot, dass mir das Außen – mit seinen Menschen und Situationen – genauso wie mein Erleben im Innen diente und jederzeit vollkommen war.

In dieser Phase meines Lebens wurde mir mehr denn je bewusst, dass mein Glück nur bedingt vom Äußeren abhängig war. Vielmehr ging es darum, die Verbundenheit mit mir selbst zu fühlen, zu meinem Wesenskern vorzudringen und die Mystik meiner Seele genau wie ihre Lernaufgaben in diesem Leben anzunehmen.

Nach einigen sehr aufwühlenden Tagen nahte eine Veränderung, denn gemeinsam mit den anderen Volontären stand ein Mädels-Trip nach Boquete vor der Tür. Ich freute mich darauf, denn ich hatte gehört, Boquete sei ein heilender Ort, umrandet von malerischen Bergen. Früh morgens ging es los: zuerst mit dem Wassertaxi, anschließend auf der holprigen Straße und wie die Hühner auf der Stange in einen Bus ohne Klimaanlage gequetscht. Die Vorfreude auf das kleine Dorf ließen mich den Kummer der vergangenen Tage kurz vergessen. An der Tatsache, dass ich mich gerade selbst kaum spüren konnte und frustriert war, weil ich nicht das Maximum aus der Situation herausgeholt hatte, änderte es allerdings nichts. Obwohl ich versuchte präsent zu sein, konnte ich nicht ins Hier und Jetzt eintauchen, da mein Herz wie blockiert war. Ich schaute aus dem Fenster und verlor mich in der wunderschönen Natur und meinen Gedanken. Parallel schrieb ich mit Freunden aus der Heimat. Durch das Teilen meiner Sorgen wurde ich mir meiner Situation und der Dualität meines Erlebens erst richtig bewusst. Da gab es einerseits die starke Verbundenheit mit Mutter Erde und andererseits meine innere Enge und das Getrenntsein von meinem Körper. Es war für mich unerklärlich, wie beides gleichzeitig existieren konnte.

All die verzweifelten Atem- und Achtsamkeitsübungen waren in diesem Moment völlig zwecklos. Waren es meine eigenen Erwartungen und die von mir empfundenen Erwartungen der anderen an mich, die mich klein machten und mich hilflos fühlen ließen? Manchmal saß ich einfach nur da und lauschte der Musik, obwohl ich mich eigentlich nach dem Austausch mit den anderen und dem Gesehenwerden sehnte. Doch ich befürchtete, dass mich der Kontakt meine Wunden und meine Verletztheit noch stärker fühlen lassen würde und so zog ich mich immer weiter in mein selbst geschaffenes Schneckenhaus zurück. Die anderen begegneten mir offen; gleichzeitig merkte ich, dass ich für sie nur die leise, introvertierte, schüchterne Stille war. Sie kannten mich nicht anders und merkten daher nicht, dass ich mich gerade unwohl und verloren in meiner eigenen Haut fühlte.

Die Situation spitze sich zu, denn immer mehr Trigger warfen mich in den alten Schmerz zurück und ließen mich ihn nochmals durchleben. Ich fühlte mich wie in einer Sackgasse, völlig in die Enge gedrängt. Die Last wurde untragbar für mich: die fremde Sprache, das Taubheitsgefühl – das war zu viel.

Am nächsten Morgen gingen wir zu einem kleinen Café, um zusammen zu frühstücken. Während ich auf mein Eieromelette wartete und an meinem frisch gepressten Orangensaft nippte, verspürte ich den Impuls, meinem Exfreund eine kurze Nachricht zu schreiben. Er wohnte mittlerweile in den USA und war anders, als die anderen in Deutschland gerade wach. Ich schrieb nichts Außergewöhnliches, sondern ein simples »Wie geht's?«. Er antworte sofort, erzählte mir kurz und knapp, dass er gerade auf dem Weg zum Paragliding war. Im Nachhinein weiß ich gar nicht mehr, ob ich seine Zeilen damals gelesen hatte, denn es waren nicht seine Worte, sondern die Verbundenheit, die ich zwischen uns spürte ... Dieses Gefühl war so überwältigend, dass mich die Tränen überkamen. Binnen Sekunden verwandelte ich mich in ein Häufchen Elend, schluchzend und völlig in meiner Welt versunken. In diesem Moment war mir komplett egal, was die anderen von mir denken würden. Die Gefühle überrollten mich. Selbst wenn ich gewollt hätte, hätte ich nichts dagegen tun können.

Meine Mitbewohnerin nahm mich liebevoll in den Arm. Sie wusste mit ihren jungen Jahren genau, was zu tun war, hielt mich fest und erlaubte mir, das alles sein darf, ohne den Prozess unterdrücken oder beschleunigen zu wollen. Ich spürte ihr Mitgefühl, ohne dass sie mich durch ihr Mitleid erdrückte. Dafür war ich sehr dankbar. Nach und nach kamen all meine unterdrückten Gefühle zum Vorschein. Langsam löste ich mich von meinem inneren Widerstand und stellte mich der Angst vor meinen Gefühlen, gab den Kampf auf und wurde ruhig. Dadurch wurde in mir eine Tür in meinem Herzen geöffnet, durch die frischer Wind hineinwehen konnte. Meine Gedanken wurden bedeutungslos. Ich gab all der Wut, der Traurigkeit, den Selbstzweifeln und Vorwürfen einen Raum und fühlte alles, was gerade gefühlt werden wollte, ohne etwas verändern zu wollen. Ich machte nichts, außer ganz tief in den Bauch hinein zu atmen. Es schmerzte und befreite zugleich. Meine Gefühle veränderten sich und damit auch meine Gedanken. Von Sekunde zu Sekunde fühlte es sich leichter an, weil all das was ich bislang zurückgehalten hatte, nun endlich fließen durfte. Es gelang mir wahrhaftig Frieden mit der Situation und der Erinnerung an die Vergangenheit zu schließen. Die Heilung passiert ganz subtil, ohne mein aktives Zutun. Es fühlte sich an, als sei ich eingefroren gewesen und würde nun langsam wieder auftauen. Rückblickend nahm alles einfach seinen Lauf. Ich weiß bis heute nicht wie lang ich dastand, denn während meines Zusammenbruchs verlor ich jegliches Zeitgefühl.

Als der größte Sturm überwunden und ich in mir zur Ruhe gekommen war, wartete auch schon das restliche Essen auf mich. Ich hatte es gar nicht kommen sehen. Mehr oder weniger genüsslich steckte ich mir kleine Happen des Omeletts in meinen Mund. Das Geschehene musste ich erst einmal verdauen. Nach dem Frühstück machten wir eine kleine Wanderung in der Natur. Ich powerte meinen Körper aus und ließ die restlichen Gedanken frei. Die Bewegung half mir dabei, die Energie zu transformieren. Mit jeder Schweißperle kam ich mehr zurück in meine Kraft, fand zurück zu mir und in meinen Körper. Die anderen spürten, dass ich erst einmal Zeit für mich brauchte und meine Gedanken und Gefühle sortieren musste. So waren sie da, sahen mich und ließen mich dennoch einfach mit mir sein. Langsam löste sich die Anspannung in meinem Körper.

Nun entwickelte ich eine neue Strategie. Ich befreite mich aus dem Freeze-Modus und versuchte mein Sprachproblem in kleine Häppchen aufzuteilen, suchte mit jeder Person einzeln den Kontakt, teilte mich mit und zeigte mich. So war ich nun nicht mehr nur die stille, unnahbare Fremde, sondern eine Frau mit Tiefgang und Herz.

Abends telefonierte ich mit meinem Exfreund. Das Gespräch war heilsam und berührend zugleich. Ich erinnere mich noch gut, wie ich auf der Dachterrasse saß, auf die Stadt in der weiten Ferne blickte und dabei den Himmel beobachtete. Ich erzählte ihm von meinem Zusammenbruch, dem Gefühl, mich nicht ausdrücken zu können, von Erinnerungen und Erfahrungen, die ich auch aus unserer gemeinsamen Zeit kannte. Wir reflektierten unsere Beziehung auf einer ganz neuen Ebene. Es war schön, zu sehen, wie wir uns beide entwickelt hatten, vermutlich sogar in jene Richtung, die der andere schon immer gesehen und gespürt hatte, die wir aus einem falschen Stolz heraus und Sturheit damals aber nicht hatten leben können, da wir uns selbst im Weg gestanden hatten. Ich spürte eine tiefe Dankbarkeit für das, was wir zusammen erlebt und, wo wir uns hingebracht hatten und nun standen. Es war wunderschön, aus dem alten Schauspiel ausgestiegen zu sein und sich erwachsen begegnen zu können, ohne im Kampf der inneren Kinder gefangen zu sein. Die Zeit verging wie im Flug. Erst in den frühen Morgenstunden schlich ich ins Zimmer zurück. Die anderen schliefen bereits. Es dauerte eine ganze Weile bis ich einschlafen konnte, denn mein ganzer Körper pulsierte. Ich war wieder zum Leben erweckt worden. Mein Schutzpanzer war gesprengt.

Wenige Stunden später war ich wieder wie angeknipst. Ich ging noch einmal auf die Dachterrasse zurück, um mich von dem Ort zu verabschieden. In Gedanken ließ ich den Tag noch einmal vor meinem geistigen Auge Revue passieren. Während die ersten Hausbewohner mit Yoga-Übungen den Tag begrüßten, stand ich einfach nur ganz regungslos da – dieses Mal allerdings nicht starr, sondern voller Lebenskraft.

Ich strahlte, denn ich war wieder zurück in meinem Körper und mit mir im Frieden.

Das war eine essenzielle Erfahrung für mich, die mich dem wahrhaftigen Glück ein riesen Stück näherbrachte, denn diese Herausforderungen hatte mich an meine Grenzen gebracht und mir gleichzeitig dabei geholfen über mich hinauszuwachsen, neue Blickwinkel einzunehmen und meine intensiven Emotionen voller Dankbarkeit und Hingabe zu schätzen. Ich machte mir bewusst, dass ich es in der Hand hatte und selbst entschied, was ich aus jeder einzelnen Situation machte und welche Weichen ich stellte. Ob ich mich für die Liebe oder Angst entschied, den Kopf in den Sand steckte oder erhobenen Hauptes sagte: »Ich bin bereit mich all dem zu stellen, was gefühlt werden möchte. Ich stelle mich meinen Emotionen.«

Ich hatte mich dem Schwall an Gefühlen und meinen tiefsten Ängsten gestellt, mich von der Erwartung, perfekt sein zu müssen, gelöst und mich in meiner Unvollkommenheit gezeigt. Ich wurde belohnt, denn endlich fühlte ich mich wieder lebendig und wohl in meiner Haut. Noch am Morgen des vergangenen Tages hatte ich heulend und niedergeschlagen am Frühstückstisch gesessen und nur vierundzwanzig Stunden später saß ich komplett verwandelt wieder an der gleichen Stelle. Der Zugang zu meinen Mitreisenden fiel mir nun immer leichter. Ich fand einen Weg – meinen Weg. So suchte ich zuerst das Gespräch mit jedem einzeln und stieg dann immer tiefer in Gruppendiskussionen ein. Die äußere Situation hatte sich anfangs nur marginal verändert. Letztendlich waren es meine innere Einstellung und mein Mut mich zu spüren gewesen, die den radikalen Unterschied gemacht und mir wieder mein Selbstbewusstsein zurückgeben hatten.

Auch wenn der Zusammenbruch und die Zeit davor für mich heftig gewesen waren, war ich dem Leben dankbar dafür, dass es immer wieder so liebevoll hartnäckig an meinen Fersen klebte und nicht Ruhe gab, bis ich mich voll und ganz auf unser gemeinsames Abenteuer einließ. Nun wusste ich: Die Sonnenseite hatte nur so viel Platz, wie ich ihrer Schattenseite zugestand.

Dank dieser Erfahrung realisierte ich, dass ich das Glück nicht jagen musste. Letztendlich musste ich paradoxerweise nicht einmal glücklich sein, um glücklich zu sein. Denn zu einem erfüllten Leben gehörte neben der Freude und der Leichtigkeit eben auch manchmal das Schwere dazu, das Dunkle und Tränenreiche. Ja, ich durfte auch traurig sein, es durfte schwer sein, ich durfte zusammenbrechen oder die Sprache nicht richtig sprechen können ... All das durfte sein, denn es gehörte zu der Balance aus Licht und Schatten. Im Nachhinein feierte ich diesen beschissenen Tag. Ich lernte, den inneren Kampf aufzugeben und den Schmerz im Schmerz zu genießen, denn er gehörte zum Menschsein.

Und so war der Glückskuchen nicht mehr Pflicht, sondern wurde zur Kür. Sobald ich bei mir ankam, kam das Glück von allein. Ich musste nichts mehr im Außen suchen. Und dennoch waren alle Schritte davor wichtig gewesen, um dort hinzukommen.

Der Wochenendtrip mit den Mädels nach Boquete hatte mich tatsächlich geheilt und mir das Selbstvertrauen geschenkt, dass die Verständigung auf der Reise schon irgendwie klappen würde – trotz des fehlenden Spanischkurses und den nicht gelernten Englischvokalen zu Schulzeiten; notfalls eben mit Händen, Füßen und einem echten Lächeln im Gesicht. Zum Abschluss unseres Trips besuchten wir ein Schmetterlingshaus in den Bergen und nahmen inmitten der Wohlfühloase eine Yoga-Stunde. Es war ein einmaliges Erlebnis und ein regelrechter Glücksmoment, in Gesellschaft von handgroßen Schmetterlingen Yoga zu praktizieren. Während der Dehnübungen setzte sich immer wieder ein Tier auf meinen Körper. Dieser Schmetterling wurde zu meinem Krafttier.

Glücksimpuls: Zurück im Körper

Es gibt etwas, was dir auf der Seele lastet, aber all das positive Denken, die Affirmationen und guten Vorsätze helfen dir nicht richtig? Häufig führt der Weg zu deinem Glück und deiner Leichtigkeit einzig durch die Transformation deiner inneren emotionale Blockaden. Hör in dich hinein – da spielt die spannendste Musik!

- Wo im Körper spürst du das Gefühl, wie nimmst du es wahr (schwer, groß, klebrig …)?
- Wie stark belastet es dich auf einer Skala von 1 bis 10?
- Kannst du das Gefühl konkret benennen? Ist es eine Ohnmacht, Taubheit, Trauer, Verzweiflung, Wut?
- Atme in das Gefühl hinein und nimm bewusst wahr, wie es sich verändert.
- Frage dein Gefühl, was es dir sagen oder zeigen will.
- Stelle dir vor, wie goldenes Licht jede einzelne Zelle deines Körpers durchflutet. Lasse das goldene Licht auch das Gefühl ummanteln. Nimm es bewusst wahr.
- Wenn du fertig bist, kehre langsam wieder zurück und öffne deine Augen. Kannst du eine Veränderung wahrnehmen? Haben sich die Intensität oder das Gefühl verändert?

Ergänzend oder als Ersatz dazu empfehle ich dir eine Schüttelmeditation. So kannst du im wahrsten Sinne jeglichen Ballast abschütteln, während der Körper gleichzeitig mit Energie geflutet ist. Anleitungen dazu findest du auf YouTube. Es macht Spaß und ist echt wirkungsvoll.

ICH HAB' DEN WEG ZURÜCK ZUM GLÜCK GEFUNDEN! ER VERLÄUFT JENSEITS DER MAUERN, DIE ICH ERRICHTETE!

Nach dem Mädels-Wochenende ging es emotional steil bergauf. Ich genoss die letzten Tage im Paradies und mich selbst nochmals ganz neu. Neben der Yoga-Stunde im Schmetterlingshaus erlebte ich noch andere Dinge, die ich mir nicht schöner hätte ausmalen können. Hierzu zählte unter anderem meine Ecstatic-Dance-Session, mein nahezu letztes Erlebnis in Panama und meine erste Erfahrung in einem Frauenkreis.

Es war ein magischer Tag an einem magischen Ort, der viele Steine bei mir ins Rollen brachte und neue Türen in mir öffnete. Nach einer kurzen reinigenden Einräucherung ging es los. Gemeinsam mit anderen Frauen saß ich im Kreis und meditierte in der Stille, bis die Musik einsetzte. Dann ließen wir uns treiben, getragen von den sanften Klängen. Anfangs ertappte ich mich immer wieder dabei, wie ich die anderen Frauen heimlich beobachte. Tausend Gedanken schwirrten in meinem Kopf herum. Ich fragte mich, was sie wohl über mich dachten. Es fiel mir schwer, bei mir zu bleiben, schließlich wollte ich keinesfalls auffallen oder gar aus der Reihe tanzen. Doch mit der Zeit gelang es mir immer besser, bei mir zu bleiben und meine Gedanken weiter in den Hintergrund rücken zu lassen. Langsam übernahm mein Körper die Führung und fing an, sich eigenständig zu den Klängen zu bewegen. Meine innere Tänzerin wurde aus der Reserve gelockt. Bei jedem neuen Rhythmus fand sie eine eigene Ausdrucksform, die den

Charakter des Liedes verkörperte, sodass sich ein natürlicher, dynamischer Spannungsbogen ergab, der einer Welle glich. Meine Gedanken und der Blick zu den anderen Frauen verloren immer mehr an Bedeutung und Aufmerksamkeit. Mein Körper folgte meiner Intuition und setzte alles, was ich wahrnahm, in Bewegung um. Ich tanzte, bis ich dort ankam, wo die Begegnung einfach, natürlich und echt war: im Da-Sein.

Bis ich soweit war, fühlten sich so manche Bewegungen seltsam kantig an. Ich spürte Scham und nahm die Blockaden, die dadurch entstanden, deutlich wahr. Doch mit der Zeit gelang es mir immer besser, mich in das Experiment fallen zu lassen, sodass ich eins wurde mit dem langsam pulsierenden Rhythmus, der sich wie der Herzschlag der Erde anfühlte. Manchmal waren meine Bewegungen weich, rund und fließend. Ich nahm dabei meine einzelnen Körperteile wahr und alles bewegte sich in Kurven und Kreisen – meine Hände, Ellenbogen, Schultern, Hüften. Ich ließ mich von der Musik wie ein Schiff treiben und folgte meiner Energie. Alles floss, bis sich die Klangwelt änderte. Als sich der Pulsschlag der Musik erhöhte, animierten die Trommelschläge mich dazu, meinen Bewegungen eine klare Richtung und Form zu geben. Sie wurden kraftvoll, aktiv, präzise, ruckartiger und scharfkantig. Aus Kreisen wurden Winkel, aus »Vielleicht«, »Mal sehen« oder »Eventuell« ein klares »Ja« oder »Nein«. Ich zog Grenzen, definierte mich, war präsent in allen einzelnen Formen – entschlossen und zielgerichtet. Jede Bewegung hatte einen klaren Anfang und ein klares Ende und war somit getrennt von der nächsten.

Anschließend erhöhte sich das Tempo erneut. Die Bewegungen, der Rhythmus – alles wurde wilder und ungezähmter. Immer mehr verabschiedete sich mein Verstand aus dem Geschehen. Es ging um Hingabe und Loslassen, genau meine Themen. Nach einer Weile nahmen die treibenden Bass-Rhythmen langsam nach, ein weiterer Energiewechsel fand statt. Es fühlte sich für mich wie Aufatmen an, Erleichterung dehnte sich aus. Mein Atem wurde tiefer, ich entspannte mich und mein Herz öffnete sich. Alles war leicht, mühelos und beschwingt, als würde ich über eine grüne Blumenwiese hüpfen. Die Interaktion mit den anderen Frauen war bedeutungslos. Für einen Augenblick gab es nur noch mich – und nichts zu tun, außer zu sein. Ich bewegte mich wie in Zeitlupe, hielt inne, schloss die Augen und richtete die Aufmerksamkeit auf meinen Atem und meinen Herzschlag. Es war still in mir, warm und friedlich. Der Flow konnte nun in mir nachwirken.

Meine Empfindungen während der kleinen Tanzsession waren sehr unterschiedlich. Manches fühlte sich mehr, anderes weniger vertraut an. Insgesamt belebte sie mich auf vielen Ebenen. Es war wunderschön, die Verbundenheit zu mir, aber auch zu den anderen Frauen spüren zu können. Durch die Tanzerfahrung erkannte ich, dass die Verbundenheit für mich erst dann wirklich spürbar geworden war, nachdem ich es gewagt hatte, bei mir selbst anzukommen. Ja, erst, als jede Frau bei sich war, traten wir tief in Kontakt miteinander und ließen uns von der Gruppendynamik mitreißen. Gemeinsam kreierten wir einen geschützten Raum, in dem jede von uns ganz ohne Worte gesehen und gehört wurde, sich unverstellt zeigen durfte und angenommen wurde – genau so, wie sie war. Es war eine Verbindung, die auf Basis des »sich selbst genug Seins« entstand.

Gemeinsam schufen wir ein Feld, in dem soviel Energie steckte, dass es die Begrenzung jedes Zimmers gesprengt hätte. Dank dieser Erfahrung wurde mir bewusst, dass ich das Glück erst dann wahrhaft verschenken und empfangen konnte, wenn ich es in mir gefunden hatte. Das war eine weitere wichtige Erkenntnis für mich, denn nach wie vor neigte ich dazu, den Fokus zuerst auf andere Menschen zu legen und das Glück im Außen zu suchen. Doch ich selbst war der Schlüssel und Ausgangspunkt und das Wichtigste, was es in meinem Leben gab.

Beseelt genoss ich die letzten Stunden an diesem zauberhaften Ort und verabschiedete mich von meinen Lieblingsplätzen: der Hängematte, dem Steg, dem Meer. Ich setzte mich auf die Veranda und ließ wie am ersten Abend meine Füße durch das Geländer baumeln. Im Hintergrund hörte ich ein letztes Mal die Geräusche des Dschungels, der mich umgab. Am Horizont ging wieder die Sonne unter und der Himmel färbte sich feuerrot. Ich musste an meine Ankunft denken und die vielen tiefgreifenden Erfahrungen danach.

Was hatte Panama nur mit mir gemacht? Ich war durchs Feuer gegangen, hatte mich am Boden zerstört gefühlt und war anschließend wie Phönix aus der Asche gestiegen. So hatte ich erfahren, dass alles, was passierte, mich nur stärker machen wollte. Im Leben ging es nicht darum, herauszufinden, was in der Vergangenheit passiert war. Oh ja, ich musste die erlebten Geschichten nicht umschreiben, sondern konnte den jetzigen Moment zum Wendepunkt machen, mich neu ausrichten, wohin auch immer. Alles, was es dafür brauchte, war ein achtsames Hineinhorchen in mein Herz, ein Loslassen von Altem und Akzeptieren des Jetzt-Moments!
Mitten im Dschungel des Nirgendwo war ich endlich angekommen – genau dort, wo das Denken und Fühlen aufhörten und das Bewusst-Sein begann. Durch den Mut, auch meine dunklen Seiten zu zeigen, die Jagd nach dem Glück loszulassen und meinen Schmerz anzunehmen, hatte ich die Angst vor der Angst verloren.

Ich nahm die wunderschöne Stille jenseits meines Gedankenlärms wahr, genau wie die Liebe und Freude jenseits des Schmerzes und fand dabei meinen inneren Frieden. Ein kalter Schauer überkam mich, als ich die Kraft und Energie in meinem Körper spürte, die alles verband und die Fülle in der wohlwollenden Leere wahrnahm. Es war eine Empfindung, die ich noch nie erlebt hatte und auch nie für möglich gehalten hätte; eine positive Leere, das pure Glück des großen Nichts. Wie ließ sich diese Leere beschreiben? Vollkommen – mit keinem Wort der Welt. Doch sie ließ sich erfahren. Indem ich mich in den vergangenen Wochen auf mich selbst eingelassen hatte, ohne zu bewerten und zu sortieren, hatte ich starke Wurzeln entwickelt, die mir den Raum für das pure Erleben eröffnet hatten. Und meine Reise war noch lange nicht zu Ende.

Ich wusste, dass auch andere Zeiten kommen würden und ich irgendwann wieder ganz schön viel Wasser schlucken musste, denn das Leben war wie das Meer: überwältigend, ungewiss, aufregend.

Doch ich war mit mir im Frieden und wollte jeden Moment der kommenden Wochen in Südamerika genießen – egal, ob er gut oder schlecht war. Das hieß nicht, dass ich nicht an meine Familie und Freunde dachte und sie nicht vermisste. Besonders, wenn ich Fotos von meinen kleinen Neffen oder Sprachnachrichten von meiner Freundin geschickt bekam, merkte ich, dass ich zu Hause einiges verpasste, aber es war ja für einen absehbaren Zeitraum und dank WhatsApp & Co nur halb so schlimm, denn es hatte sich etwas verändert. Gedanklich wollte ich nicht mehr an einem anderen Ort sein oder in einer anderen Zeit. Wenn ich etwas vermisste, wusste ich immer; Die Zeit in Deutschland würde wiederkommen. Doch der Moment war gerade vollkommen, wie er war, einmalig in meinem Leben und nur jetzt erlebbar.

Mit vielen lehrreichen Erfahrungen und erlebten Glücksmomenten startete ich in das nächste Abenteuer. Hier in Panama hatte ich gelernt, wie vielfältig und wunderschön unser Planet war und wie wichtig es war, dieses Geschenk Gottes zu bewahren. Ja, wir Menschen waren es, die diese bezaubernde Natur zerstörten und versuchten, alles in ein Raster zu pressen, zu strukturieren und Standards zu schaffen. Dabei merkten wir gar nicht, wie die eigentliche wahrhaftige Schönheit verloren ging. Das Land und seine Menschen hatten Spuren in mir hinterlassen. Die einheimischen Kinder würden mir fehlen, aber auch die Strände, die täglichen kleinen Ausflüge, das leckere Essen und die genialen Cocktails, sogar die Regentage – und das Gefühl, an diesem magischen Ort Zuhause zu sein. Ja, ich würde diesen Ort vermissen.

Gleichzeitig machten sich Wehmut und Vorfreude breit. »Bye, bye, wunderschöner Platz hier auf Erden«, flüsterte ich. »Es geht nun weiter.«

Glücksimpuls: Flow-Zustand

Viele erleben das Glücksgefühl der inneren Leere beim Meditieren – doch aus eigener Erfahrung weiß ich, dass du dafür nicht unbedingt ein Meditationskissen brauchst. Es gibt auch andere Wege, in einen meditativen Glückszustand einzutauchen.

- Kennst du diesen Flow-Zustand, indem du Raum und Zeit komplett vergisst und ganz absichtslos dem Leben begegnest?
- Falls ja, was bringt dich in diesen meditativen Zustand jenseits des Denkens und Fühlens? Ist es deine fernöstliche Meditationspraxis oder das Malen, dein Musikinstrument oder das Laufen? Baue diese Oasen häufiger in deinen Alltag ein.
- Falls nein, nimm dir Zeit für dich, ganz ohne Ablenkung und mache nichts. Das ist wirklich wörtlich gemeint.

Mach's Kindern und Zen-Mönchen nach und gönn dir öfter Zeit, um einfach nur zu sein. Du verdienst es.

WENN'S AM SCHÖNSTEN IST, MUSS MAN GEH'N. DOCH DAS ENDE EINER REISE IST MEIST DER ANFANG EINER NEUEN

Zunächst ging es zurück auf Start, dorthin, wo vor ein paar Wochen meine Reise begonnen gehabt hatte – in das Hostel in Casco Viejo. Die ersten neugewonnenen Freunde waren verabschiedet, das Ticket zurück nach Panama City hatte ich gebucht. Aufgrund des Trubels einer Demonstration und meiner durchwachsenen Spanischkenntnisse hatte ich aber den falschen Nachtbus zurück nach Panama erwischt und durfte zweimal zahlen. Erst um vier Uhr morgens war ich am Ziel und hatte mir nach der abenteuerlichen Fahrt mitten unter Hühnern und Einheimischen meine Verschnaufpause im Hostel redlich verdient. Die Hängematte war nicht so gut wie mein Original in Bocas, aber besser als nichts, und nur wenige Stunden später flog ich weiter nach Quito, Ecuador; meiner nächsten Station.

Mehr oder weniger ausgeschlafen fuhr ich zum Flughafen und war gespannt, welche neue Gruppen, Erfahrungen und bleibende Eindrücke in Südamerika auf mich warteten. Langweilig würde es mir nicht werden, denn ich hatte verschiedene Rundreisen gebucht, um möglichst viel zu sehen. Gut also, dass ich in Panama in meinem Kopf Platz für neue Eindrücke geschaffen hatte – ich ahnte schon, dass auch die nächsten Etappen der Reise ihren eigenen Charme haben würden.

Dankbar für das Erlebte und gespannt, was mich nun erwartete, saß ich wenige Stunden später im Flieger. Ich malte mir aus, wie spannend es sein werde, immer wieder Teil einer neuen Reisegruppe zu sein und neuen Menschen zu begegnen, die mich ganz unvoreingenommen wahrnahmen, unabhängig davon, wer ich gestern gewesen war und morgen sein würde.

Auf einmal hatte ich eine Idee und beschloss, die Reise als Experiment zu sehen – und mein Idealbild von Frau zu leben, als wäre ich diese Frau bereits. Ich hatte ja nichts zu verlieren. Warum also nicht mal mutig sein und es wagen; schließlich wusste niemand, wie ich im Alltag bisher gewesen war. Die Idee war genial, doch das Experiment scheiterte schon auf den ersten Metern im großen Stil. Statt ein neuer Mensch zu sein, wurde ich außerhalb meiner Komfortzone mehr denn je in meine alte Haut zurückgeworfen, von der ich dachte, ich hätte sie längst abgestreift. Wesenszüge und Prägungen aus der Vergangenheit holten mich schneller wieder ein, als ich schauen konnte und brachten wieder das schüchterne Mädchen in mir zum Vorschein, als wäre es nie fort gewesen.

Anfangs war ich mächtig frustriert, doch dann erinnerte ich mich an meinen Zusammenbruch in Panama und daran wie segensreich er gewesen war. Ich erkannte, dass es völlig schwachsinnig war, jemand anderes sein zu wollen, denn meine ganz individuellen Traumfrau-Qualitäten steckten bereits seit meiner Geburt in mir. Ich musste lediglich zu mir stehen, mich lieben und achten – und dazu bekam ich nun die Gelegenheit.

Die zweite Etappe hatte nur wenig mit dem ersten Teil der Reise gemein, denn ein Highlight der Superlative jagte das nächste: Schokolade selbst machen, Nervenkitzel beim Paragliding und an der Zipline, Seelöwen und Pinguine in freier Wildbahn auf den »kleinen Galapagos Inseln« beobachten, Rundflug über die rätselhaften Nazca-Linien, Sandbording in der Wüstenoase, bei den Bewohnern des Titicacasees wohnen, Boliviens Salzwüste erkunden, um nur einige Beispiele zu nennen.

Es war paradiesisch, gleichzeitig aber auch eine neue Herausforderung, denn der Grat zwischen Euphorie und Überforderung war auch hier wieder schmal. Mir wurde bewusst, wie kostbar es war, sich zwischendurch immer wieder Zeit für sich zu nehmen, um innezuhalten und zu begreifen, was mit einem geschah.

Ich verbrachte viel Zeit in der Natur, tauchte in die schamanische Lebensweise ein und verband mich mit den heiligen Kräften der jeweiligen Orte. Ganz besonders intensiv erlebte ich das Red Valley, das am Fuße des Rainbow Mountain liegt, gefolgt vom Colca Canyon. Ich werde nie vergessen, wie ich nach einem kleinen inneren Down-Moment völlig erschöpft am Geländer gestanden und in die gewaltige Schlucht geblickt hatte. Während ich fasziniert beobachtete, wie die Kondore ihre Flügel ausbreiten und durch die Luft glitten, meldete sich eine leise, sehr sanfte innere Stimme, die mir sagte: »Du bist ein Geschenk für die Welt, vertraue auf deine Intuition, höre auf dein Herz und traue dich! Lasse dich fallen und tragen. Du schaffst das.« In diesem Moment tauchte blitzartig eine Erinnerung aus meiner Kindheit in mir auf. Als ich damals gefragt wurde, welches Tier ich gerne sein würde, wollte ich ein Vogel sein, der seine Flügel ausbreitete, sich fallen ließ und flog. In diesem Moment war ich diesem Gefühl so nah wie zuvor. Ja, denn ohne den Kondor zu kennen und jemals zuvor gesehen zu haben, hatte ich damals genau dieses Bild vor meinem inneren Auge gehabt. Es war atemberaubend.

Glücksimpuls: Lebe deine Einzigartigkeit!

Auf der Reise habe ich versucht, in die Rolle meiner »Traumfrau« zu schlüpfen – ohne Erfolg, denn heute weiß ich, dass keine Maske so schön ist wie das authentische Wesen, das sich dahinter versteckt. Jeder von uns ist ein Puzzlestück und nur in der Summe ergeben wir durch unser Sein ein Gesamtkunstwerk.

- Welche Seelenschätze liegen in dir verborgen? Was magst du an dir am meisten?
- Was war das schönste Kompliment, das du bisher bekommen hast?
- Nenne eine Sache, die andere Menschen am Ende deines Lebens über dich in Erinnerung behalten sollten.

Oft liegen genau dort, wo du für andere »zu viel« bist oder als Kind »zu viel« warst, deine Gaben und Seelenschätze versteckt. Frage jemanden, der dich gut kennt, wie du als Kind warst.

MIR REICHT'S! ICH LERN' SURFEN – DIE WELLEN KANN ICH EH NICHT STOPPEN

Schon bald ging es nach Kolumbien zu meiner letzten Station. Der Countdown lief. Ich freute mich darauf, denn die Zeit in Kolumbien sollte mir dazu dienen, meine Akkus am Ende der Reise noch einmal voll aufzuladen. Sonne, Strand und Meer standen auf dem Programm, als Erholung von den actionreichen Tagen zuvor. Verrückterweise fühlte es sich tatsächlich wie Urlaub vom Urlaub an. Denn nach den zweieinhalb Monaten Auszeit vom Alltag stand ich kurz vor dem Reise-Burnout und fühlte ich mich urlaubsreif. Die vielen abwechslungsreichen Eindrücke und wenigen kurzen Verschnaufpausen dazwischen waren nämlich dann doch harter Tobak gewesen. Gut also, dass ich Zeit am Meer eingeplant hatte, um Sonne zu tanken und zu relaxen.

Ich landete in Cartagena – und mal wieder war es direkt Liebe auf den ersten Blick. Genauso hatte ich mir Südamerika in Gedanken vorgestellt: farbenfroh, lebendig und einfach paradiesisch. Ich liebte die vielen Blumen, die Musik, das leckere Essen und das karibische Feeling Kolumbiens. Nach ein paar Tagen in der bezaubernden Stadt ging es dann weiter ans Meer. Ich genoss es Mantren zu hören, den Wellen zu lauschen, von der Sonne geküsst zu werden und die weißen Segel der Boote über das Blau des Meeres gleiten zu sehen, die mich an meinen eigenen Törn und das damit verbundene Glücksgefühl erinnerten. Eines Nachmittags schaute ich gedankenversunken abseits der Gruppe den Wellen zu, die sanft zum Ufer schwappten und nach einem kurzen Aufschäumen den Weg zurück in die Weite antraten. Ganz friedlich und in aller Seelenruhe verloren sie sich wieder in der Tiefe des Ozeans und gaben dabei den Staffelstab an die nächste Welle weiter. Ich schwelgte weiter in Gedanken an die Zeit meines Segeltörns zurück, bis plötzlich eine Handvoll Surfer auftauchten. Aus sicherer Distanz bewunderte ich, mit welcher Demut vor der Gewalt des Meeres sie der Welle entgegenschauten, um dann graziös über das Wasser zu schweben. Sie hatten ein feines Gespür entwickelt, den perfekten Zeitpunkt abzupassen. Mich beeindruckten ihr Mut, ihre Willenskraft und das Durchhaltevermögen, trotz etlicher Fehlversuche nie aufzugeben. All das wollte ich auch lernen.

So nahm ich am nächsten Tag allen Mut zusammen und ging zur Surfschule. Nachdem ich die Theorie verstanden und einige Trockenübungen an Land praktiziert hatte, ging es ins Wasser. Mein Lehrer wählte eine geeignete Welle für mich aus und gab mir ein kurzes Handzeichen, als der richtige Moment gekommen war. Sobald der Startschuss fiel, musste ich paddeln, was das Zeug hielt, denn die Welle wartete nicht auf mich. Hatten das Timing und meine Performance auf dem Brett gepasst, wurde ich mit dem sagenhaften Hochgefühl der Freiheit belohnt. Ich spürte den Wind im Gesicht, glitt übers Wasser und schwebte dabei in einer ganz anderen Sphäre. Es war ein vollkommener Moment des Glücks und Gänsehaut-Feeling pur! In diesen Momenten fühlte sich alles richtig an; ich war glücklich und ganz bei mir. Doch wehe, ich ließ mich ablenken. Selbst, wenn ich nur eine Sekunde unachtsam war, weil ich zum Beispiel überlegte, wie das nochmal mit der Gewichtsverlagerung war oder ich das Glücksgefühl festhalten wollte, verlor ich meine Körperspannung und damit mein Gleichgewicht und wurde von der Welle überrannt. Die Wucht der Natur wirbelte mich so wild umher, dass ich es mich sprichwörtlich eiskalt erwischte und ich im ersten Moment nicht mehr wusste, wo oben und unten war. In Sekundenschnelle schlug ich Purzelbäume, verlor die Orientierung und fühlte mich wie im Schleudergang meiner Waschmaschine.

So eng konnten also das vollkommene Glück und der Fall ins kalte Wasser miteinander verbunden sein, so nah der totale Freudentaumel und die nackte Angst beieinander liegen. Das Surfen lehrte mich, wie wichtig es war, jederzeit präsent zu sein. Auf dem Brett war kein Platz für Gedanken, Sorgen und Probleme, denn die zerstörten nur den Zauber der Magie. Oh ja, das Glück gesellte sich genau dann zu mir, wenn ich voll in den Augenblick eintauchte und keine Gedanken meine innere und äußere Welt trennten, ich also eins wurde mit dem Alleinsein.

Je besser ich surfen lernte, umso leichter und lustvoller wurde mein Umgang mit den Wellen – im Wasser wie im Leben selbst. Immer seltener warf mich eine Welle um oder riss mich kurzerhand mit. Mittlerweile freute ich mich über den nächsten hohen Brecher, nahm ihn mit Leichtigkeit und nutzte seinen Schwung und seine Power. Wohin mich eine Welle brachte, wusste ich dennoch nie so genau, doch das war auch nicht mehr so wichtig. Viel bedeutsamer wurde für mich das Erleben, um in den Flow eintauchen zu können. Dazu brauchte es nicht die perfekte Welle, denn wie sie sich entwickelte und unser Zusammenspiel harmonierte, konnte ich immer erst rückblickend beurteilen.

Wenn ich den Entschluss gefällt hatte, loszugehen, gab es kein »Zurück« mehr, dann ließ ich mich voll auf das Spektakel ein, achtete auf die richtige Balance aus Hingabe und aktivem Einsatz. Ich hielt den Ball des Lebens im Spiel und bewertete den Wellenritt erst, wenn er vorbei war. Nach der Welle war vor der Welle – und so paddelte ich immer wieder hinaus, wartete auf die nächste Welle und begann von vorn.

Vor manchen Wellen hatte ich bereits aus der Ferne mächtig Respekt, doch die Wellen des Lebens konnte ich nicht stoppen und den Ozean meiner Gefühle nicht kontrollieren. Ich hatte nur die Wahl, ob ich den Schwung mitnahm oder wie eine Wilde dagegen ankämpfte, ob sich der Sturm in meinem Inneren in einen Orkan oder eine friedliche Stille verwandelte. Letztendlich war es wie beim Segeln. Nicht der Wind, sondern das Segeln bestimmte die Richtung, und nicht das Kartenblatt, sondern meine Spielkünste, wie das Spiel des Lebens verlief. Meist war rückblickend auch nicht die Welle das Problem gewesen, sondern meine Angst davor.

Nach und nach wuchs mein Bewusstsein und so konnte ich immer besser entscheiden, wie ich mit dem Wellenbad umging: ob ich mich dem Sog hingab oder mich für den Wellenritt entschied. Meist wurde ich belohnt, wenn ich es einfach mal probierte, auch wenn ich noch kein Profi war. Manchmal wurde es mir aber auch zu heiß. Dann wählte ich eine andere Strategie und tauchte für einen Moment ab, um die nächste Welle wieder mit Leichtigkeit und Freude nehmen zu können. Wenn der Strom auf dem Weg zurück zu stark war, sodass ich den Kampf nur verlieren konnte, schonte ich meine Kräfte und ließ mich achtsam treiben. Ja, dann hieß es innehalten und wachsam bleiben, bis der Augenblick kam, in dem ich wieder aktiv werden konnte. Es brauchte Übung und ein bewusstes Umgehen mit mir und meiner Umgebung, doch das Leben schenkte mir die passenden Zeichen. Ich musste sie nur lesen und anwenden lernen.

Das Wellenreiten machte Spaß, konnte aber kräftezehrend sein. Ich fragte mich, ob ich mich auch einfach mal ausklinken und am Strand sitzenbleiben durfte? Natürlich. Schließlich war ich Schöpferin und Drehbuchautorin meines Lebens. Ich legte also zwischendurch bewusst Pausen ein, je nach Wetter manchmal auch Zwangspausen, denn ohne Wellen kein Surfen. Manchmal waren die Luftmatratze oder das Beobachten aus sicherer Entfernung die bessere Wahl, wenn das Meer zu stark tobte und der Sturm alles aufwirbelte, im Außen und in mir drin. Alternativ konnte ich jederzeit in die Tiefe des Ozeans abtauchen, in die friedlich vertraute Stille, die mich einlud, auszuruhen und bei mir zu sein.

Zukünftig wollte ich die größten Herausforderungen des Lebens wie die Wellen beim Surfen als Kompliment des Universums ansehen, wie ein imaginäres Schulternklopfen und ein »Du schaffst das. Ich glaube an dich.« Denn durch meine Reise wusste ich, dass alles, was mir das Leben gerade bot, eine Chance war, es zu feiern oder in eine höhere Liga zu kommen. Das Leben meinte es gut mit mir, immer und überall, auch wenn es dafür manchmal schmerzhafte Wege wählte und einen seltsamen Humor hatte. Jede einzelne Welle lehrte mich etwas und zeigte mir, was ich richtig gemacht hatte und was ich verbessern konnte.

Langsam, aber sicher neigte sich meine Reise dem Ende zu. Die Stunden am Meer waren gezählt, doch ich gab den Wellen mein Versprechen wieder zurück zu kommen, wenn ich den inneren Ruf hörte und die Zeit reif war. Ich genoss die letzten Momente. Es war eine Reise, die meine Sinne berührt hatte und von intensiven Erlebnissen geprägt war. Sie hatte mir gezeigt, dass Vorstellungen und Realität nicht immer übereinstimmen mussten, es sich aber immer lohnte, die Vorstellung in Erfahrung zu tauschen. In jedem einzelnen Land war ich überrascht worden und hatte mit einem vollkommen neuen Bild weiterreisen dürfen. Die Zeit in Südamerika war ein einmaliges Geschenk – und die wichtigste Botschaft für mich war: »Du musst dem Glück nicht hinterherjagen. Und du musst auch nicht immer glücklich sein. Liebe dich selbst, auch und gerade in deinen dunklen Momenten – und du findest Frieden.«

Glücksimpuls: Der Ritt des Lebens

Das Leben ist ein stetiges Wechselspiel aus Aktivwerden (Yang) und Geschehen- bzw. Seinlassen (Yin), Kontrolle (Yang) und Hingabe (Yin). Die Kunst ist es, die männliche und weibliche Energie ganz spielerisch zu einem harmonischen Tanz zu verbinden. Auf dem Surfboard habe ich das perfekte Zusammenspiel erlebt.

- Wie steht's um deine männliche (Yang) und weibliche (Yin) Energie? Bist du mehr im Verstand oder im Herzen, der Initiator und Macher oder lässt du die Dinge lieber geschehen und dich führen?
- Lebst du eine der beiden Energien gerade mehr als die andere, hast dadurch Herausforderungen in deinem Job, deinen zwischenmenschlichen Beziehungen oder in anderen Lebensbereichen?
- Falls ja, was kannst du heute konkret tun, um sie in ein Gleichgewicht zu bringen?

Suche dir zum Beispiel eine Sportart, die dich dabei unterstützt, ins Gleichgewicht zu kommen, also etwas Befeuerndes, wenn du im Alltag der Ruhige bist, oder etwas Entschleunigendes, wenn du sonst eher der quirlige und impulsive Typ bist.

KAPITEL 8

GLÜCK IST KEIN ZIEL, SONDERN EINE ART ZU LEBEN. DAHER: DON'T KEEP CALM. IT'S THE FINAL COUNTDOWN!

ENDE GUT – ALLES GUT!

Nach knapp drei Monaten ging es zurück nach Deutschland. Das Reisen hatte mich zutiefst erfüllt, doch das Gefühl, wieder nach Hause zu kommen, war mindestens genauso genial. Ich konnte es kaum erwarten, meine Freunde, meine Familie und meine Kollegen in den Arm zu schließen. Die Zeit am anderen Ende der Welt hatte mir gezeigt, wie eng unser Band war und was Nähe auf Distanz bedeutete. Was hätte ich nur ohne sie gemacht?

Ich war richtig aufgeregt, als das Flugzeug den Motor startete, und freute mich wie ein Kind auf meine eigenen vier Wände, besonders aber auf mein Lieblingsessen – echte deutsche Käsespätzle. Schon bei der Vorstellung daran lief mir das Wasser im Mund zusammen; bei Mama schmeckte es einfach am besten. Doch bevor ich tiefer in meine Gedanken versinken konnte, meldete sich der Pilot pünktlich zum Start wieder zu Wort. Die Stimme kam mir sofort vertraut vor, konnte das sein? In Sekundenschnelle musste ich an seinen Witz beim Hinflug denken. Ich stimmte ihm zu: Noch war kein Meister vom Himmel gefallen. Dennoch hatte ich als Alleinreise-Neuling alle Abenteuer und Herausforderungen gemeistert und war sicher auf dem Boden der Tatsachen angekommen.

In Gedanken versuchte ich nochmals in meine alte Haut zu schlüpfen, stellte mir vor wie ich vor drei Monaten in der Flugzeugkabine gesessen und halb nervös, halb euphorisch auf die Reise geblickt hatte. Ich probierte, mich an meine Gedanken zu erinnern. All meine Ängste und Bedenken hatten sich damals so mächtig angefühlt. Die meisten hatten sich letztendlich gar nicht bewahrheitet; stattdessen hatte ich viele andere Erfahrungen gemacht, die so nicht planbar gewesen waren.

Noch vor ein paar Monaten hatte ich es nicht für möglich gehalten, dass ich irgendwann ganz allein mit meinem Rucksack ans andere Ende der Welt ziehen würde, um dort von Klippen zu springen, im Dschungel zu leben oder mit wildfremden Menschen den Nachmittag zu verbringen. In vielen Situationen war ich gezwungen gewesen, die volle Verantwortung für mich zu tragen, und hatte mir selbst helfen müssen. Auch schlechte Laune hatte ich auf niemanden schieben können, sondern mit mir allein klarkommen müssen. Denn manchmal waren meine einzigen Gesprächspartner die Insekten gewesen, die um mich herumgeschwirrt waren.

Die Reise hatte auch in vielerlei Hinsicht mein Selbstbewusstsein gepudert, meinen Geduldsfaden verlängert und mein Vertrauen gestärkt. Wie hieß es sprichwörtlich so schön: »Humor und Geduld sind zwei Kamele, mit denen du durch jede Wüste kommst.« Auch, wenn das Sprichwort aus Marokko stammt, hatte es in Südamerika vollkommen zugetroffen. Egal, ob meine beiden Kreditkarten kurzzeitig nicht mehr funktioniert hatten, ich während des viertägigen Lares Treks die heftigsten Magenschmerzen und Durchfall bekommen hatte oder nachts um zwei Uhr mitten in der Pampa mit falschem Busticket in der Hand gestrandet war – am Schluss hatte ich jede Herausforderung gemeistert, trotz diverser Sprachbarrieren. Darauf war ich verdammt stolz und davon konnte ich noch lange zehren; vielleicht sogar mein Leben lang.

Mir kamen die anfänglichen Gespräche mit den Langzeitreisenden in meinem ersten Hostel in Panama in den Sinn. Sie hatten Recht: Die Reise hatte mich verändert, denn der Angsthase war endgültig flügge geworden.

Glücksimpuls: Heimkommen

Heimweh war für mich bis dato ein Fremdwort gewesen, doch in den letzten Tagen meiner Reise spürte ich einen unbekannten Sog nach Hause, dabei hatte ich spannende Länder bereist und tolle Glücksmomente erlebt. »Zu Hause ist es am schönsten« – ist es das?

- Was bedeutet das Reisen für dich, was das Heimkommen? Wie kannst du die damit positiv verknüpften Empfindungen in deinen Alltag ziehen?
- Worauf freust du dich am meisten? Sind es wie bei mir die Käsespätzle, die Brezel, das Mineralwasser mit Kohlensäure, das eigene Bett, der Blick auf die Sehenswürdigkeit deiner Stadt, deine Freunde und Familie oder etwas ganz anderes?
- Was würde andere Menschen an deiner Heimat faszinieren und was gefällt dir zu Hause einfach besser? Kannst du all das auch im Alltag schätzen? Falls nein, dann los!

Erkunde deinen Wohnort einmal so, als wäre er eine fremde Stadt, teste neue Cafés, besuche neue Plätze und fühle dich wie neugieriger ein Tourist. Was entdeckst du dabei?

HEIMAT IST KEIN ORT. HEIMAT IST EIN GEFÜHL. ICH BIN ANGEKOMMEN!

Genüsslich schob ich den ersten Happen Käsespätzle in den Mund und wusste, schmeckte und spürte: Ich war wieder zuhause. Erschöpft von der anstrengenden Heimreise schlief ich wenige Stunden später beseelt in meinem Jugendzimmer bei meinen Eltern ein. Die Zwischenmieter waren zwar längst aus dem Lande, aber meine Wohnung musste erst wieder von mir bezogen werden.

Meine Freundin half mir dabei. Die Freudentränen liefen mir über die Wangen, als wir uns nach der langen Zeit wieder in die Arme schlossen. Wie sehr hatte ich sie vermisst! Als ich mit dem Auto in meine Straße einbog, passierte es. Auf einmal hatte ich Gänsehaut am ganzen Körper, jede Zelle kribbelte, ein Schauer lief mir über den Rücken und ich wusste und spürte: Karlsruhe, das ist meine Heimat. Oh ja, durch die Reise wurde aus dieser Stadt, die ich so sehr liebte und in der ich einst geboren war, ein Gefühl – das Gefühl Heimat.

Trotz dieser ergreifenden Erfahrung beschloss ich schon kurz nach meiner Rückkehr, umzuziehen. Ich hatte meine alte Wohnung zwar geliebt, doch jetzt wurde es Zeit für ein neues Kapitel und einen neuen Lebensabschnitt. Ich war aus dem Kokon geschlüpft und durfte mir nun eine neue Umgebung erschaffen. Es fiel mir nicht leicht, meine erste eigene Wohnung loszulassen, denn sie war mein treuer Begleiter, mein Auffangnetz, Rückzugsort und sicherer (äußerer) Hafen gewesen – und dadurch eine wichtige fixe Komponente in den letzten sieben Jahren. Doch das Wissen, dass meine alte Wohnung in Kürze sowieso komplett saniert werden sollte, half mir, diesen Schritt zu gehen. Rückblickend hatte mir mein Vermieter mit seiner einst überfordernden Ankündigung also tatsächlich einen großen Liebesdienst erwiesen. Vermutlich hatte ich den Arschtritt gebraucht.

Und so saß ich wenige Wochen später in meinen neuen vier Wänden in der wunderschönen Weststadt. Um mich herum stapelten sich noch die Umzugskartons, doch ich fühlte mich bereits pudelwohl und zuhause. Aber nun wusste ich, dass dieses »Angekommensein« aus mir selbst strömte und die neue Wohnung nur eine Folge davon war.

Endlich blieb es bei mir – dieses Gefühl, von dem ich bisher nur eine leise Vorahnung gehabt hatte und nach dem ich mich schon immer gesehnt hatte, ohne es richtig in Worte fassen zu können. Immer hatte für mich etwas Entscheidendes gefehlt, was ich stets im Außen gesucht hatte. Zuerst war es der ausbleibende Heiratsantrag und der unerfüllte Wunsch, Kinder zu bekommen. Später war es der neue Partner an meiner Seite, die fehlende sinnstiftende Erfüllung, der perfekte Glückskuchen, die ultimative Reise … die Liste hatte sich ständig verändert und verlängert – komplett abgehakt war sie nie. Es hatte immer etwas gegeben, was noch fehlte, was ich noch optimieren oder verändern »musste«, was noch nicht passte und mich davon abhielt, die Vollkommenheit des Moments zu erleben.

Dieses Spielchen hatte ich so lange gespielt, bis ich in Südamerika vom Leben aufgefordert wurde, mich meinen tiefsten Themen zu stellen und dem Schmerz in die Augen zu schauen. Im Außen hatte ich in diesem Moment nichts mehr tun können; so war das einzige, was mir in der gefühlten Sackgasse noch geblieben war, bei mir selbst anzukommen – erst im Schmerz, dann in der inneren Stille, in der Fülle und im SEIN, im wahren Glück.

Ich hatte die erhöhten Erwartungen an mich genau wie den Vergleich mit anderen abgelegt und mich vom Kampf gegen die aktuellen Umstände gelöst. Selbstakzeptanz und Mitgefühl mit mir selbst halfen mir dabei und so schloss ich Frieden: mit mir, mit dem Leben, mit dem Moment. Letztendlich hatte ich erst die Abkürzung einmal um die Welt nehmen müssen, um das Gefühl des Angekommenseins in mir zu finden. Ja, ich fand es in mir und so wurde es auch im Außen sichtbar, spürbar und erlebbar.

Manchmal hatte ich sogar ein bisschen Angst davor gehabt und mir womöglich deshalb diverse Male selbst im Weg gestanden. Denn insgeheim hatte ich befürchtet, dass dieses »Stehenbleiben« schnell zu einem Gefühl der Langeweile führen würde. Doch bedeutete Ankommen wirklich Stillstand – oder war es eher der Anfang von etwas Neuem? Letztendlich war die Antwort zweitrangig, denn all die offenen Fragen und Zweifel konnten meine tiefe Sehnsucht nach dem Gefühl des Angekommenseins nicht schmälern, auch wenn ich nicht wusste, was es wirklich hieß. Gefühlt sprach jeder vom Ankommen und doch war ich mir sicher, dass nur wenige Menschen dieses Privileg in der Tiefe erfuhren.

Nun kannte ich das Gefühl des Angekommenseins, wenn das innere Verlangen still wurde und Frieden einkehrte. Ich hatte es am eigenen Leib erfahren und damit hielt ich den Schlüssel in der Hand, auch in anderen Lebensbereichen wirklich anzukommen. Da war kein Suchen mehr, kein Streben und keine Eile. Wie lange hatte ich mich danach gesehnt, es verzweifelt im Außen gesucht und gedacht, ich müsse irgendetwas hinterherrennen, verändern, zurückhalten, festhalten oder erzwingen!

Auf einmal war es völlig egal, wo ich herkam oder wo ich hinging. Wie die kleine Schnecke im Garten trug ich mein

»Zuhause« nun mit mir, musste und wollte nirgendwo anders mehr sein als im »Hier und Jetzt«.

Noch einmal dachte ich an den Segeltörn zurück, an die Reise meines Lebens, die so manchen Stein ins Rollen gebracht hatte. Auch mein Leben war wie eine Seefahrt, oft ein regelrechter Wellenritt, immer wieder ein Wagnis ins Ungewisse und einfach Abenteuer pur – doch meine Heimat war der Hafen, nicht die offene See; der sichere Hafen, der nirgendwo anders war als in mir.

Glücksimpuls: Ankommen

Die Suche nach dem Weg zum Glück war bei mir stark mit meiner Sehnsucht nach dem Angekommensein verknüpft, in dem ich nicht mehr streben und suchen musste, sondern einfach sein konnte, so wie ich war, in der Fülle des Lebens, die es mir bot. Wo stehst du?

- Welches Gefühl verknüpfst du mit dem Angekommensein? Ist es zum Beispiel das Gefühl, geborgen, sicher und willkommen zu sein oder Freude, Leichtigkeit und Vertrauen, vielleicht auch etwas ganz anderes?
- Was kannst du heute tun, um dieses Gefühl zu fühlen?
- Wie kannst du anderen Menschen dieses Gefühl schenken?

Warte nicht auf Morgen, sondern schaffe dir schon heute das Leben, was du dir für deine Zukunft wünschst. Betrachte dabei alle Bereiche deines Lebens und erlaube dir dein zukünftiges »normal« nach deinen ganz eigenen Vorstellungen zu wählen.

MEIN FAZIT: EIN LEBEN OHNE GLÜCKSKUCHEN IST MÖGLICH, ABER SINNLOS!

Mit dem Umzug in die Weststadt hielt auch die Kunst, das Leben à la »savoir-vivre« zu genießen, noch mehr Einzug in meinen Alltag. So wurde der samstägige Besuch auf dem Wochenmarkt am Gutenbergplatz zu meinem festen Ritual. Ich fieberte regelrecht daraufhin, den verrückten Storys meiner Freunde*, die ich teils schon aus dem Orchester von früher kannte, zu lauschen, während wir genüsslich Kaffee schlürften, ein frisches pain au chocolat oder Zitronen-Brioche aßen und das Gesicht in die Sonne hielten. Jedes Mal aufs Neue war ich beseelt und dankbar für diesen wertvollen Glücksmoment. Die Intensität des Glücksgefühls nahm nicht ab, auch wenn der Marktbesuch immer mehr zur Routine wurde.

Ich erinnere mich noch gut daran, wie ich eines Tages am Brunnen saß, dem Plätschern des Wassers lauschte und vor mich hinträumte; umringt vom quirligen Treiben inmitten der ausgelassenen und lebensfrohen Energie der anderen Marktbesucher. Es dauerte ein wenig, bis ich fassen konnte, dass es nicht nur eine Idee in meinem Kopf, sondern tatsächlich Realität war. Ich fühlte eine ähnliche Art des Glücks wie auf dem Segelboot – im ganz normalen Alltag. Ein breites Strahlen wie aus Kindheitstagen wanderte über mein Gesicht und ich badete noch eine ganze Weile in diesem wunderbaren, beruhigenden Gefühl.

Ich dachte an das Glücksrezept und die sieben Grundzutaten. War es Zufall, dass ich genau jetzt mein Lieblingsteilchen, das »Zitronen-Brioche«, in der Hand hielt? Es war ein echter

---

*Andy, jetzt hast du es doch ins Buch geschafft ;-)
So einfach wird manchmal ein großer Wunsch, der unmöglich erscheint, wahr.
Vielen Dank für die vielen tollen gemeinsamen Stunden auf dem Markt
und bei den Celebration Partys. So schön, dass es dich gibt.

Klassiker aus der französischen Küche; ein Hefeteilchen, das bei jedem Biss nach Urlaub schmeckte und pures Glück in Perfektion für mich verkörperte.

Dieser süße Zauber hatte es mir angetan und so gehörte er für mich zum perfekten Samstagfrühstück auf dem Markt. Allein beim Aussprechen der Bestellung fühlte ich mich zurück in den Urlaub gebeamt und von der Erinnerung an den Süden umhüllt. Irgendwie fungierte dieses Hefeteilchen als kleine Brücke, die mich mit dem wahrhaftigen Glück verband. Mhh, diese locker-fluffige Konsistenz, die leichte Süße mit dezent salziger Note, harmonisch gepaart mit dem extravaganten Zitronengeschmack: Das Brioche war nicht nur optisch und geschmacklich ein Leckerbissen, sondern auch wie ein Anker, der mich automatisch wieder in das Glücksgefühl vom Segelboot brachte und mir immer wieder bewusst machte, dass ich die damit verbundenen wohligen Gefühle jederzeit in mir aufkommen lassen konnte, wenn ich treu an meiner Seite blieb.

Die Sehnsucht, den Weg zum Glück zu finden, hatte sich in tiefes Vertrauen verwandelt. Die Ausprägung des Glücks würde zwar immer anders sein und natürlich würde es weiterhin auch schmerzhafte Momente in meinem Leben geben. Aber niemand konnte mir meinen Anker zum wahrhaftigen Glück nehmen, denn er gehörte zu mir.

Neben meinem persönlichen Glücksrezept hatte ich mittlerweile auch das Selbstvertrauen und nötige Gottvertrauen gewonnen, mich voller Hingabe in das Wissen fallen zu lassen, dass das Glück immer wieder zurück in mein Leben finden würde, wenn es mir zwischendurch abhandenkam. Und ich musste bereit sein, meinen Teil dazu beizutragen. Letztendlich war es mit dem Glück nicht anders als beim Putzen: Nur, weil ich wusste, wie ich eine Wohnung richtig reinigte, war sie dennoch nicht immer sauber. Ich musste etwas dafür tun, achtsam und sorgsam sein, mir immer wieder einen kleinen liebevollen Arschritt geben, um mein eigenes Chaos aufzuräumen, aber auch Hand anlegen, wenn sich die Staubwolken wieder ausbreiteten. Was kein Problem war, denn ich hatte nun das Handwerkzeug, das Mindset und die Fähigkeiten, den größten Dreckstall in einen strahlenden Palast zu verwandeln und war bereit, Schöpferin meines Lebens zu sein, die Verantwortung für meine Gefühle zu übernehmen und mein Leben mit Herzensmomenten und Glück zu füllen.

Die Sonne schien mir ins Gesicht, ich hielt für einen weiteren Moment die Augen geschlossen, atmete, fühlte und wusste: Das Leben ist einfach wundervoll.

Glücksimpuls: Glücksanker

Glücklich sein auf Knopfdruck? Ja, das ist möglich, indem du dir deinen Glücksanker kreierst und durch die automatische Verknüpfung in Windeseile in deine Glückserinnerung reist. Das kann ein bestimmtes Lied sein, ein besonderer Duft, eine Berührung auf deiner Haut und vieles mehr.

- Schließe deine Augen und denke intensiv an deinen Glücksmoment. Kannst du den Augenblick spüren? Welches Gefühl verbindest du damit?
- Welches Lied, welcher Duft, welche Situation – was kommt dir direkt in den Sinn? Der Kreativität sind keine Grenzen gesetzt, genau wie dem Glück.
- Suche dir deinen persönlichen Talisman und lade ihn genau mit dieser Energie und diesen Sinneseindrücken auf. Bei mir ist es das Zitronen-Brioche, bei dir vielleicht ein Armband. Verbinde dich im Alltag regelmäßig damit.

EPILOG

Spätestens seit dem Segeltörn wusste ich, dass es diesen Schatz gab und wollte seither immer mehr davon – das Leben pur. So machte ich mich auf, den Weg zum wahrhaftigen Glück zu suchen und zu finden, zuerst im Außen, dann im Innen. Das Ergebnis war für mich die Kirsche auf der Torte – der Prozess im Gesamten ein Ausdruck echter Lebensfreude.

Nach langer Suche hatte ich nicht nur das Glücksrezept, sondern auch den Weg zu meinem Glück im Alltag gefunden und damit die optimalen Voraussetzungen im Innen und Außen geschaffen. So endete das, was einst mit dem Anfängerglück auf dem Segelboot anfing, letztendlich als harte Prüfung des Lebens, die ich immer wieder bestand. Mit der Zeit breitete ich meine Flügel aus, fiel ins Vertrauen und ließ mich von der Hingabe gleiten, bis ich flog. Scheinbar schwerelos flatterte ich von Blume zu Blume auf einer blühenden Sommerwiese und dann höher und immer höher. All meine Zellen steckten voller Lebendigkeit und Lebenslust; das Leben wurde zu einer großartigen Sammlung persönlicher Ereignisse und Erfahrungen, auf die ich gerne zurückschaue.

Auf einmal wusste ich, dass meine Erfüllung in der Reise und nicht im Ziel lag, denn das Ziel war der Ausgangspunkt für meine nächste Etappe, und so stieg ich aus der ewigen Spirale des Suchens aus und fand meine Balance. Tief in mir spürte ich: Ich musste in keiner Vorstellung von der Zukunft ankommen, ich war schon da im Hier und Jetzt; bereit, das Leben vorwärts zu leben und erst rückwärts zu verstehen, wie Sören Aabye Kierkegaard es auf den Punkt brachte. Egal, ob vorwärts oder rückwärts betrachtet: Langweilig wurde es dabei nie.

Ich hatte die Spielregeln des Lebens verstanden und meinen individuellen Weg gefunden.

War angekommen.
Glück(l)ich.

Während der Entstehung dieses Buchs verging viel Zeit. Immer wieder ploppte noch etwas auf, was mitgenommen werden wollte, und so fügte sich der Inhalte kontinuierlich. Die Inhalte dieses Buchs basieren auf meiner ganz individuellen Geschichte und sind die Essenz meiner Erfahrungen, die ich wie ein Webmuster durch das Schreiben verarbeitet habe.

Nach etlichen Versionen war es so weit: die Zeilen rund, der rote Faden da, das Buch vollendet. Es wurde Zeit, mit dem Werk zum Ende zu kommen, um Raum für etwas Neues zu schaffen, auch wenn noch längst nicht alles gesagt war und wichtige Facetten unberührt blieben.

Auf der Suche nach dem Weg zum Glück habe ich ganz nebenbei mich selbst gefunden und erkannte, dass alles, was ich zu dem Erleben brauchte, bereits in mir und um mich herum auf mich wartete, ich es einfach nur freilegen musste.

Zwei Prozesse, die sich harmonisch ergänzen und am Ende wie zu einem Hefezopf verflochten wurden. Schnell war daher die Idee für mein nächstes Buch geboren und so ist dieses Werk nur der Anfang einer gemeinsamen Reise vom schüchternen Mädchen hin zu einer mutigen Frau, einer transformierten Version von mir selbst.

Für mich ist es ein kostbares Geschenk, dich an meinen Storys teilhaben zu lassen, dir Impulse zu geben, Wegbereiterin und Wegbegleiterin zu sein, Vorbild und Fackelträgerin.

DANKE

Es ist mir ein großes Herzensanliegen, dieses Buch mit einem persönlichen Dank zu beenden, denn sowohl die erlebten Inhalte als auch der Prozess des Entstehens und Vollendens meines Werkes haben mich zu dem Menschen gemacht, der ich heute bin.

Jede einzelne dieser vielen einzigartigen Begegnungen, erlebten Geschichten und magischen Momentaufnahmen veränderte mein Leben und ließen mich immer mehr blühen. Natürlich hätte ich all die verrückten Storys auch allein erleben können, aber zusammen machte es so viel mehr Spaß und so danke ich von ganzem Herzen und aus dem Tiefsten meiner Seele heraus allen Menschen, die dieses Buch und somit mein Leben mit Farben geschmückt haben, mich auf meinem Lebensweg bedingungslos Seite an Seite oder auch aus der Ferne begleiteten, mit mir gemeinsam gewachsen sind und das Leben gefeiert haben. Danke für all das Durchschütteln, Dranbleiben, Blick schärfen, Hoffnung schenken und Illusionen nehmen.

Mein Dank richtet sich hierbei insbesondere an meine Familie, meine Freunde und meine Kollegen, aber auch an die wunderbaren Männer, die mich auf meiner Reise tief berührten, reich beschenkten und vieles gelehrt haben, ganz besonders mein Exfreund.

Ohne euch alle stünde ich heute nicht da, wo ich nun bin – kurz vor der Veröffentlichung meines ersten Buchs, der Verwirklichung eines langersehnten Traums. Danke, ihr seid so wunderbar – jeder auf seine ganz individuelle Art und Weise.

An dieser Stelle möchte ich ganz besonders meiner Freundin Hanna danken. Denn mit niemandem habe ich diese Zeit so intensiv erlebt wie mit ihr. Ach, was haben wir gelacht, geweint, philosophiert, analysiert, neue Welten eröffnet – einfach gelebt und dabei jede Facette des Lebens mitgenommen.

Oh ja, mal haben wir uns zusammen schlapp gelacht, mal heiß diskutiert, hin und wieder aber auch unseren inneren Kindern das Feld überlassen und ihnen bei einem hitzigen Fight zugeschaut, über den wir im Nachhinein nur schmunzeln konnten. Unsere WhatsApp-Chats könnten Bücher füllen. Wenn unsere Enkel diese einmal in die Finger bekommen würden, würden sie sich vor Lachen wahrscheinlich auf dem Boden kringeln. Danke für die vielen wunderbaren Herzensmomente, die mich immer wieder aus dem Alltagstrott rissen und das Wir-Gefühl stärkten.

Einen unersetzlichen Part auf meiner Reise hat auch das Universum eingenommen. Ich bin mir sicher, dass nicht nur der Segeltörn in Kroatien eine göttliche Fügung war. Ja, »die da oben« hatten mich in jeder Sekunde im Blick, hielten die Fäden in der Hand und führten mich sicher und geduldig durch den Dschungel des Lebens. Egal, wie viele Extrarunden ich drehen wollte. Manchmal habe ich das Universum dafür verflucht, dass es mich nicht in seine Karten gucken ließ, oder stand mit seinen Methoden auf Kriegsfuß, doch letztendlich hat sein Humor alles wieder geradegerückt und ich wusste und spürte in jedem Moment, dass ich den besten Lehrer an meiner Seite hatte. Dass es sich lohnte, meinem Herzensweg zu folgen, egal, wie viel Mut es kostete.

In den letzten Monaten konnte und durfte ich dadurch erleben, was ich nie für möglich gehalten hätte, durfte Wege gehen, die ich bewusst so nie gewählt hätte, mich aber zu einem Glückszauber führten, den mein Verstand nie für möglich gehalten hätte. Ich fühlte mich von innen heraus angeleitet und wusste: Ich bin richtig, die Umstände sind perfekt. Danke für diese göttliche Führung.

Diese einmalige Phase in meinem Leben zu erleben, war das eine. Sie aufs Papier zu bringen und mit dir heute zu teilen, das andere. Oh ja, bis dorthin war es noch ein genauso langer Weg, denn ich musste erst bereit sein, diesen Schritt zu gehen und mich zu zeigen mit meinem Sein. Doch auch in diesem Prozess war ich nicht allein und hatte großartige Menschen an meiner Seite, die mich hierzu ermutigt haben.

Mein Dank gilt an dieser Stelle meiner Familie, mit der ich so viele Herzensmomente erleben darf und die mir vor allem aber in dieser Phase meines Lebens die Zeit und den Raum gegeben hat, tief in den Prozess einzutauchen, auch mal abzutauchen und in neuer Form wieder aufzutauchen.

Danke für all die wertvollen Worte, jedes einzelne Lächeln und die Tränen, die meine begleitet haben. Das ist keinesfalls selbstverständlich für mich, denn auch wenn wir früher durch dick und dünn gegangen sind, gab es auf meiner Reise Zeiten, in denen ich mich zunächst entfernte. Im Nachhinein war dieser Prozess wichtig und hat mir geholfen mich zu erkennen.

Besonders mit meiner Mama habe ich viele Gespräche geführt. Oft haben wir stundenlang in der Küche debattiert. Das war nicht immer nur Zuckerschlecken, denn ich habe nicht aufgehört, tief zu bohren, nachzufragen und alles auf den Tisch zu packen, was sich zeigte. Meine Mama ist eine wunderbare Frau, die ich sehr liebe. Ich wünsche mir von ganzem Herzen, dass sie ihr Licht, genau wie ich, in Zukunft nicht mehr unter den Scheffel stellt oder es selbst auspustet. Mama, ich will dich leuchten sehen. Lass uns gemeinsam strahlen.

Von Herzen danke ich auch meiner Schwester, die etliche Nachtschichten eingelegt hat, um die verschiedenen Entwürfe meines Buchs in Windeseile zu lesen, mich durch die begeisterten Nachrichten auf meinem Anrufbeantworter ermutigte, meine Träume zu verfolgen, und mich beruhigte, als ich Zweifel hatte! Das ehrliche Feedback hat mich manchmal echt umgehauen, die kritischen Worte, aber auch die motivierenden und ernstgemeinten Lobeshymnen.

Es tut gut eine stolze »Keidel«-Natur zu sein. ;-) Das zu spüren, verdanke ich vor allem meinem Papa, der mir schon früh lehrte, dass eine Keidel alles schafft. Getreu dem Motto: »Einfach mal machen – auch, wenn du noch kein Profi bist.«, lebte er mir die Hands-on-Mentalität vor wie kein anderer und motivierte mich dadurch, die Steine direkt aus dem Weg zu rollen. Oh ja, er bereitete mich auf das Leben vor wie kein anderer.

Eine tiefe Dankbarkeit umhüllt mich auch, wenn ich an die vielen Menschen und Begegnungen denke, durch die sich mein Wesenskern freilegte und die Lebensenergie in Schwung kam.

An dieser Stelle möchte ich meiner Freundin Julia danken. Immer wieder hat sie mich ermutigt meinen Weg zu gehen und mir geholfen, an mich zu glauben, meine Talente zu erkennen und mich zu zeigen. Ich liebe unser Ping-Pong-Spiel. Danke für dein Sein. Und auch für die vielen Telefongespräche, Marktbesuche, verrückten Abenteuer, heilenden Theta-Sessions und so vieles mehr.

Ein großer Dank geht auch an meine treuen Wegbegleiter Akrem, Angelika, Christina und Marion. Sie sind wunderbare Herzensmenschen, die mich immer wieder durch das nährende Miteinander auf ihre Weise zurück in meine Mitte gebracht haben und mir wertvolle Impulse für mein Buch, aber vor allem für mein Leben gegeben haben. Danke für die inspirierenden Treffen und das Zusammenwirken auf vielen Ebenen. Danke für euer Sein, das wiederum mein Sein zum Vorschein bringt. Es tut so gut euch an meiner Seite zu wissen.

Ihr alle habt wundervolle Gaben und seid ein Geschenk für die Welt – und vor allem für mich. Ich bin sehr dankbar, dass sich unsere Wege gekreuzt haben und ihr Teil meines Lebens seid.

Ein großes Dankeschön geht auch an Jörg, der mich einst bei einem Marktplausch ermutigt hat mit dem Schreiben anzufangen; genau wie an die vielen wunderbaren Menschen, die an mich und mein Schreiben geglaubt haben und nicht aufgehört haben, mich bei jedem Treffen zu fragen, »wann mein Buch nun endlich rauskommt«, denn damit haben sie mich spüren lassen, dass ich gerade auf meinem Herzensweg bin. Nicht zu vergessen die treuen Instagram Follower, die mir durch das Folgen, Kommentieren und Liken meiner Beiträge auf meinem »glueck_l_ich«-Kanal immer wieder Mut gemacht haben, sichtbar zu werden, und mir zeigten, dass meine Worte eine Wirkung haben.

Unfassbar stolz bin ich auch darauf, dass es mein Buch durch eine göttliche Fügung sogar schon in die Tageszeitung geschafft hat, obwohl es zu dem Zeitpunkt noch in den Kinderschuhen steckte.

Last but not least möchte ich mich bei meiner zauberhaften Lektorin Bettina Kyrala Belitz bedanken, die mir geholfen hat, meine Geschichte in dieses bezaubernde Buch zu verwandeln, die meine Texte in Format gebracht und die Fehlerteufel eliminiert hat.

Immer wieder hat sie mich ermutigt, mich für meine eigene Tiefe und verletzliche Seite zu öffnen und damit die wirkliche Geschichte hinter dem bisherigen Deckmantel zu erzählen. Langsam legte ich die schützende Hülle ab, nicht nur in den Zeilen des Buchs, sondern auch in mir, und entdeckte, was dahinter liegt: all die Gefühle, Schattenseiten und Verletzungen, die meinem Licht erst ihren wahren Glanz verliehen, dem Buch ein authentisches Sein gaben und es rund machten. Vielen Dank für die wertvollen Worte, die grandiose Idee mit den Impulsen und die liebe Aufforderung, meinen Schleier zu lüften.

Bettina Kyrala Belitz hat eine wundervolle Gabe, in den Klang meiner Sprache einzutauchen, die Essenz des Buchs herauszufeilen, ohne meine Handschrift zu verwässern. Oftmals bemerkte ich erst beim Vergleich mit der ursprünglichen Version, welche Textpassagen sie ergänzt oder verändert hatte. Ich kann sie aus tiefstem Herzen weiterempfehlen, denn sie ist nicht nur eine super Lektorin, sondern auch wertvolle Mentorin auf dem Schaffensweg. Dank ihrer eigenen Erfahrungen als Autorin half sie mir, die Höhen und Tiefen des Schreibprozess mit Freude zu erleben. Danke.

Ich erinnere mich noch gut an den Moment, als das fertige Manuskript ausgedruckt vor mir lag – mein Buch. Ein Lebenstraum wurde wahr. Jede freie Minute hatte ich in den letzten Jahren daran gearbeitet. Es ist daher ein ganz besonderer Moment für mich, dass du gerade dieses Buch, mein Baby, in den Händen hältst und die Zeilen liest. Da ich gerade in Thailand noch einmal ein drei monatiges Sabbatical mache, vielleicht sogar vor mir. Vielen Dank – es berührt mich und ich weiß deine Zuwendung sehr zu schätzen.

Das Schreiben war ein intensiver, gleichzeitig auch belebender und heilender Prozess, genau wie meine Reise, die nicht abenteuerlicher und facettenreicher hätte sein können. Die Essenz davon möchte ich dir gerne wie die Samen einer Blume weitergeben. Wer weiß, vielleicht wird die Magie dieser Reise einen ähnlichen Dominoeffekt haben wie die Zeit auf dem Segeltörn bei mir. Das wäre wundervoll. Ich bin schon ganz aufgeregt und gespannt auf die Nachwirkungen.

Lasse mich gerne an deiner Reise teilhaben. Ich freue mich über eine Buchrezension von dir und Kommentare auf meinem Instagram-Kanal »glueck_l_ich« oder über andere Wege.

Alles Liebe,
deine Katrin

Ein Glücks-Bonbon für dich

Auf meiner Website **www.herzensmeer.de** habe ich ein paar weitere Inspirationen für dich zusammengestellt. Hier findest du z. B. einen ausführlichen Reiseberichte, Glücksimpulse und vieles mehr. Ich wünsche dir viel Freude beim Stöbern, aber vor allem bei deiner Umsetzung auf dem Weg zu dir und deinem Glück!

scan me